Topmanagement und Angst

Gabi Harding

Topmanagement und Angst

Führungskräfte zwischen Copingstrategien, Versagensängsten und Identitätskonstruktion

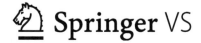

Gabi Harding
Hagen, Deutschland

Zugl.: Dissertation FernUniversität in Hagen unter dem Titel: Topmanagement und Angst. Eine empirische Studie zu Angst und deren Bewältigung im Kontext hochrangiger Führungspositionen.

Springer VS
ISBN 978-3-531-18795-2   ISBN 978-3-531-18796-9 (eBook)
DOI 10.1007/978-3-531-18796-9

Die Deutsche Nationalbibliothek verzeichnet diese Publikation in der Deutschen Nationalbibliografie; detaillierte bibliografische Daten sind im Internet über http://dnb.d-nb.de abrufbar.

© VS Verlag für Sozialwissenschaften | Springer Fachmedien Wiesbaden GmbH 2012
Das Werk einschließlich aller seiner Teile ist urheberrechtlich geschützt. Jede Verwertung, die nicht ausdrücklich vom Urheberrechtsgesetz zugelassen ist, bedarf der vorherigen Zustimmung des Verlags. Das gilt insbesondere für Vervielfältigungen, Bearbeitungen, Übersetzungen, Mikroverfilmungen und die Einspeicherung und Verarbeitung in elektronischen Systemen.

Die Wiedergabe von Gebrauchsnamen, Handelsnamen, Warenbezeichnungen usw. in diesem Werk berechtigt auch ohne besondere Kennzeichnung nicht zu der Annahme, dass solche Namen im Sinne der Warenzeichen- und Markenschutz-Gesetzgebung als frei zu betrachten wären und daher von jedermann benutzt werden dürften.

Einbandabbildung: © Shutterstock Images LLC
Einbandentwurf: KünkelLopka GmbH, Heidelberg

Springer VS ist eine Marke von Springer DE.
Springer DE ist Teil der Fachverlagsgruppe Springer Science+Business Media
www.springer-vs.de

Danksagung

Mein erster Dank gebührt allen Interviewpartnern, die mir mit Zeit und Offenheit zur Verfügung standen, Auskunft gaben und ohne die diese Arbeit nicht hätte entstehen können.

Herrn Prof. Dr. Gerd Wiendick danke ich für die Betreuung dieser Doktorarbeit an der FernUniversität in Hagen. Durch seine thematische und methodische Offenheit gab er mir die Möglichkeit, ein Thema zu finden, das mich sehr interessiert und das ich leidenschaftlich verfolgt habe. Seine theoretischen Impulse waren immer inspirierend für mich und seine Zugewandtheit hat mich sehr motiviert. Danke!

Für die Übernahme der Zweitgutachtens danke ich Herrn Prof. Dr. Dr. hc Rudolf Miller.

Bei Herrn Prof. Dr. Burkard Sievers bedanke ich mich für seine theoretischen Impulse und Denkanstöße.

Ich danke den Personen, durch die ich mit den Interviewpartnern in Kontakt kam. Da ich den Interviewten Vertraulichkeit zugesagt habe, benenne ich diese „Gatekeeper" nicht weiter.

Vielen Dank an Herrn Dr. Kurt Husemann und Herrn Michael Born sowie an alle Personen, die ich in ihrem Haus getroffen habe. Sie haben immer an mich geglaubt und mich unterstützt.

Besonderer Dank geht an Torsten Poppek. Er stand geduldig, engagiert, zugewandt und mit Rat und Tat an meiner Seite. Er war mir Motivator, Stütze und auch Reflexionsfläche. Verena Mell danke ich für die vielen Stunden, in denen wir gemeinsam an unseren Projekten gearbeitet und uns gegenseitig motiviert haben. Sie hat mir oft als Reflexionsfläche wichtige Hinweise gegeben. Danke an Gertrud Hopster, die mir half, die Dinge aus einer anderen Sicht zu sehen. Ich danke auch Dr. Iris Franke-Diel und Dr. Alexandra Babioch sowie der Netz-Werkstattgruppe „PRIMA" für ihre wertvollen Hinweise für das methodische Vorgehen.

Darüber hinaus bedanke ich mich bei den vielen anderen Personen, die mich im Laufe dieses Projektes mit Rat und Tat unterstützt haben.

Sie alle haben mich sehr unterstützt, danke!

Vorwort

Top-Management und Angst. Eine empirische Studie zu Angst und deren Bewältigung im Kontext hochrangiger Führungspositionen

Angst im Topmanagement? Schon der Titel macht neugierig. Das Thema ist nicht nur ungewöhnlich, sondern auch höchst relevant. Diese Relevanz ergibt sich aus dem Einfluss, den Top-Führungskräfte der Wirtschaft auf die Entwicklung des Wirtschaftsgeschehens und die Arbeitsbedingungen der Belegschaften haben. Sofern ihr Handeln durch Angst beeinflusst wird, ist dies nicht nur für sie von subjektiver Bedeutung, sondern hat auch Auswirkungen auf eine Vielzahl anderer Menschen. Trotz dieser Bedeutung blieb das Thema weitgehend unbearbeitet.

Frau Harding betritt also ein noch relativ offenes Forschungsfeld, wenn man von den wenigen psychologischen Arbeiten (etwa Bröckermann oder Panse und Stegmann) absieht. Sie hat tiefgehende Interviews mit hochrangigen Führungskräften der Wirtschaft geführt und so gute Einblicke in das „Seelenleben" dieser Top-Entscheider nehmen können. Erstaunlicherweise waren diese Manager bereit, auch über ihre Ängste zu sprechen, wobei zwei Bedeutungsfacetten sichtbar wurden: Angst als Warnung vor Übermut und Angst als denk- und handlungshemmende Emotion. Angst hat demnach – je nach Ausprägung und Intensität – positive oder negative Wirkungen für die Bewältigung der beruflichen Herausforderungen. Angstfreie Hasardeure wurden dabei ebenso abschätzig beurteilt wie entscheidungsschwache „Angsthasen".

Geradezu spannend wird ihre Arbeit, als sie das Konzept der Abwehrmechanismen und der Copingstrategien aufgreift und die Frage behandelt, wie weit Organisationen im Sinne von Melanie Klein und Wilfred R. Bion als „container" fungieren, in denen psychisch unangenehme oder bedrohliche Gefühle „abgeladen" werden können. Im Zentrum der inhaltlichen Differenzierung der Ängste stehen die Angst vor dem Unbekannten, die Versagensangst und die Existenzangst, wobei letztere wohl auch als Facette der Versagensangst gedeutet werden könnte, die selbst auch wiederum als Teil der Angst vor dem Unbekannten (nicht Herr der Lage sein) gesehen werden kann. Interessant ist hier, dass diese fundamentale Angst vor dem Unbekannten von den Betroffenen selbst auch mit der Angst vor Sterben und Tod in Verbindung gebracht wurde.

Den drei Ängsten ordnet sie drei Merkmale der Managementrolle zu, nämlich die Kontrollhoheit, die Hochleistungs- und die Versorgerrolle. Insofern scheint die Managerrolle in besonderem Maße geeignet zu sein, Kernängste der Menschen aufzunehmen. Demnach suchen Menschen die Mitgliedschaft und den Aufstieg in einer Organisation, um durch die Gewinnung von Identität und Bedeutung den eigenen Kernängsten entkommen zu können. Sobald dies gelungen ist und der sichere Panzer der Managementposition Schutz gewährt, entwickelt sich aber die Angst, mit dem Verlust dieser Rolle wieder in die gefürchtete Ohnmacht und Bedeutungslosigkeit abzusinken. In diesem Sinne wären Organisationen Institutionen des Angstaustausches. Sie nehmen dem Menschen alte Ängste ab; generieren aber zugleich neue Ängste.

Prof. Dr. Gerd Wiendieck

Inhaltsverzeichnis

Abbildungs- und Tabellenverzeichnis 13
1 Gegenstand 15
   1.1 Problemstellung und Relevanz 15
   1.2 Fragestellung 16
   1.3 Epistemologische Position 17

I. Theoretischer Teil

2 Angst 21
   2.1 Hinführung zum Thema 21
   2.2 Definitionen 22
   2.3 Verwandte Konstrukte 27
      2.3.1 Furcht 27
      2.3.2 Phobie 29
      2.3.3 Ängstlichkeit 30
          2.3.3.1 Sensation Seeking 31
      2.3.4 Stress 31
      2.3.5 Kognitiv-transaktionales Stressmodell/ Emotionsentstehung ... 32
      2.3.6 Abgrenzung von Angst und Stress 34
      2.3.7 Klassifikation von Ängsten 34
          2.3.7.1 Existenzangst 34
          2.3.7.2 Soziale Angst 35
          2.3.7.3 Leistungsangst 35
      2.3.8 Angst und Leistung 35
      2.3.9 Angst und Arbeit 36

3 Psychoanalytische Grundlagen 39
   3.1 Psychoanalyse in Organisationen 39
   3.2 Das topographische Modell 41
      3.2.1 Bewusst/ Bewusstsein 41
      3.2.2 Vorbewusst/ das Vorbewusste 42
      3.2.3 Unbewusst/ Das Unbewusste 42
      3.2.4 Fazit topografisches Modell 44

3.3 Das Dreiinstanzen-/ Strukturmodell 45
   3.3.1 Das Ich 45
      3.3.1.1 Die Funktionen des Ichs 47
   3.3.2 Das Es 49
   3.3.3 Über-Ich und Ich-Ideal 50
   3.3.4 Das Strukturmodell im organisationalen Kontext 50
3.4 Abwehr 52
   3.4.1 Abwehrmechanismen 54
   3.4.2 Abgrenzung der Begriffe Abwehr und Coping 57
3.5 Die Entwicklungspsychologie nach Melanie Klein 58
   3.5.1 Der kleinianische Ansatz im organisationalen Kontext 59
   3.5.2 Das Container-Contained-Modell 60
      3.5.2.1 Containment in Organisationen 61

4 Führung 63
4.1 Die Unterscheidung von Führern und Managern 63
4.2 Die Motivation von Managern 65

5 Organisation 69
5.1 Definition und begriffliche Eingrenzung 69
5.2 Organisationen als Angstabwehr 71
5.3 Emotionen in Organisationen 74
   5.3.1 Fazit des theoretischen Rahmens für diese Untersuchung 77

II. Empirischer Teil

6 Vorstudie 81

7 Untersuchungsmethodik 83
7.1 Das Interview als Erhebungsmethode 92
7.2 Grounded-Theory-Methodologie 95
   7.2.1 Samplingverfahren 97
7.3 Interviews dieser Untersuchung 99
   7.3.1 Cover Story 100
   7.3.2 Interviewpartner 101
   7.3.3 Interviewablauf 103
   7.3.4 Transkription 103
7.4 Auswertung 103
   7.4.1 Konkretes Vorgehen 103
   7.4.2 Der Kodierprozess 104
      7.4.2.1 Offenes Kodieren 105
      7.4.2.2 Axiales Kodieren 107

	7.4.2.3 Selektives Kodieren 109

        7.4.3 Memos schreiben 109
        7.4.4 Abduktion, Induktion und Deduktion 109
        7.4.5 Offenlegung der Präkonzepte 112

8 Ergebnisse 115
    8.1 Definitionen von Angst 115
        8.1.1 Angst als Kontinuum/ Angst als janusköpfiges Phänomen 118
        8.1.2 Ängstlichkeit 119
        8.1.3 Fazit Angstdefinitionen 121
        8.1.4 Angst vor dem Unbekannten 124
            8.1.4.1 Angst ausgeliefert zu sein 124
            8.1.4.2 Angst vor dem persönlichen Angriff 125
            8.1.4.3 Gesundheitsängste 126
            8.1.4.4 Fazit Angst vor dem Unbekannten 128
        8.1.5 Versagensängste 130
            8.1.5.1 Angst vor Führungsverantwortung 131
            8.1.5.2 Angst vor den ‚hohen Herren' 133
            8.1.5.3 Angst Familienunternehmen 133
            8.1.5.4 Lampenfieber 133
            8.1.5.5 Fazit Versagensängste 135
        8.1.6 Existenzängste 137
            8.1.6.1 Existenzangst um das Unternehmen 138
            8.1.6.2 Fazit Existenzängste 138
    8.2 Angstursachen 139
        8.2.1 Die Organisation als Angstauslöser 139
        8.2.2 Unberechenbarkeit Anderer 144
        8.2.3 Positionsbezogene Faktoren als Angstursache 146
        8.2.4 Angstursachen in der Unternehmensumwelt 149
        8.2.5 Angstursachen innerhalb der eigenen Person 149
        8.2.6 Fazit Angstursachen 150
    8.3 Intervenierende Faktoren: Verstärker 155
        8.3.1 Anspruch an sich selbst 155
        8.3.2 Erwartungen des Umfeldes 156
            8.3.2.1 Erwartungen aus dem privaten Umfeld 156
            8.3.2.2 Erwartungen aus der Organisation 158
        8.3.3 Fehlen einer Reflexionsfläche 160
        8.3.4 Wettbewerb 161
        8.3.5 Fazit Verstärker 161
    8.4 Intervenierende Faktoren: Angst reduzierende Faktoren 162

> 8.4.1 Die Organisation als Angst reduzierender Faktor 162
> 8.4.2 Erfahrung 164
> 8.4.3 Netzwerk 166
> 8.4.4 Interessen außerhalb der Rolle 166
> 8.4.5 Fazit Angst reduzierende Faktoren 167
>
> 8.5 Verstärkenden und reduzierende Faktoren 169
> 8.5.1 Allgemeine Wirtschaftslage 170
> 8.5.1.1 Wegfall des Orientierungsrahmens 172
> 8.5.2 ‚Verschmelzung' mit der Rolle 174
> 8.5.3 Lebensalter und das Vorhandensein finanzieller Ressourcen. 175
> 8.5.4 Unternehmensgröße 176
> 8.5.5 Vertrauen/ Misstrauen als Arbeitsgrundlage 177
> 8.5.6 Fazit verstärkende und reduzierende Faktoren 180
>
> 8.6 Copingstrategien 182
> 8.6.1 Individuelle Copingstrategien 182
> 8.6.1.1 Fazit individuelle Copingstrategien 190
> 8.6.2 Relationale Copingstrategien 192
> 8.6.2.1 Fazit relationale Copingstrategien 193
> 8.6.3 Organisationale Copingstrategien 195
> 8.6.4 Fazit organisationale Copingstrategien 198
>
> 8.7 Aggregation der Ergebnisse 200
> 8.7.1 Theoretischer Exkurs zu dem Begriff der Rolle 200
> 8.7.2 Mit der Topmanagementposition verbundene Rolle 202
> 8.7.3 Angst vor Bedeutungslosigkeit 203
> 8.7.3.1 Theoretischer Exkurs zum Identitätsbegriff 204
> 8.7.3.2 Die Rolle und die Angst vor Bedeutungslosigkeit 205
> 8.7.4 Weitere Kosten und Nutzen der Rolle 206
> 8.7.4.1 Angst vor Statusverlust 208
>
> 8.8 Gesamtfazit: Modell zum Austausch von Ängsten 209

9 Ergebnisdiskussion 213
9.1 Reflexion der Methodenwahl und deren Anwendung 213
9.2 Geltungsbereich des Modells zum Austausch von Ängsten 219
9.3 Beantwortung der Fragestellung 220
9.4 Weiterer Forschungsbedarf 221

10 Ausblick 223

Literaturverzeichnis 225

Abbildungs- und Tabellenverzeichnis

Abbildung 1: Der Einfluss von Angst auf Leistung. ... 36
Abbildung 2: Strukturmodell in der Psychoanalyse ... 45
Abbildung 3: Die Organisation als Angst reduzierender und induzierender Faktor ... 78
Abbildung 4: Verschränkung der Forschungsphasen der GTM ... 98
Abbildung 5: Kodierparadigma in der GTM. ... 108
Abbildung 6: Forschungslogik der GTM ... 111
Abbildung 7: Angst als Kontinuum/ janusköpfiges Phänomen ... 120
Abbildung 8: Mit Topmanagementposition verbundene Rolle mit ihren Facetten ... 203
Abbildung 9: Rolle mit den damit verbundenen Ängsten ... 206
Abbildung 10: Rolle im Gesamtzusammenhang ... 208
Abbildung 11: Modell zum Austausch von Ängsten ... 212

Tabelle 1: Aufstellung der Interviewpartner ... 102

1 Gegenstand

Die vorliegende Untersuchung untersucht Angst im Führungskontext. Dabei wird untersucht, welche Arten von Ängsten Führungskräfte haben, wie sie diese bewältigen und welche Rolle die Organisation bei der Auslösung und Bewältigung von Angst spielt. Die Untersuchung wurde mit Topführungskräften der ersten und zweiten Führungsebene von Profit-Unternehmen durchgeführt.

Dies ist keine Untersuchung, die sich die Tatsache der weltweiten Finanzwirtschaftskrise zur Grundlage macht. Alle Interviews der vorliegenden Studie wurden vor Beginn der Wirtschaftskrise geführt und sind von daher davon unberührt.

1.1 Problemstellung und Relevanz

Die Beschäftigung mit dem Thema dieser Untersuchung entstand durch die Erkenntnis, dass dem Thema Führung und Angst und Führung in Praxis wie Wissenschaft kaum Beachtung zukommt.

Dass Angst unter Führungskräften ein Tabuthema ist, unterstreicht das folgende Zitat eines Vorstandsvorsitzenden deutlich „Angst ist ein Wort, das ich nicht kenne" (Panse & Stegmann, 1998, S. 15). Auch die Wissenschaft scheint von diesem blinden Fleck hinsichtlich der Angst von Führungskräften betroffen zu sein. So stellt Bröckermann 1989 im Rahmen seiner Dissertation fest: „Die Führungswissenschaft erfasst Angst nicht oder nur mangelhaft und am Rande" (S. 12). Auch zehn Jahre später scheint diese Lücke wenig geschlossen worden zu sein. So konstatiert Ortmann (1999) bezugnehmend auf Bröckermanns Feststellung, dass „Angst in Organisationen (...) in der Organisationswissenschaft kaum vor [kommt]" (S. 69). Greif und Kurtz kommen nach umfassender Literaturrecherche zu dem Schluss, dass „die Angst der Manager (...) [ein] Thema [ist], das bisher in der Fachliteratur vernachlässigt wurde" (1999a, S. 8). Eine Sichtung der gängigen Literaturdatenbanken (Psyndex und PsycINFO) ergab zu Beginn des Forschungsprozesses ein unverändertes Bild.

Rosenstiel (2003) benennt den Gegenstand der Organisationspsychologie als das „Erleben, Verhalten und Handeln des Menschen in Organisationen" (S. 6). Wie Wiendieck (2001) zeigt, ist die Beschäftigung und damit auch die Forschungslage der Arbeits- und Organisationspsychologie allerdings sehr einseitig auf das Verhalten konzentriert. „Gefühle tauchen kaum auf" (ebd. S. 80) in der Arbeits- und Organisationspsychologie. Dies spiegelt sich auch in dem zuvor konstatierten blinden Fleck hinsichtlich der Ängste von Führungskräften. Berechtigterweise drängt sich nun die Frage nach den Gründen für diese wissenschaftliche Ignoranz auf. Zudem befremdet die Nichtthematisierung von Angst im Führungskrontext besonders vor dem Hintergrund, dass Angst eine Emotion ist, die das menschliche Leben kontinuierlich begleitet. „Angst gehört unvermeidlich zu unserem Leben. In immer neuen Abwandlungen begleitet sie uns von der Geburt bis zum Tode" (Riemann, 1961/1997, S. 7). Der Widerspruch zwischen der Nichtthematisierung von Angst im Führungskontext bei gleichzeitiger Allgegenwärtigkeit („ubiquity", Öhman, 2004, S. 573) von Angst im menschlichen Leben gab den Ausschlag für die vorliegende Untersuchung.

1.2 Fragestellung

Zu Beginn der Untersuchung war die Fragestellung noch sehr offen. Diese Herangehensweise ist bei der gewählten Methode, Grounded-Theory-Methodologie (GTM), nicht unüblich. „Anders als bei vielen anderen methodologischen Rahmenkonzepten wird bei der GTM die Fragestellung zu Beginn eines Forschungsprojektes jedoch recht offen formuliert und sie erfährt erst im Verlauf der Forschung eine Präzisierung und Konkretisierung" (Truschkat, Kaiser & Reinartz, 2005, [9]). Zudem war über den Untersuchungsgegenstand bisher wenig bekannt, so dass eine möglichst offene, explorative Herangehensweise dem Erkenntnisziel gerecht zu werden versprach. So war es das Ziel, die folgenden Aspekte näher zu untersuchen:

Die verschiedenen Arten der vorhandenen Ängste bei Führungskräften sollten erfasst werden. Diese sollen auch im Lichte der aktuellen wirtschaftlichen Entwicklungen beleuchtet werden. Nach Kinzel (2002) verlangen die „Veränderungsprozesse (…) mehr denn je, sich mit dem Irrationalen (…) auseinanderzusetzen (...) Ängste, die früher durch Traditionen und Struktur gebunden werden konnten, werden nun freigesetzt" (S. 16). Als Leitfragen sollten also für diese Untersuchung dienen:

- Welche Ängste treten bei Führungskräften auf?
- Inwieweit kann an die wenigen, bisherigen Befunde angeschlossen werden?
- Gibt es, eventuell auch aufgrund neuerer (gesamt)wirtschaftlicher Entwicklungen, neue oder veränderte Arten von Ängsten?

Ein weiterer Aspekt sollten individuelle Formen der Bewältigung dieser Ängste sein. Dazu fanden Freimuth und Stoltefaut (1997) in Einzelcoachings „ein verschlungenes Zusammenwirken von verschiedenen Einflussquellen, individueller Verdrängung, institutioneller Spiegellosigkeit und privater Sprachlosigkeit" (S. 113). Dabei sollten die Fragen beantwortet werden, wie die Führungskräfte ihre Ängste bewältigen und ob es verschiedene Kriterien gibt, in denen sich Führungskräfte in der Angstbewältigung unterscheiden.

Darüber hinaus sollte untersucht werden, welche Rolle kollektive Angstbewältigungsmechanismen spielen. Nach Mentzos (1988) „sind Institutionen geradezu prädestiniert, neben ihren anderen Funktionen auch psychosoziale Abwehr- „Aufgaben" zu übernehmen" (S. 80). Ähnliche Positionen werden auch von anderen Autoren vertreten (Menzies, 1974; Sievers, 1999). Wiendieck (2004) bezeichnet im Zusammenhang von Angstabwehr strukturelle Führungsmittel auch als „Möglichkeit der Führungsspannung auszuweichen" (S. 247). Hier stellte sich die Frage, ob und wie Führungskräfte kollektive Prozesse und die Organisation und ihre Rollenangebote nutzen, um Ängste abzuwehren.

Neben der Abwehr von Angst war auch die Frage nach der Organisation als Angstauslöser von Interesse. So ist denkbar, dass die Leistungsanforderungen und Verantwortungserwartungen, die die Organisation an ihre Mitglieder stellt, Angst auslösend sein können.

Schließlich war auch eine geschlechterspezifische Perspektive von Interesse. Zum geschlechterspezifischen Umgang mit Gefühlen allgemein postuliert Zaleznik (1990), dass „entweder (...) der Kodex abgeändert [wird], der das Äußern von Gefühlen verdammt, oder die weiblichen Manager legen ihre Gefühle ebenso in Fesseln wie ihre männlichen Kollegen" (S. 164). Dementsprechend war die Frage nach Unterschieden in der Angstbewältigung weiblicher und männlicher Führungskräfte.

Als Personengruppe zur Beantwortung dieser Fragestellung kommen die obersten Führungsebenen in Frage, da diese zum einen die meiste Verantwortung tragen. Zugleich stehen sie stärker als andere Hierarchieebenen im Fokus der Öffentlichkeit. Es wird angenommen, dass diese Faktoren einen Einfluss auf Angst und deren Bewältigung haben.

1.3 Epistemologische Position

In der Psychologie im Allgemeinen und bei der Beschäftigung mit dem Thema der Angst im Speziellen werden von den jeweiligen Autoren mehr oder weniger explizit bestimmte Perspektiven angenommen. Im Rahmen des biopsychologischen Modells wird versucht, menschliches Verhalten aufgrund von biologischer

Grundlagen zu verstehen. Hier bilden biochemische und physikalische Gegebenheiten die Erklärungsgrundlage. Das Verhalten ist durch physische Strukturen und ererbte Prozesse erklärbar. Die behavioristische Perspektive orientiert sich an dem beobachtbaren Verhalten. Es werden die Reaktionen des Individuums auf bestimmte Reize oder Reizkonstellationen beobachtet und gemessen. Ziel ist es, Vorhersagen darüber machen zu können, welche Reize welche Reaktionen bedingen. Die inneren Prozesse, die sich zwischen Reiz und Reaktion abspielen, werden nicht untersucht, da sie in einer „black box" stattfinden, d.h. nicht beobachtbar sind. Die Beschäftigung damit ist daher unwissenschaftlich (Schorr, 1999). Das kognitive Modell erklärt Verhalten durch Informationsverarbeitungsprozesse. Der Mensch wird hier also nicht mehr (wie im Behaviorismus) als durch seine Umwelt gesteuert und damit passiv verstanden, sondern es sind vielmehr aktive Prozesse der Aufnahme, Verarbeitung und Speicherung der Informationen zwischengeschaltet.

In dieser Studie sollen Ängste und ihre Bewältigung im Arbeitskontext untersucht werden. Dabei werden das Vorhandensein und die Wirkmächtigkeit unbewusster Prozesse vorausgesetzt und, soweit erschließbar, in die Analyse mit einbezogen. Denn es wird davon ausgegangen, dass die Vernachlässigung unbewusster Prozesse nur ein unscharfes Bild der Aspekte ermöglicht, die bei Angst und ihrer Bewältigung eine Rolle spielen. Diesen Standpunkt bestätigt auch Fineman (2000): „arguably a full exploration of emotion in organizations that fails to take into account individuals' biographies and unconscious processes is as untenable as an account that ignores social structures and wider cultural/economic processes" (S. 3).

Im Folgenden wird der theoretische Rahmen dargestellt, auf dem die Untersuchung fußt. Im Sinne der Grounded-Theory-Methodologie können die dargestellten Theorien und Modelle auch als „sensibilisierende Konzepte" (Strauss & Corbin, 1996, S. 25) verstanden werden. Diese Arbeit erhebt nicht den Anspruch einer vollständigen Darstellung der jeweiligen Theorien und Konzepte im enzyklopädischen Sinne. Vielmehr sind die Ausführungen auf diejenigen Aspekte begrenzt, die für die vorliegende Untersuchung relevant sind.

I. Theoretischer Teil

2 Angst

2.1 Hinführung zum Thema

„Beim Nachdenken über Angst kann einem angst und bange werden" (Floßdorf, 1999, S. 34)

Angst ist ein schillerndes Phänomen. Sie gehört zu den „stärksten Determinanten des Verhaltens" (Koch, 2003, S. 31). Dabei kann Angst einerseits lähmen. So ist manch einer „tot vor Schreck" oder „wie von Angst gelähmt". Andererseits kann Angst Höchstleistungen ermöglichen.

Angst ist die Emotion „many people dread the most" (Izard, 1991, S. 281). Angst ist zu einem Tabu geworden und wird aus dem öffentlichen Leben möglichst ausgeschlossen: „wer offen zeigt, daß er Kummer, Schmerz oder Angst hat, sollte lieber nicht unter die Leute ... gehen." (Richter, 1992, S. 19). Sofern die Angst kontrollierbar ist, suchen Menschen sie aber auch, wie die Popularität von Horrorfilmen, Geisterbahnen und Extremsportarten wie z.B. Bungee-Jumping (Bartl, 2000) belegt. Bei Risikosportarten, die sich zunehmender Beliebtheit erfreuen, wird ein (scheinbar) kalkulierbares, unter Umständen auch tödliches Risiko eingegangen. Es geht darum, die Risikokontrolle, also die eigene Fähigkeit, das Risiko zu kontrollieren, auszutesten (Knobloch, Allmer und Schack, 2000). Dies wird als herausfordernd erlebt. Angst kann auch scheinbar fehlgeleitet sein wie es Beispiele übertriebener Ängste und Phobien vor ungefährlichen Gegenständen zeigen. So sind beispielsweise in Deutschland kaum für den Menschen gefährliche Spinnen heimisch. Die Spinnenphobie (Arachnophobie) ist aber weit verbreitet (Schulte, 2000, S. 376). Generell gehört Angst zu den häufigsten Symptomen psychischer Störungen (a.a.O, S. 371). Auch die mangelnde Fähigkeit, Angst zu empfinden, wie im Fall der Anti- oder Dissozialen Persönlichkeitsstörung, gilt als Problem. Die Betroffenen zeichnen sich durch einen „bemerkenswerten Mangel an Ängstlichkeit" aus (Zerssen, 2003, S. 224). Da sie ohne Angst vor Bestrafung rücksichtsloses und aggressives Verhalten zeigen, ist hierbei vor allem die soziale Umwelt betroffen (Davison & Neale, 1998, S. 315). Die daraus resultierenden sozialen Schwierigkeiten verweisen auf die Rolle, die Angst bei der Eingliederung in die Gesellschaft spielt (Zerssen, 2003, S. 225).

Sich mit Angst zu beschäftigen, heißt also, sich mit einem hydraköpfigen Phänomen auseinander zu setzen. Daher werden im Folgenden für den Untersuchungsgegenstand relevante Definitionen und Abgrenzungen zu benachbarten Konzepten ausgearbeitet.

2.2 Definitionen

„Angst ist wohl eine der häufigsten Emotionen..." (Davison & Neale, 1998, S. 110)

„Fast jeder Winkel menschlichen Verhaltens .... wird irgendwie von der Angst beeinflußt" (Levitt, 1987, S. 13)

„Angst gehört unvermeidlich zu unserem Leben. In immer neuen Abwandlungen begleitet sie uns von der Geburt bis zum Tode" (Riemann, 1961/1997, S. 7).

„Anxiety is ... widely treated as a primary, often *the* [Hervorh. d. Autors] main, motivating force in human affairs" (Lazarus, 1991, S. 234).

„Nach zwanzig Jahren des Nachdenkens bin ich zu dem Schluss gelangt, dass die Angst nicht aus der Dunkelheit geboren wird, sondern eher den Sternen gleicht – stets unverrückbar da, nur unsichtbar im grellen Licht des Tages" (Josef Breuer als Romanfigur in Yalom, 2008, S. 252)

Aus den voran stehenden Zitaten wird die Allgegenwart von Angst deutlich. Die allgemeinen, subjektiven Erfahrungen mit diesem Zustand stehen jedoch im Gegensatz zu den Schwierigkeiten, den Gegenstand zu definierten. So konstatiert auch Floßdorf „die Schwierigkeiten beginnen damit, dass wir die Angst kaum definitorisch einfangen können" (1999, S. 34).

Diese Schwierigkeiten liegen zunächst einmal darin begründet, dass Angst nicht direkt beobachtbar ist. So formulieren Lazarus-Mainka und Siebeneick (2000) Angst sei „ein *subjektiv erlebter Gefühlszustand* (Hervorh. d. Autorinnen), der durch Introspektion erschlossen werden kann und damit nur der erlebenden Person zugänglich ist" (S. 13). Somit handelt es sich bei Angst um ein (psychologisches) Konstrukt. Das heißt, es geht um einen Sachverhalt, der nicht direkt beobachtbar ist. Vielmehr kann Angst nur durch die Beobachtung des Verhaltens Anderer erschlossen werden (Levitt, 1987, S. 15; Pekrun, 1988, S. 97).

Die Definitionsschwierigkeiten begründen sich auch in den semantischen Überschneidungen mit anderen Begriffen wie beispielsweise Stress, Spannung, Schrecken (Levitt, 1987; Floßdorf, 1999). Zum anderen differieren die theoretischen Hintergründe stark, die die Basis der jeweiligen Definitionen bilden. Dem-

2.2 Definitionen 23

zufolge gibt es nicht „*die* (Hervorh. d. Autorinnen) Definition von Angst, sondern es scheint, als gäbe es ebenso viele Definitionen wie Theoretiker" stellen Lazarus-Mainka und Siebeneick (2000, S. 12) fest und listen folglich ohne Anspruch auf Vollständigkeit 16 verschiedene Definitionen von Angst auf (s. dazu auch Levitt, 1987; Floßdorf, 1999). In den verschiedenen Definitionen wird Angst entweder im Sinne einer Realdefinition mit anderen Begriffen wie z.B. Stress, Spannungszustand, Schmerz etc. gleichgesetzt. Ein Beispiel ist hier die Definition von Fröhlich, der Angst definiert als „ein spannungsreiches, beklemmendes, unangenehmes, bedrückendes oder quälendes Gefühl der Betroffenheit und Beengtheit, das mit unterschiedlicher Intensität und im Zusammenhang mit einer Vielzahl von Situationen auftreten kann" (1982, S. 15). Andere Autoren verknüpfen Angst mit „Akten" (Levitt, 1987, S. 16), mit etwas messbarem wie z.B. vorhergehende oder begleitende Handlungen oder Phänomene, um so zu einer operationalen Definition zu gelangen (Lazarus-Mainka & Siebeneick, 2000). Ein Beispiel einer solchen operationalen Definition ist dieselbe von James[1], der formuliert „the bodily changes follow directly the perception of the exciting fact, and ... our feeling of the same changes as they occur is the emotion" (1890/1981, S. 1065). Die Wahrnehmung der körperlichen Reaktion führt also zu dem Gefühl. Und folglich ist dann das Zittern, das der Anblick eines Bärens verursacht, Angst (James, a.a.O.). Lazarus zufolge ist das dominierende Kennzeichen von Angst die Unsicherheit darüber, was passieren wird und wann es passiert in einer Situation existentieller Bedrohung der Ich-Identität (1991, S. 235). Die Bedrohung ist dabei weniger konkret als bei Furcht, sondern eher zweideutig und symbolisch (ebd.). Sokolowski (2002) vertritt den verbreiteten Standpunkt, dass das Auftreten von Emotionen von grundlegenden Komponenten begleitet ist (s. a. Kleinginna & Kleinginna, 1981; Fröhlich, 1982; Pekrun, 1988, S. 96; Mees, 2006; Merten, 2003), die sich untereinander beeinflussen. Dies sind die subjektive, die kognitive, die expressive, die neurophysiologische und die behaviorale Komponente. Diese Komponenten sieht Brehm (2001) ebenso bei Arbeitsemotionen, die sie versteht als „*Gefühle ..., die eng mit dem Erleben, Wahrnehmen und Bewerten von Arbeit verbunden sind*" (S. 206). Auch bei Angst, als eine mögliche Arbeitsemotion, finden sich diese Komponenten. Daher sollen sie im Folgenden erläutert werden.

Die subjektive Komponente der Angst meint das subjektive Erleben eines Gefühls der Bedrohung und der Unlust. Schwarzer (2000) konstatiert in diesem Zusammenhang, dass Angst eine „in erster Linie ... private Erfahrung" ist (S.89; vgl. auch Riemann, 1961/1997, S. 9). Das Gefühl kennt jeder, aber es differiert interindividuell in Intensität und Ausprägung. Das heißt, der Einzelne kann da-

---

1 Diese Theorie wurde später als die James-Lange-Gefühlstheorie bekannt.

rüber berichten, und das Gegenüber kann es nachvollziehen. Eine identische Repräsentation des Gefühls ist jedoch nicht möglich (Lazarkus-Mainka & Siebeneick, 2000, S. 36). Dennoch ist das subjektive Erleben „das zentrale Bestimmungsstück der Emotion: Denn ohne bewusstes Erleben kann gar nicht von einer Emotion gesprochen werden" (Mees, 2006, S. 116).

Die kognitive Komponente bezieht sich zunächst einmal auf die Bewertung der Situation, einer Person oder eines Objektes in Bezug auf die Person selbst oder anderen. Diese Bewertung, die nicht unbedingt bewusst sein muss, ist Grundlage einer Emotion. Die bewertete Relevanz hat Einfluss auf die Intensität des Gefühls (Mees, 2006, S. 108 ff). Ein weiterer kognitiver Aspekt ist hier die Einengung der Wahrnehmung, die dann auf das auslösende Objekt fokussiert ist. Dieses Phänomen hat als Tunnelblick Einzug in die Umgangssprache gefunden. Der Betroffene fühlt sich dazu gezwungen, so zu reagieren, dass sich die erlebte Bedrohung vermindert (Izard, 1991, S. 299). Diese Fokussierung dient dazu, alle kognitiven Ressourcen zu mobilisieren und gezielt für die Bewältigung der Situation zur Verfügung zu stellen.

Die mit der Angst verbundene expressive Komponente zeigt sich in Körperhaltung und Gesichtsausdruck. Dieser ist prototypisch und wird von anderen erkannt (Ekman, 1993; Fröhlich, 1982). Allerdings lernt der Mensch im Laufe seines Lebens, den ungehemmten Ausdruck von Angst zu verschleiern. Ekman (1993) beschreibt dies als kulturspezifische „display rules", die festlegen, wer wem welche Emotionen in welchem Ausmaß zeigen darf. Durch die Sozialisation werden „offenbar ziemlich genaue Vorstellungen davon, in welchen Situation welchen emotionalen Äußerungen „erlaubt" oder „normal" sind [vermittelt]. Und wir haben es nicht gerne, wenn jemand diese Regeln verletzt" (Ulich, 1989, S. 10, Hervor. des Autors). So kommt es nur in unbeobachteten Momenten oder Situationen großer Bedrohung zum ungehemmten (Gesichts-) Ausdruck von Angst (Izard, 1991).

Die (neuro-)physiologische Komponente, die mit Angst einhergeht, ist eng mit der Amygdala (Mandelkern, corpus amygdaloideum) verbunden (Güntürkün, 2000b, S. 74; Hüther, 1998, S. 35; Koch, 2003, S. 36; LeDoux & Phelps, 2004). Diese Gehirnregion im Temporallappen ist unmittelbar vor dem Hippocampus gelegen und gehört zum limbischen System. Dieses verbindet das somatomotorische und das autonome System[2] (Bartels & Bartels, 1995, S. 289) und gehört zu den phylogenetisch älteren Strukturen des Gehirns. Bei Konfrontation mit einem Angst auslösenden Reiz zeigt sich vermehrte Aktivität im Bereich der

---

2 Das somatische (Nerven-)System ist für die Reizaufnahme, Erregungsweiterleitung und -verarbeitung zuständig. Es steuert Bewegungsabläufe. Das autonome System steuert z.B. die inneren Organe und unterliegt nicht der willentlichen Kontrolle (Bartels & Bartels, 1995, S. 270, S. 290).

2.2 Definitionen

Amygdala. Dies führt zu Aktivierung spezifischer, angeborener, körperlicher Reaktionen. Dazu zählen u.a. die Beschleunigung des Herzschlags und der Atmung, der Anstieg des Blutdrucks und die Ausschüttung von Stresshormonen wie auch die Piloerektion (das Aufstellen der Körperhaare). Diese körperlichen Reaktionen dienen einerseits dazu, dem Individuum eine möglichst schnelle Entfernung aus der bedrohlichen Situation zu ermöglichen oder sich zu verteidigen. So werden beispielsweise durch den Anstieg des Blutdrucks die Muskeln besser durchblutet und der Organismus ist schneller zu Flucht oder Verteidigung bereit. Andererseits dienen Symptome wie das Aufstellen der Haare dazu, dem Feind größer (und damit potenziell bedrohlicher) zu erscheinen. Dieses äußerlich sichtbare Symptom hat noch eine zusätzliche Funktion: es signalisiert den Artgenossen die Gefahr. Diese können sich dann in Sicherheit bringen, und unerfahrene können über Modell-Lernen die Gefährlichkeit eines Reizes und die angemessene Reaktion darauf lernen. Die körperlichen Reaktionen dienen also einerseits dazu, den Betroffenen auf eine Flucht oder Verteidigung vorzubereiten. Andererseits haben die sichtbaren Aspekte (wie die Piloerektion) und auch der Gesichtsausdruck eine expressiv-kommunikative Funktion und dienen damit auch den Artgenossen. Unter einer evolutionsbiologischen Perspektive wird davon ausgegangen, dass der Mensch zum Überleben auf eine soziale Gemeinschaft angewiesen ist (Paul, 2003). Daher werden diese Aspekte als ein durch die Evolution herausgebildeter Selektionsvorteil für die Arterhaltung im Sinne der Weitergabe der Gene interpretiert (Güntürkün, 2000a, S. 95; Mees, 2006, S. 114).

Es sei hier noch erwähnt, dass die durch die Aktivierung der Amygdala angestoßenen neuronalen Veränderungen und Reaktionen un- und vorbewusst ablaufen. Das Erleben des Gefühls Angst wird durch die Aktivität anderer, phylogenetisch jüngerer Hirnregionen, wie z.B. den Neocortex vermittelt (Koch, 2003, S. 36; LeDoux & Phelps, 2004) wo dann die kognitiven (Bewertungs-)Prozesse stattfinden.

Angst wird nicht nur durch neurale Prozesse beeinflusst und mit gesteuert. Angst wirkt wiederum auch auf diese Prozesse zurück. So weisen Fujiwara und Markowitsch (2003) darauf hin, dass emotionale Belastungen wie chronischer Stress und Depressions- oder Angstzustände die Gedächtnisverarbeitung beeinflussen und sogar beeinträchtigen können.

Die behaviorale Komponente ist das Angstverhalten. Dieses wird durch die o.g. neurophysiologischen Prozesse unterstützt. Das Verhalten soll dazu dienen, Angst zu vermeiden oder zu zumindest zu reduzieren (Mees, 2006, S. 112). Neben Handlungen wie Verteidigung oder Flucht verfügt der Mensch im Gegensatz zu Tieren über die Möglichkeit, verbal auf Angst zu reagieren. Damit kann über die Sprache Angst vermittelt oder bedingt, reduziert und erinnert werden. Durch die Nicht-Thematisierung wird Angst verdrängt und somit verfestigt (Lazarus-Mainka & Siebeneick, 2000, S. 109). Angstverhalten ist zum Teil angeboren und es existieren phylogenetische bedingte Prädispositionen, auf bestimmte Reize mit Angst zu reagieren. Andere Teile des menschlichen Angstverhaltens wurden ontogenetisch, z.b. durch Modell-Lernen erworben (Güntürkün, 2000a, S. 92, S. 105). Auch die durch die Sozialisation vermittelten Ge- und Verbote können Angst vermitteln.

Ulich (1989, S. 32) verweist darauf, dass der zugrunde gelegte theoretische Hintergrund bestimmt, ob und in welchem Maße und von welchem Standpunkt aus diese verschiedenen Komponenten bei der Betrachtung mit einbezogen werden (vgl. auch Pekrun, 1988, S. 98). Vor dem Hintergrund, dass die Variabilität des „Angstgeschehens" sehr hoch ist, kann diesem Standpunkt nur zugestimmt werden. So kann beispielsweise der gezeigte (Gesichts-)Ausdruck beim Auftreten von Angst je nach Situation und Kontext (z.B. anwesende Personen) stark variieren oder auch ausbleiben. Damit ist aber die Emotion nicht abwesend. Im Erleben des Individuums ist sie durchaus noch präsent und nur nach außen hin kaschiert. Auch ist eine Veränderung des physiologischen Erregungszustands keine notwendige Bedingung für das Erleben einer Emotion wie Untersuchungen an Querschnittsgelähmten, deren Erregungsweiterleitung beeinträchtigt ist, belegen (Mees, 2006, S. 115). Für das Vorhandensein der jeweiligen Emotion müssen also nicht alle Komponenten beteiligt sein. Ulich (1989) und Pekrun (1988) plädieren daher für einen Emotionsbegriff, der das subjektive Erleben in den Mittelpunkt stellt. Dieses ist stets personenbezogen und unter Berücksichtigung lebensgeschichtlicher Bezüge zu interpretieren. Diese Sichtweise trifft auch auf Angst zu.

Zusätzlich ist zu beachten, dass Emotionen fast ausnahmslos in einem Kontext entstehen. „Emotions, to be sure, do not emerge in isolation and they are not merely inner phenomena." (Domagalski 1999, S. 840). So ist z.B. Wut, mit Ausnahme der Wut auf sich selbst, stets auf ein Subjekt oder Objekt gerichtet. Insofern können Emotionen auch nur unter Berücksichtigung des jeweiligen sozialen und kulturellen Kontextes verstanden werden (vgl. Fineman, 1993c, S. 10; Eiselen & Sichler, 2001, S. 51). Unter dieser Perspektive kann man Emotionen auch als „eine in der menschlichen Kulturgeschichte entstandene Option des Verhaltens gegenüber bestimmten sozialen und kulturellen Anforderungen" (Eiselen & Sichler, 2001, S. 49) verstehen. Folglich wird in der vorliegenden Untersuchung eine solche Sichtweise von Angst vertreten, die auch kontextuelle und individuelle Aspekte mit einbezieht.

Bevor die grundsätzlichen theoretischen Positionen hier dargestellt werden und Angst in dem jeweiligen Kontext definiert wird, soll zunächst auf die Abgrenzung verschiedener, verwandter Begriffe eingegangen werden. Dies sind Furcht, Phobie und Ängstlichkeit.

2.3 Verwandte Konstrukte

2.3.1 Furcht

Die Unterscheidung von Angst und Furcht hat eine lange Tradition. Im Gegensatz zur Angst ist bei der Furcht die auslösende Quelle der betroffenen Person bewusst bzw. bekannt und konkreter Natur. Bei Furcht fürchtet man „the immediate prospect of sudden death or injury (Lazarus, 1991, S. 235). May (1977, S. 205) fasst die Unterscheidung von Angst und Furcht wie folgt zusammen

> It is agreed by students of anxiety – Freud, Goldstein, Horney, to mention only three – that anxiety is a *diffuse* apprehension, and that the central difference between fear and anxiety is that fear is a reaction to a specific danger while anxiety is unspecific, „vague", „objectless". (Hervorh. d. Autors)

Die Abgrenzung von Angst und Furcht zielt also ab auf die Unterscheidung zwischen *Angst an sich* und *Angst vor etwas*. Demnach ist die Furcht, die *Angst vor etwas*, auf eine spezifische Quelle, von der Gefahr ausgeht, gerichtet.

Die Hauptfunktion von Furcht ist das Entrinnen aus einer Gefahr zu organisieren und zu motivieren (Izard, 1991, S. 301; Öhman, 2004). Furcht ist damit ein Warn- und Schutzsignal und dient dazu, Kräfte für eine Reaktion auf den bedrohlichen Reiz zu mobilisieren. Furcht gehört zu den phylogenetisch alten Mechanismen und ist evolutionsbiologisch als Selektionsvorteil zu verstehen, denn „der dummdreiste Draufgänger [der sich allen Reizen ohne Furcht nähert] ist offenbar kein Erfolgsrezept in der Evolution" (Paul, 2003, S. 15). Denn ohne Furcht setzt sich ein Lebewesen oder Individuum zu vielen Gefahren aus, und das Risiko dabei zu sterben ist viel größer als bei vorsichtigeren, furchtsamen Individuen.

Als Quellen von Furcht beschreibt Izard (1991) für Kinder hauptsächlich Bedrohungen der physischen Integrität. Bei Erwachsenen finde sich dann häufiger die Furcht vor Verletzung des Selbstwertes und Stolzes als Auslöser von Furcht.

Angst (*Angst an sich*) hingegen ist unspezifischer und nicht auf ein Objekt bezogen. Nach Paul (2003) ist auch die Emotion der Angst evolutionsbiologisch zu erklären. Es handele sich dabei um die Angst vor einer Gefahr, die in der jetzigen Umwelt des Organismus gar nicht mehr vorhanden ist. Zu evolutionär früheren Zeiten war diese Angst eine Furcht vor einer realen Bedrohung und als

Schutzmechanismus durchaus ein Anpassungsvorteil. Die Evolution, das heißt die Veränderung der Ängste, verläuft langsamer als die Veränderung der Umwelt. So kann Paul auch das Fremdeln von kleinen Kindern evolutionsbiologisch erklären. Bei dem zu früheren Zeiten noch höheren Infantizitrisiko war die Angst vor fremden Männern ein Anpassungsvorteil (a.a.O., S. 22).

May (1977) hingegen führt Furcht und Angst zusammen. Ihm zufolge ist Angst die grundlegende Reaktion auf Bedrohung. Im Zuge der neurologischen und psychologischen Reifung des Individuums wächst die Fähigkeit, zwischen bedrohlichen Objekten zu differenzieren. Die dann mögliche spezifische Reaktion auf einen bestimmten Reiz sei Furcht. Weiter sei Furcht eine Art Schutzmechanismus. Ihm zufolge bezieht sich Angst auf Bedrohung tieferer Ebenen, den Kern der Persönlichkeit. Furcht soll schützende Reaktionen auslösen, damit es zu Bedrohungen des Kerns der Person nicht kommt (ebd. S. 225). Epstein (1972) hingegen versteht die Beziehung von Furcht und Angst zueinander etwas anders. Für ihn ist Furcht „related to coping behavior, particularly escape and avoidance. However when coping attemps fail ... , fear is turned into anxiety" (S. 311).

Die vielfältigen Diskussionen zum Nutzen dieser Unterscheidung führten zu unterschiedlichen Ergebnissen. Eher philosophisch und geisteswissenschaftlich orientierte, psychologische Abhandlungen trennen im dargelegten Verständnis zwischen Angst und Furcht (Lazarus-Mainka & Siebeneick, 2000; ein Beispiel ist hier Kierkegaard, 1844/1991, S. 40). Freud beispielsweise verstand unter neurotischer Angst zunächst die Reaktion auf inakzeptable Impulse (S. Freud, 1916-1917/2000, S. 381). Es handelt sich hier also um Bedrohungen, die innerhalb der Person liegen. Bei der Realangst, dem Äquivalent zur Furcht, liegt die Quelle außerhalb der Person (ebd.). Es scheint jedoch wenig Sinn zu machen, diese Form der Unterscheidung aufrecht zu erhalten, da hiermit der relationale Aspekt von Emotionen vernachlässigt wird. Die Unangemessenheit der Impulse der neurotischen Angst kann nur durch eine Bewertung auf Basis der gesellschaftlichen Vorgaben und Normen ermessen werden (vgl. Lazarus, 1991, S. 236).

Zudem ist Levitt zuzustimmen, der zu bedenken gibt, dass die Abgrenzung von Angst und Furcht in der Praxis schwer durchzuführen ist (1987, S. 19) und daher immer Überschneidungen der beiden Konstrukte vorliegen. Andere Autoren, die eher naturwissenschaftlich orientiert sind, vertreten sogar den Standpunkt, dass die Unterscheidung der beiden Phänomene nicht aufrechtzuerhalten ist und behandeln die Begriffe synonym (z.B. Schneider & Schmalt, 1994). Neurophysiologisch scheint die Unterscheidung nicht relevant. So sind an der Verarbeitung von Angst und Furcht die gleichen neuronalen Systeme beteiligt (Koch, 2003, S. 32).

2.3 Verwandte Konstrukte

Im Rahmen der vorliegenden Untersuchung soll diese Trennung von Angst und Furcht nicht aufrechterhalten werden. Es wird davon ausgegangen, dass es einerseits konkrete, benennbare, d.h. bewusste Quellen der Bedrohung gibt. Gleichwohl gibt es auslösende Konstellationen, bei denen die Quelle des bedrohlichen Gefühls diffuser und weniger klar zu bestimmen ist. Das assoziierte Gefühl ist stets Angst. Daher wird im Folgenden nur der Terminus „Angst" verwandt. Von Interesse bleibt aber die zuvor dargelegte Unterscheidung, ob die Quelle bzw. der oder die Auslöser des Gefühls der Person zugänglich sind oder diffus und damit unbewusst sind.

2.3.2 Phobie

Davison und Neale (1998) definieren Phobie als ein „zerrüttendes, angstvermitteltes Vermeidungsverhalten, das in keinem Verhältnis zu der Gefahr steht, die vom gemiedenen Objekt oder von der gemiedenen Situation droht, und das der Leidende in der Tat auch als grundlos erkennt" (S. 143; s. a. Izard, 1991, S. 293). Schulte (2000) fügt dieser Definition das Zeitmoment hinzu: Phobien treten plötzlich auf und sind zeitlich begrenzt. Phobien werden durch internale oder externale Stimuli ausgelöst. Die Betroffenen erwarten, dass in der jeweiligen Situation etwas „Schlimmes" passieren könnte und dass dies unangenehme Folgen wie z.B. Schmerzen oder Gefährdung zur Folge haben wird. Die Abgrenzung zu nicht-phobischen Individuen wird u.a. dadurch erkennbar, dass die Intensität und Auftretenshäufigkeit dieser antizipierten Folgen von den Phobikern stark überschätzt werden (Schulte, 2000; Levitt, 1987). Durch das Vermeiden der Angst auslösenden Situationen wird zum einen die Phobie aufrechterhalten, da die Person nicht die Erfahrung machen kann, dass die antizipierten katastrophalen Folgen nicht auftreten, sondern dass die Situation handhabbar ist. Zum anderen wird durch das Vermeidungsverhalten der Handlungsspielraum des Betroffenen eingeschränkt. So ist beispielsweise dem Agoraphobiker[3] die Teilnahme am sozialen Leben erschwert (Schulte, 2000; Davison & Neale, 1998; Wittchen & Jacobi, 2006). Diese resultiert aus einem einst erlebten Angstanfall und der Befürchtung, erneut in eine solche Situation zu geraten. Es wird befürchtet, dann dort z.B. ohnmächtig zu werden und dadurch in eine peinliche oder schamvolle Situation zu geraten oder keine Hilfe zu erlangen (Schulte, 2000; Davison & Neale, 1998).

Die Lebenszeitprävalenz, an einer Phobie zu erkranken, liegt zwischen 1,7% und 9% der Bevölkerung (Schulte, 2000). Die Gruppe der Phobien beinhal-

---

3 Agoraphobie bezeichnet die Angst z.B. vor öffentlichen Plätzen oder Menschenansammlungen.

tet verschiedene Krankheitsbilder. Beispiele sind spezifische Phobien, Agora- oder soziale Phobien (vgl. Saß, Wittchen, Zaudig & Houben (2003) und Dilling, Mombour & Schmidt (2004) für Vertiefungen sowie Muschalla (2008) zu Arbeitsplatzphobien).

Diese Gruppe von Störungsbildern soll hier nicht genauer erläutert werden, da hier lediglich eine Abgrenzung der Konstrukte Angst und Phobie im Allgemeinen vorgenommen werden soll. Diese Abgrenzung ist vor allem durch die Proportionalität möglich. Bei einer Phobie ist das Verhältnis der Gefährlichkeit des phobischen Reizes oder der Eintretenswahrscheinlichkeit des befürchteten Ereignisses und der durch sie ausgelösten Angst excessiv überproportional. In Einzelfällen kann die Einschätzung bezüglich der Proportionalität z.B. je nach Kontext durchaus differieren (Levitt, 1987, S. 20). Im Rahmen dieser Untersuchung sind Phobien nicht weniger von Interesse, da der Fokus der Aufmerksamkeit nicht auf individuellen Pathologien liegt.

2.3.3 Ängstlichkeit

Im Gegensatz zum Zustand der Angst („state anxiety" Spielberger, 1975) ist Ängstlichkeit eine Persönlichkeitseigenschaft. Damit wird die Neigung einer Person umschrieben, sich zu ängstigen. Ängstlichkeit als Persönlichkeitsmerkmal („trait anxiety" ebd.) kann als „Disposition zu Angstreaktionen" (Zerssen, 2003, S. 213), als „tendency to preceive a wide range of situation as threatening" (Spielberger, 1975, S. 139) oder „chronische Erregungsbereitschaft" (Schwarzer, 2000, S. 88) verstanden werden. Es handelt sich dabei um eine zeitlich überdauernde Disposition, die bei Menschen sehr unterschiedlich ausgeprägt sein kann. Zerssen (2003, S. 226) verweist darauf, dass das interindividuell variierende Ausmaßes an Ängstlichkeit ein evolutionärer Anpassungsvorteil ist. Je nach situationalen Gegebenheiten ist entweder ein größeres Maß an Ängstlichkeit günstig, da es, ihm zufolge, Sesshaftigkeit fördere, oder ein größeres Maß an Risikobereitschaft, was z.B. die Entdeckung neuer Siedlungsgebiete ermögliche. Dennoch ist der Einfluss des Ausmaß an Ängstlichkeit auf das Neugiermotiv differenziell, d.h. von einem einfachen antagonistischen Verhältnis kann nicht ausgegangen werden (Trudewind, 2000). Die Entstehung des unterschiedlichen Ausmaßes an Ängstlichkeit wird sowohl durch genetische als auch durch Sozialisationsfaktoren erklärt (Zerssen, 2003, S. 228).

2.3 Verwandte Konstrukte

2.3.3.1 Sensation Seeking

Zur Beschreibung von Persönlichkeit wird vor allem seit Mitte der 80er Jahre meist auf faktorenanalytisch gewonnene Systematiken zurückgegriffen. Diese erfassen Persönlichkeit oftmals anhand von fünf zugrunde liegenden Persönlichkeitsfaktoren (Fünf-Faktoren-Modell; „Big Five" (Costa & McCrae, 1992)). Diese bestehen aus den Faktoren Neurotizismus, Extraversion, Verträglichkeit, Gewissenhaftigkeit und Offenheit für Erfahrungen (Costa & McCrae, 1992; Amelang, Bartussek, Stemmler, & Hagemann, 2006; Zimbardo, 1992). Andere Persönlichkeitstheorien gehen von weniger oder mehr Faktoren aus (Amelang et al., 2006; Zuckerman, Kuhlman, Joireman, Teta & Kraft, 1993). Die Autoren der Fünf-Faktoren-Modelle erheben den Anspruch, die Persönlichkeit damit erschöpfend darstellen zu können, was von anderen Autoren durchaus kritisch betrachtet wird (Zuckerman et al., 1993). So hat beispielsweise Andresen (1995, 2000) zur inhaltlichen Ergänzung des Big Five Persönlichkeitsmodells einen weiteren Faktor vorgeschlagen und empirisch belegt. Es handelt sich hierbei um den Faktor Risikobereitschaft (risk and competitive seeking). Auf Zuckerman (1991, 1994) geht das Konstrukt des Sensation Seekings zurück. Darunter wird die Tendenz verstanden, vielfältige, neue, komplexe und intensive Erfahrungen zu machen und die Bereitschaft, für diese Erfahrungen physische, soziale, legale und finanzielle Risiken einzugehen. Dieses Suchen nach Abwechslung und neuen Erlebnissen dient dazu, eine ständige Spannung zu erleben. Das Persönlichkeitskonstrukt geht von der Annahme aus, dass jeder Mensch ein optimales Erregungsniveau hat. Menschen mit einem geringeren Erregungsniveau suchen eher stimulierende Reize auf. Sie werden als Sensation Seeker bezeichnet. Das Aufsuchen der neuen Reize dient also dazu, den angestrebten Erregungspegel aufrecht zu erhalten.

Ängstlichkeit und das Merkmal Sensation Seeking spielen in dieser Untersuchung eine untergeordnete Rolle, da der Fokus nicht auf individuellen Persönlichkeitsmerkmalen liegt.

2.3.4 Stress

Stress ist in der Alltagssprache ein häufig verwendeter Begriff (Newton, 1995a, S. 2) und in der wissenschaftlichen Auseinandersetzung ein viel beachtetes Thema. Verschiedene Disziplinen (u.a. Medizin, Arbeitswissenschaften, Psychologie) und deren Subdisziplinen beleuchten das Phänomen in vielfältiger Weise, was sich nicht zuletzt in den mannigfaltigen Publikationen dokumentiert (Coyne & Racioppo, 2000, S.655). Der gemeinsame Nenner in der Beschäftigung mit

Stress besteht darin, dass die Definitionen der verschiedenen Ansätze immer ein Ungleichgewicht in den Mittelpunkt stellen. Stress ist hiernach „eine Anforderung aus der Umgebung (oder auch aus der Person selbst) geht über ein – wie auch immer definiertes – „Normalmaß" hinaus und gibt damit Anlaß zu einer besonderen Bewältigungsreaktion („Coping") (Semmer, 1999, S. 744, Hervorh. des Autors).

Bei den Stresstheorien lassen sich in reiz- und reaktionsorientierte sowie transaktionale Ansätze unterscheiden (Schwarzer, 2000, S. 14). Die reizorientieren Ansätze legen den Fokus auf die Bedingungen (so genannte Stressoren), die Stress auslösen. Als Stressoren können z.b. Umgebungsvariablen wie Lärm, Schmutz, etc., arbeitsorganisatorische Variablen wie z.B. Zeitdruck und in der Person liegende Reize agieren. Hier wird Stress als die unabhängige Variable verstanden (Richter & Hacker, 1997, S. 23). Die reaktionsorientierten Ansätze hingegen fokussieren die individuellen Stressreaktionen. Stress ist hier also die abhängige Variable. So postuliert z.B. Seyle (1953, zitiert nach Richter & Hacker, 1997, S. 25) unabhängig von den auslösenden Situationen eine unspezifische Reaktion des Organismus bei der Anpassung an jede Art von Anforderung. Die einfachen reaktionsorientierten Modelle mit ihrer mono-kausalen Betonung des biologisch-physiologischen Aspektes des Stressgeschehens spielen heute eine untergeordnete Rolle (Schwarzer, 2000, S. 14). Ihnen stehen die transaktionalen Modelle gegenüber. Diese stellen die Auseinandersetzung des Individuums mit seiner Umwelt in den Mittelpunkt. Hier bestimmen individuelle Bewertungs- und Bewältigungsprozesse über die Stressentstehung (Franke-Diel, 2010, S. 40). Das prominenteste Modell ist hier das kognitiv-transaktionale Stressmodell von Lazarus (Lazarus & Launier, 1981; Lazarus & Folkman, 1984; Lazarus, 1991, Lazarus, 2006). Aufgrund seiner Relevanz soll es hier kurz dargestellt werden.

2.3.5 Kognitiv-transaktionales Stressmodell/ Emotionsentstehung

Das kognitiv-transaktionale Stressmodell (Lazarus & Launier, 1981; Lazarus & Folkman, 1984) geht davon aus, dass Stress ein Resultat einer Transaktion von Person und Umwelt ist. Die Konfrontation mit einer Situation löst eine Informationsverarbeitung durch die Sinnesorgane aus. Der Stress resultiert aus einer Bewertung der wahrgenommenen Situation. Die Bewertung erfolgt auf den Dimensionen Bedrohung, Herausforderung oder Schaden/Verlust (primary appraisal) (Lazarus & Folkman, 1984, S. 31ff). Die sekundäre Einschätzung (secondary appraisal, ebd.) bezieht die Analyse der Copingstrategien mit ein, die zur Bewältigung der Situation vorhanden sind. Coping besteht aus sich stets verändernden kognitiven und Verhaltensanstrengungen. Diese werden benötigt

2.3 Verwandte Konstrukte

werden, um externe oder interne Anforderungen (oder Konflikte zwischen ihnen), die als beanspruchend oder die Ressourcen überschreitend bewertet wurden, zu meistern (Lazarus, 1991, S. 112). Ein Ereignis löst also nicht automatisch eine bestimmte Emotion aus. Vielmehr fungiert die Einschätzung der Bewältigungsmöglichkeiten (coping) hier als Mediator. Auch wenn die Bezeichnungen es nahe legen, laufen diese beiden Bewertungen nicht in einer zeitlichen Abfolge ab, sondern können auch parallel verlaufen (Mandl & Reiserer, 2000, S. 99). Die Neueinschätzung der Situation (reappraisal) bezieht die Ergebnisse der primären und sekundären Bewertung sowie die Ergebnisse der Reaktion mit ein. Dies erlaubt eine Neubewertung der Situation und der Wirksamkeit der eingesetzten Copingstategien.

Das kognitiv-transaktionale Stressmodell wurde von einem der Autoren weiter entwickelt, um neben Stress auch weitere Emotionen zu erklären (Lazarus, 1991, S. 133; Lazarus, 2006). Durch die Erweiterung des Modells werden nicht nur Emotionsprozesse, sondern Emotionsstrukturen berücksichtigen. Die Annahme ist hier, dass es stabile Person-Umwelt-Beziehungen gibt, die zu langfristig wiederkehrenden emotionalen Muster führen (Mandl & Reiserer, 2000, S. 99). Damit wird auch dem relationalen Aspekt Rechnung getragen, ohne den die Emotionen nicht verstanden werden können (Lazarus, 1991, S. 89). Jede Emotion ist von spezifischer Relevanz für die Person in ihrer Umwelt und sie wird in relationalen Kernthemen (core relational themes) beschrieben. „A core relational theme is simply the central (hence core) relational harm or benefit in adaptational encounters that underlies each specific kind of emotion" (Lazarus, 1991, S. 121). Dazu wurden spezifische Bewertungsdimensionen beschrieben. Allgemein wird bei der primären Bewertung zwischen den Bewertungsdimensionen Zielrelevanz, Zielkongruenz und Grad der Ich-Beteiligung unterschieden. In der sekundären Bewertung sind die Dimensionen Verantwortung, Copingpotenzial und Zukunftserwartung von Relevanz (Lazarus, 1991, S. 133). Auf den Fall von Angst bezogen, einer unsicheren, existentiellen Bedrohung der Ich-Identität (Lazarus, 1991, S. 234), sind die Bewertungsdimensionen wie folgt spezifiziert worden. Die Relevanz des Ereignisses für die eigenen Ziele ist die grundlegende Voraussetzung für die Entstehung jeglichen Gefühls. Dementsprechend entsteht bei Irrelevanz keine Emotion. Wenn das Ereignis mit den eigenen Zielen inkongruent ist, wie es bei der Bedrohung der (körperlichen) Integrität der Fall ist, können daraus nur negative Emotionen resultieren. Der Grad der Ich-Beteiligung ist hier irrelevant, kann aber bei der Bewertung der eigenen Reaktion eine Rolle spielen. Sekundäre Bewertungen sind bei Angst nicht notwendig und Verantwortung ist irrelevant. Das Copingpotenzial sowie die Zukunftserwartung sind unsicher (Lazarus, 1991, S. 235ff). Angst ist in diesem Modell also eine spezifische, durch kognitive Bewertung vermittelte Emotion.

2.3.6 Abgrenzung von Angst und Stress

Sieht sich ein Individuum einem potenziell stressvollen Reiz gegenüber, können die „Stressreaktionen" (Hüther, 1998, S 39) zweigestaltig ausfallen. Erweist sich der Reiz als kontrollier- und handhabbar, wird die Situation als Herausforderung begriffen. Wird Unbeherrschbarkeit klar, stellen sich Gefühle der Ohnmacht, Wut, Verzweiflung oder Angst ein. Bei der Konfrontation mit einem potenziell stressvollen Reiz ist „das Anfangsgefühl ... in beiden Fällen Angst" (ebd.). Der Zusammenhang von Stress und Angst ist also der, dass je nach individueller Bewertung eine Situation entweder ein Gefühl der Herausforderung oder Angst auslösen kann (Schwarzer, 2000, S. 41; Hüther, 1998, S. 39; Lazarus, 2006, S. 92). Somit ist Angst „im Stressprozess ein sehr wichtige Größe" (Stoffer, 2006, S. 107).

Die Begriffe Stress und Angst sind also nicht deckungsgleich, auch wenn in der Praxis wie auch in der Theorie (vgl., May, 1977, S. 109 ff) oftmals der Begriff Stress für Angst verwendet wird.

2.3.7 Klassifikation von Ängsten

Es gibt die unterschiedlichsten Kriterien, nach denen Ängste klassifiziert werden. Es kann beispielsweise nach zwei polarisierten Dimensionen unterschieden werden: Angst vor Nähe oder Distanz, sowie Angst vor Wandel oder Dauer (Riemann, 1961/1997). Einem anderen Blickwinkel zufolge können grundsätzlich können zwei Arten von Bedrohungen Angst auslösen. Dies ist zum einen die Bedrohung der physischen Unversehrtheit. Beispiele sind hier existenzielle Bedrohungen in Krisengebieten oder bevorstehende Operationen. Zum anderen ist dies die Bedrohung des Selbstkonzeptes wie dies z.B. bei öffentlichen Auftritten oder Prüfungen der Fall sein kann (Schwarzer, 2000, S. 99). Dabei werden drei allgemeine Ängste unterschieden: die Existenzangst, die soziale Angst und die Leistungsangst.

2.3.7.1 Existenzangst

„Existenzangst entsteht aufgrund der erlernten Bedrohung der körperlichen Unversehrtheit" (Schwarzer, 2000, S. 104). Auf den beruflichen Kontext übertragen wird die Angst erweitert um die Bedrohung der beruflichen Existenz (Panse und Stegman, 1998, S. 45). Daher werden hierunter auch die Angst vor dem Arbeitsplatzverlust, sowie die Angst vor der Verarmung, Altersangst und die Angst vor Krankheiten subsumiert (ebd.).

2.3.7.2 Soziale Angst

Nach Schwarzer (2000) ist unter sozialer Angst „*die Besorgnis und Aufgeregtheit angesichts von sozialen Situationen, die als selbstwertbedrohlich erlebt werden*" (S. 118, Hervorh. d. Autors) zu verstehen. Auslöser dieser Art von Angst ist die Befürchtung, sich in zwischenmenschlichen Begegnungen zu blamieren, zurückgewiesen oder nicht anerkannt zu werden. Formen sozialer Ängste sind z.b. Verlegenheit, Scham und Schüchternheit sowie Publikumsangst; letztere hielt als „Lampenfieber" Eingang in die Umgangssprache. Im Arbeitskontext, der ja immer ein sozialer Kontext ist, können verschiedenste Situationen auftreten, in denen soziale Ängste eine Rolle spielen.

2.3.7.3 Leistungsangst

Die Leistungsangst[4] ist der sozialen Angst sehr ähnlich und zudem eng mit ihr verknüpft (Laux, 1993b, S. 121). Auch hier wird eine mögliche Bedrohung des Selbstwertes gefürchtet. Allerdings geht es hier um die Erbringung von Leistung und die Furcht vor dem möglichen Versagen derselben. Daher ist sie mit der „Furcht vor Misserfolg angesichts von Leistungsanforderungen gleichzusetzen" (Schwarzer, 2000, S. 104). Da Leistung zumeist in sozialen Kontexten erbracht wird, gehen Leistungs- und soziale Angst oftmals ineinander über.

2.3.8 Angst und Leistung

Angst hat in Abhängigkeit von ihrer Intensität einen unterschiedlichen Einfluss auf Leistung. So besteht zwischen neuronaler Erregung (Angst) und dem Leistungsniveau eine umgekehrte U-förmige Beziehung (Yerkes & Dodson, 1908; Hebb, 1955). So ist bei geringer oder zu hoher Angst die Leistung am schlechtesten, bei einem mittleren Ausmaß an Angst ist sie am höchsten („Yerkes-Dodson-Gesetz" (Levitt, 1987, S. 122)). Es besteht also ein differenzieller Einfluss von Angst auf Leistung. Die folgende Graphik verdeutlicht diesen Zusammenhang.

---

4 Im Rahmen dieser Arbeit werden die Begriffe Leistungsangst und Versagensangst synonym verwandt, da es immer um die Angst geht, dass die eigene Leistung nicht ausreicht und der Betroffene versagt.

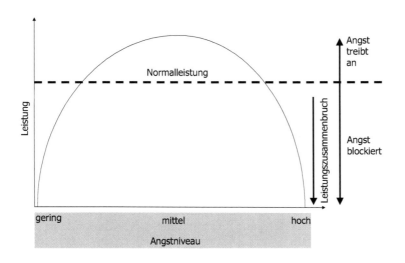

Abbildung 1: Der Einfluss von Angst auf Leistung.
Eigene Darstellung in Anlehnung an Yerkes & Dodson (1908).

2.3.9 Angst und Arbeit

Menschliches Leben lässt sich nicht strikt in Arbeits- und Privatleben trennen. Der Mensch, der zur Arbeit geht ist derselbe, der seine freie Zeit verbringt (Muschalla, 2008, S. 15). Daraus ergibt sich naturgemäß, dass im Arbeitskontext auch Ängste auftreten, die nicht direkt oder nur mittelbar durch die Arbeit selbst ausgelöst werden. Es handelt sich dabei gewissermaßen um Ängste, die der Arbeitende „mitgebracht" hat, wenn man bei dieser Trennung von Arbeit und Nicht-Arbeit bleiben wollte. Eine dieser Ängste ist die „primitive Angst" (Obholzer, 1997). Sie ist die Furcht vor Übel und Unbekanntem. Diese „primitive" Angst ist eine fortwährend vorhandene Angst, „die zum Schicksal des Menschen gehört" (ebd., S. 21). Sie tritt somit auch im Arbeitskontext auf. So kann z.B. die Arbeit in einem Krankenhaus bei den Krankenschwestern die Angst vor Siechtum und Tod (Menzies, 1974), also das Gewahrwerden der eigenen Endlichkeit auslösen. Eine weitere Form ist die „personelle Angst" (Obholzer, 1997, S. 24). Diese entsteht aus der Wiederbelebung unangenehmer bewusster oder unbewusster persönlicher Erfahrungen durch Ereignisse in der Umwelt. Dies kann zu einer professionellen „Achillesferse" (ebd., S. 24) werden, wenn dadurch die Ausübung der Arbeit dauerhaft gestört oder gar verunmöglicht wird.

2.3 Verwandte Konstrukte

Derartige Ängste beeinflussen den Arbeitenden zwar auch, sollen aber hier nicht im Vordergrund der Betrachtung stehen.

Unabhängig von der Person des Arbeitenden kann auch die Arbeit selbst Angst auslösen. "The workplace itself can be characterized by demands, occurring feelings of insufficiency, surveillance and punishment through superiors, accidents or harm to health, or rivalries between colleagues, and is therefore more or less anxiety provoking to the employee" (Muschalla, 2008, S. 16).

Obholzer (1997) beschreibt die „Angst, die aus der die Arbeit entsteht" (S. 23) als eine solche, die in den mehr oder weniger greifbaren Gefahren der Tätigkeit begründet sein kann. Das kann z.B. ein Verlustrisiko bei Geldtransaktionen oder Entscheidungsverantwortung sein oder die Gefahren in Zusammenhang mit gefährlichen Arbeitsumfeldern wie z.B. Atomkraftwerken oder Bohrinseln. Lohmer (2000b) nennt diese in der Arbeitsaufgabe begründeten Gefahren „spezifisches Risiko" (S. 22).

Neben der Tatsache, dass Arbeit Angst auslösen kann, kann sie auch Angst nehmen oder zumindest reduzieren. So sind Personen, die in einem Arbeitsverhältnis stehen, weniger stark von Ängsten vor Erwerbslosigkeit, sozialem Abstieg und sozialer Ausgrenzung betroffen. Arbeitende sind weniger depressiv und erleben weniger „Bitterkeit" (Frese, 1994, S. 205) als Arbeitslose. Ein bestehendes Arbeitsverhältnis kann also auch Ängste nehmen, wogegen bestehende (ebd.) oder drohende Arbeitslosigkeit (Roskies & Louis-Guerin, 1990) mit negativen psychischen Folgen in Zusammenhang gebracht werden.

Auch das Erleben der eigenen Kompetenz und Kontrollsicherheit („master experience", Bandura, 1997), wie es mit der (erfolgreichen) Ausübung einer Arbeitstätigkeit verbunden ist, erhöht die eigene Kompetenzerwartung („self-efficacy", ebd.). Dies ist als eine angstreduzierende Funktion von Arbeit verstehen, denn Personen mit hoher Selbstwirksamkeit sind weniger ängstlich als diejenigen mit geringer Selbstwirksamkeit (Bandura, 1994).

3 Psychoanalytische Grundlagen

Zur Einordnung in den theoretischen Rahmen sowie zum Verständnis dieser in der Arbeits- und Organisationspsychologie weniger gängigen Konzepte soll dargestellt werden, wie die Psychoanalyse im organisationalen Kontext genutzt werden kann. Im Anschluss daran werden die für diese Untersuchung relevanten psychoanalytischen Modelle und deren Anwendung im organisationalen Kontext dargestellt. Ausführlichere Darstellungen finden sich u.a. bei S. Freud (1923/2000), Kinzel (2002), Battegay (1996), Nagera (1998), Kutter (2000), Mentzos (2005), Fonagy & Target (2007).

3.1 Psychoanalyse in Organisationen

Die Psychoanalyse ist „eine Forschungsmethode zur Untersuchung sonst nicht zugänglicher unbewußter psychischer Prozesse" (Kutter, 2000, S. 80) und „eine Krankheitslehre ... [und] Behandlungsmethode psychischer Störungen" (ebd.).

Es stellt sich zu Recht die Frage nach dem Grund und der Sinnhaftigkeit, diese Disziplin auf den Kontext von Organisationen zu übertragen.

Die Psychoanalyse geht davon aus, dass sämtliches menschliche Handeln bewusste und unbewusste Anteile hat (vgl. Kap. 3.2.3). Die klassische Organisationsforschung hat sich bisher eher auf die bewussten Anteile konzentriert (Ahlers-Niemann, 2007; Kets de Vries, 1996, S. 11). Selbst die Organisationspsychologie beachtete „mit ihren rationellen Modellen und Menschenbildern diese unbewussten, affektiven Schattenseiten ... bisher kaum" (Kinzel, 2002, S. 13). Eine Nichtbeachtung der unbewussten, irrationalen Aspekte eliminiert diese allerdings nicht. Sie bleiben vielmehr wirkmächtig und beeinflussen die Organisation und ihre Mitglieder in ihrem Handeln (Lohmer, 2000a, S. 7; 2000b, S. 21). Die psychoanalytische Sicht auf Organisationen bezieht eben diese unbewussten Anteile menschlichen Handelns in die Betrachtung mit ein. Es wird davon ausgegangen, dass die Akteure in der Organisation immer auf dem Hintergrund ihrer Geschichte agieren. „Our personal histories are not simply placed on hold, but are activated by, or in, the daily encounters of working" (Fineman 1993c, S. 23). In sämtlichen organisationalen Prozessen spiegelt sich die psychische Welt der Beteiligten wider. Insofern kann die rationale Arbeit an der primären Aufgabe[5] als eine Rationalisierung all der Empfindungen, die im täglichen Geschäftsleben keinen offiziellen Platz haben, verstanden werden (Fineman, ebd.). Damit gemeint sind z.b. Ängste, sexuelles Verlangen oder Hass.

Eine Psychoanalyse, deren Kern das „Aufspüren von unbewußter Bedeutung, also die Deutungsarbeit" (Becker, 1998, S. 83) kann durchaus in einen anderen Kontext als den klinisch-therapeutischen übertragen werden kann. Sie kann hier Einsichten geben zu der „Beziehung der Einzelnen zu ihren Organisationen – und umgekehrt" (ebd. S. 82). Bei diesem Transfer sollten aber nicht die üblicherweise (also im klinischen Kontext) herangezogenen Theorien individueller Pathologie oder der (gestörten) Entwicklung als Referenzpunkt herangezogen werden sollten. Es geht also nicht darum, wie dies im therapeutischen Setting gefordert wäre, die individuellen Bedeutungen und Abwehrprozesse und erkennen und offen zu legen.

S. Freud (1930/2000), hatte darauf hingewiesen, dass die durch die familiäre und die kulturelle Sozialisation erworbenen Ideale nicht deckungsgleich sind und sich durchaus widersprechen. Familie und Kultur sind also nicht identisch und können durchaus widerstrebende Ziele verfolgen. Somit ist eine (Psycho)Analyse von menschlichem Verhalten in Organisationen aus rein individuumszentrierter, familialistischer Perspektive dem Gegenstand unangemessen, denn Organisationen können nicht als Familie, sondern nur als (Teil der) Kultur verstanden werden. Sie sind „Phänomene eigenen Rechts" (Becker, 2000, S. 312). Um also die Psychoanalyse sinnvoll für die Organisation und deren Mitglieder in diesem Kontext anwenden zu können, muss eine weitere Theorie als Referenzpunkt angewandt werden, nämlich eine Organisationstheorie. Nur so lassen sich die durch die „Deutungsarbeit" (ebd.) erworbenen Erkenntnisse in den entsprechenden und benötigten Zusammenhang bringen. „Es gilt, die Psychoanalyse als eine Theorie zur Beschreibung unbewusster Phänomene, kurz als Kulturwissenschaft zurückzugewinnen, die im Bereich von Organisationen angewandt werden kann" (Ahlers-Niemann, 2007, S. 72). Durch die Hinzuziehung des organisationalen Bezugsrahmens wird Abstand genommen von einer Konzentration auf Einzelne und deren Pathologisierung (vgl. Sievers, 2008, S. 29). Aus diesem Grunde wird bei der Analyse der Daten dieser Untersuchung auch nicht auf individuelle und persönliche Aspekte der einzelnen Interviewten abgehoben, sondern die relationalen und organisationalen Aspekte stehen im Zentrum der Analyse.

In den folgenden Abschnitten werden nun die relevanten psychoanalytischen Konzepte dargestellt und ihre Anwendung im organisationalen Kontext kurz skizziert.

---

5   Damit ist in diesem Zusammenhang der eigentliche Unternehmenszweck gemeint.

3.2 Das topographische Modell

Im Rahmen des topographischen Modells unterscheidet Sigmund Freud noch drei verschiedene psychische Systeme, das Unbewusste (Ubw), das Vorbewusste (Vbw) und das Bewusstsein (Bw), denen die unterschiedlichen seelischen Inhalte zugehörig sind. Zwischen diesen Systemen „besteht jeweils eine Grenze, die aber unter bestimmten Bedingungen zumindest semipermeabel ... vorübergehend auch ganz durchlässig sein kann" (Kutter, 2000, S. 90). Die Durchlässigkeit der Grenze wird jeweils durch „Wächter" (ebd.) kontrolliert und reglementiert. Später verwirft S. Freud dieses Modell zugunsten des Strukturmodells (s.u.). Die Begriffe bewusst, vorbewusst und unbewusst bleiben als Adjektive bestehen und dienen als Zustandsbeschreibung der psychischen Inhalte und zwar unabhängig von den jeweiligen Strukturen Ich, Es und Überich (Soldt, 2005). Wenn im Folgenden die Termini substantivisch verwendet werden, geschieht dies vor dem Hintergrund des Strukturmodells und nicht, wie im topographischen Verständnis, im Sinne einer psychischen Entität.

3.2.1 Bewusst/ Bewusstsein

> „Das Bewusstsein ist kaum mehr als eine durchscheinende Haut, welche das Dasein umschließt; das geschulte Auge sieht durch sie hindurch – sieht urgewaltige Triebe, Instinkte" (Friedrich Nietzsche als Romanfigur in Yalom, 2008, S. 345).

> „Zunächst sind wir geneigt, den Wert des Kriteriums der Bewußtheit, da es sich als so unzuverlässig erwiesen hat, recht herabzusetzen. Aber wir täten unrecht daran ... ohne die Leuchte der Bewußtseinsqualität wären wir im Dunkel der Tiefenpsychologie verloren" (S. Freud, 1933/2000, S. 508).

Bewusst bezieht sich „auf die unmittelbarste und sicherste Wahrnehmung" (S. Freud, 1923/2000, S. 283). Dies schließt sowohl die Wahrnehmung innerer als auch äußerer Reize ein. So spricht Battegay (1996) vom Bewusstsein als einem „Sinnesorgan .... an der Grenze zwischen Innen – und Außenwelt" (S. 42). Die neurologische Forschung lokalisiert das Bewusstsein in der assoziativen Großhirnrinde, wobei auch andere, subkortikale Teile des Gehirns an der Entstehung des Bewusstseins beteiligt sind (Roth, 1999).

3.2.2 Vorbewusst/ das Vorbewusste

Das Bewusstsein hat kein Gedächtnis, „die Energie des Reizes ... erschöpft sich im Akte des Bewußtwerdens" (Battegay, 1996, S. 44). Dementsprechend ist der Zustand des bewusst seins von begrenzter Dauer, er geht rasch vorüber. Wird dem entsprechenden Inhalt die Aufmerksamkeit wieder zugewandt, kann er mit Einschränkungen (s.u.) auch wieder bewusst werden (S. Freud, 1912/2000, S. 31). Somit ist der Inhalt „latent oder bewußtseinsfähig" (S. Freud, 1923/2000, S. 283). Diese Inhalte werden auch vorbewusst, also das „gegenwärtig Unterschwellige, der Möglichkeit nach Bewusste" (Soldt, 2005, S. 217) genannt. Nach Kutter (2000) entspricht „in Analogie mit der Gedächtnispsychologie ... der vorbewußte Bereich dem Kurzzeitgedächtnis" (S. 91). Damit ein Inhalt bewusst werden kann, muss er mit sprachlichen Zeichen, also Worten, verbunden werden. Diese semantische Verbindung kann durch Abwehrprozesse verhindert werden (Soldt, 2005). Dann bleibt der entsprechende Inhalt vorbewusst oder er wird in den unbewussten Bereich verdrängt oder „abgeschoben". Folglich ist

> die Unterscheidung zwischen vorbewußter und unbewußter Tätigkeit ... keine primäre, sondern wird erst hergestellt, nachdem die »Abwehr« ins Spiel getreten ist. Erst dann gewinnt der Unterschied zwischen vorbewußten Gedanken, die im Bewußtsein erscheinen und jederzeit dahin zurückkehren können, und unbewußten Gedanken, denen dies versagt bleibt, theoretischen sowie praktischen Wert (S. Freud, 1912/2000, S. 34, Hervorh. d. Autors).

3.2.3 Unbewusst/ Das Unbewusste

Die wissenschaftliche Auseinandersetzung mit dem Unbewussten in der Psychologie geht auf Sigmund Freud zurück. Zunächst unterscheidet er das deskriptive und das dynamische Unbewusste. „Um der Zweideutigkeit zu entgehen" (1933/2000, S. 509) führt er eine andere Differenzierung ein: das deskriptive Unbewusste, also „jenes Unbewußte, das nur latent ist und so leicht bewußt wird" (ebd.) bezeichnet er im Folgenden als das Vorbewusste (s.o.). Das dynamische Unbewusste, „bei dem diese Umsetzung schwer, nur unter erheblichem Müheaufwand, möglicherweise niemals erfolgt" (ebd.), das aber durchaus Einfluss auf die Handlungen der Person hat, nennt er im Folgenden das Unbewusste. Ergänzend stellt er weiter fest: „Nochmals, rein deskriptiv ist auch das Vorbewußte unbewußt, aber wir bezeichnen es nicht so" (ebd.), um die systematische Abgrenzung der beiden Begrifflichkeiten zu erleichtern.

Auf Sandler und Sandler (1985) geht die Unterscheidung zwischen Vergangenheits-Unbewusstem und Gegenwarts-Unbewusstem zurück. Dabei beinhaltet

3.2 Das topographische Modell

das Vergangenheits-Unbewusste sowohl Wünsche, Phantasien und Impulse als auch Reaktionsweisen darauf, die lebensgeschichtlich früh entstanden sind. Die erworbenen Problem- und Konfliktlösungsstrategien haben „eine imperative Qualität" (ebd., S. 802) und dieser Teil des Unbewussten agiert und reagiert in der Gegenwart aber „im Sinne der Vergangenheit" (ebd., S. 804). Lebensgeschichtlich ältere Konflikte können also darin fortbestehen und heutiges Handeln beeinflussen. Das Gegenwarts-Bewusstsein hingegen ist um die „Aufrechterhaltung des Gleichgewichts hier und heute" (ebd.) bemüht. Es ist damit befasst, die aus dem Vergangenheits-Bewussten aufstrebenden Impulse abzuwehren oder in lebensgeschichtlich aktuellere Formen des Ausdrucks zu transformieren. Das Gegenwarts-Unbewusste ist mit dem Vorbewussten und den unbewussten Ich-Anteilen vergleichbar (ebd.).

S. Freud zufolge ist „eine unbewusste Vorstellung ... dann eine solche, die wir nicht bemerken, deren Existenz wir aber trotzdem auf Grund anderweitiger Anzeichen und Beweise zuzugeben bereit sind" (1912/2000, S. 29). Entsprechend wird aus psychoanalytischer Sicht auf unbewusste Prozesse geschlossen, die sich durch intentionale Handlungen, Vorstellungen, Wünsche etc. ausdrücken, für die die Person aber trotz willentlicher Anstrengung keine plausiblen Ursachen benennen kann. Die Ursachen sind der Person nicht bewusst (Krause, 1998; Battegay, 1996; S. Freud, 1904/1954). Mitunter kann auch eine plausible Erklärung geliefert werden, die jedoch nicht mit der zugrunde liegenden, unbewussten Ursache übereinstimmen muss (Battegay, 1996, S. 34).

Die Inhalte des Unbewussten konzipierte S. Freud im Zusammenhang des topischen Modells als „Triebrepräsentanten" (Mertens, 1998, S. 276). Das Unbewusste ist hier ein „Reservoir unangenehmer Wünsche und primitiver Triebregungen" (De Masi, 2003, S. 5). Diese Triebregungen sind unverstellt und der direkte Zugang zum System Vorbewußt-Bewußt (Vbw-Bw) wird Ihnen verwehrt, sie werden verdrängt (ebd.). Im Rahmen des Dreiinstanzenmodells formulierte S. Freud, dass neben dem Es auch Teile des Ichs und des Über-Ichs unbewusst sind (S. Freud, 1933/2000, S. 509ff.). Mertens (1998) merkt an, dass sich in Freuds Definitionen des Unbewussten nur dessen Inhalte wieder finden und verweist darauf, dass z.B. auch Abwehrprozesse unbewusst sind.

Die Existenz des Unbewussten kann nicht direkt nachgewiesen, sondern nur erschlossen werden (Krause, 1998, S. 263; Battegay, 1996, S. 33; Solms, 2000, S. 774; Kaplan-Solms & Solms, 2003, S. 234). Die „fundamentale Grundannahme der Psychoanalyse ... [ist] die Annahme, daß das Seelenleben im Wesentlichen unbewußt ist" (Solms, 2000, S. 771). Diese Annahme findet heute aufgrund vielfältiger Forschungsergebnisse und Erkenntnisfortschritte auch jenseits der Psychoanalyse Verbreitung. Es wird davon ausgegangen, dass unbewusste Prozesse einen sehr großen Anteil an den seelischen Prozessen einnehmen: „Indeed, it has been claimed that the vast majority of mental activity occurs outside of conscious awareness" (Turnbull, 2005, S. 2). Die Anerkennung der Relevanz der unbewussten Verarbeitungsprozesse führt manche Autoren zu Fragen, wann sich das Bewusstsein überhaupt in die Informationsverarbeitung einschaltet (Roth, 1999) und nach dem Sinn des Bewusstseins: „so why ever be conscious?" (Snyder, 2000, S. 2).

Unbewusste Prozesse erschöpfen sich dabei nicht in den Prozessen der kognitiven Informationsverarbeitung und -bewertung. So konstatiert Mertens „es kann jedoch keinen Zweifel darüber geben, dass das kognitiv Unbewusste lediglich einen Teilbereich unbewusster Prozesse umfasst." (2005, S. 38). Snyder (2000, S. 1) meint „possibly nothing we do, no action we take, and no feeling we have, is purely conscious". Diese Einschätzung wird jedoch nicht von allen Kognitionswissenschaftlern geteilt, obwohl es dazu durchaus empirische Belege gibt.

> Ironically, at a time when the prestige of psychoanalysis is at a low ebb in both psychiatry and academic psychology, an explosion of experimental research on several psychological fronts (much of it conducted by researchers with little interest in, or knowledge about, psychoanalysis) has now documented conclusively that Freud was right in this central tenet [also der Vorreiterrolle des Unbewussten (Westen, 1999, S. 1063)

In zahlreichen Untersuchungen konnte gezeigt werden, dass motivationale und emotionale Prozesse auch unbewusst ablaufen (Turnbull, Jones & Reed-Screen, 2002; Fotopoulou, Solms & Turnbull, 2004; s. Westen, 1999 für einen ausführlichen Überblick dazu). So dass festgestellt werden kann "the findings of these studies are so robust ... that the hypothesis of the existence and importance of unconscious processes is probably as close as any hypothesis in the history of psychology to being able to claim the status of fact" (Westen, 1999, S. 1094).

3.2.4 Fazit topografisches Modell

Ein psychischer Inhalt kann also verschiedene Zustände in der menschlichen Psyche annehmen. Nur von den bewussten Inhalten wissen die Betroffenen. Die vorbewussten und unbewussten Inhalte, die die Mehrzahl ausmachen, beeinflussen menschliches Verhalten gleichermaßen. Dies geschieht jedoch in eigenmächtiger Art und Weise jenseits der Kontrolle der Betroffenen. Insofern greift eine Betrachtung von Organisationen, die nur die bewussten Anteile menschlichen Erlebens mit einbezieht zu kurz (Kinzel, 2002, S. 13). Besonders auf den Kontext von Angst bezogen, bei der viele Aspekte auch vorbewusst und unbewusst ablaufen, müssen neben bewussten auch ebendiese Prozesse in die Analyse ein-

3.3 Das Dreiinstanzen-/ Strukturmodell

bezogen werden, um das Phänomen und dessen Bewältigung möglichst ganzheitlich betrachten zu können.

3.3 Das Dreiinstanzen-/ Strukturmodell

Nach Sigmund Freud (1923/2000) bestehen innerhalb der menschlichen Psyche drei Instanzen (Struktur- oder Dreiinstanzenmodell). Hierbei handelt es sich um das Es, das Ich und das Über-Ich. Die folgende Abbildung gibt einen Überblick, wie die Instanzen zusammenhängen.

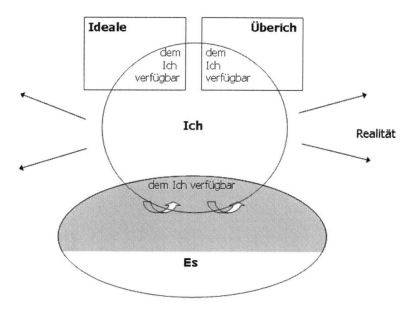

Abbildung 2: Strukturmodell in der Psychoanalyse
Darstellung in Anlehnung an Kutter (2000, S. 95)

3.3.1 Das Ich

Von den drei psychischen Instanzen ist nur eine, wenn auch nur zum Teil, dem Bewusstsein zugänglich. Es handelt sich dabei um das Ich (S. Freud, 1923/2000, S. 287; Battegay, 1996, S. 115). Dieser Terminus scheint sich einer klaren und einheitlichen Definition zu entziehen. Darauf Bezug nehmend kann das Ich beschrieben werden als

> „nicht mit »Persönlichkeit« oder »Individuum« gleichzusetzen, es ist nicht dasselbe wie das »Subjekt« im Gegensatz zum »Objekt« der Erfahrung, und es ist keinesfalls nur das »Bewußtsein« oder das »Gefühl« des eigenen Selbst. .... Es ist ein Teilgebiet der Persönlichkeit und wird durch seine Funktionen bestimmt." (Hartmann, 1950, S. 120, Hervorh. d. Autors)

Diesem bereits durch S. Freud wie auch später von anderen vielfach vertretenen Definitionsansatz des Ichs durch seine Funktionen kann entgegengesetzt werden: „Es gibt keine Erfahrung ohne den, er erfährt, und dieser Jemand ist das Ich. Dies ist nach unserer Ansicht die zentrale, notwendige und ausreichende Definition des Ich. Alles weitere sind nur Beschreibungen der Funktionen der Organe des Ich" (Zagermann, 1988, S. 93).

Das Ich ist die einzige Instanz zur Wahrnehmung äußerer und innerer Sinneseindrücke (S. Freud, 1923/2000, S. 293). Das macht die Vermittlung zwischen innerer und äußerer Welt zur Hauptaufgabe des Ichs (Kaplan-Solms & Solms, 2003, S. 263). Dementsprechend kann das Ich verstanden werden als „Realisationsprozessor von teils in Strukturen gebundenen, teils aus unmittelbaren Wahrnehmungen von Innen und Außen zufließenden Informationen" (Seidler, 2000, S. 306)[6]. Das Ich wertet die vorhandenen Informationen aus und nutzt sie, um das Anliegen des Subjektes zu realisieren.

> Das Ich als Ganzes [entspricht] anatomisch dem gesamten kortio-thalamischen Ausdehnungsbereich, der zwischen externer und interner Welt trennt ... Das Ich hat seinen Ausgangspunkt in den unimodalen Regionen der Wahrnehmung und Motorik auf der äußeren Oberfläche des Kortex und endet im Ring des limbischen Kortex, der das Innere des Gehirns umschließt (Kaplan-Solms & Solms, 2003, S. 263).

Diese durch manche Neurowissenschaftler betriebene Lokalisation der von S. Freud beschriebenen psychischen Strukturen zur empirischen Belegung derselben ist allerdings nur als eine „Zusatzinformation" zu verstehen. S. Freud vermutete für die drei Instanzen gar keine exakt lokalisierbaren Strukturen. Vielmehr verstand er Es, Ich und Über-Ich als Metaphern (Fonagy & Target, 2007, S. 72).

Die Schwierigkeiten, den Ich-Begriff zu definieren, nehmen ihren Anfang bereits in der inkonsistenten Nutzung des Terminus durch S. Freud selbst. Einen Überblick dazu geben Bellak, Hurvich & Gediman (1973) und vor allem Hartmann (1956). Aufgrund der Ambiguität des Terminus' unter dem einerseits ein

---

6 In diesem Zusammenhang wird unter „strukturgebunden" beispielsweise das Selbstbild verstanden.

3.3 Das Dreiinstanzen-/ Strukturmodell

„regulierendes Anpassungsorgan" (Mentzos, 2005, S. 41) und andererseits die ganze Person verstanden wird, hat sich eine Differenzierung in die Begriffe Ich und Selbst ergeben, die zunächst von Hartmann (1950) eingeführt wurde. Das Selbst wird von den verschiedenen Autoren entweder als psychische Struktur oder als eine dem Dreiinstanzen übergeordnete Struktur verstanden (Mentzos, 2005, S. 42). Im Sinne Kohuts, dem Begründer der Selbstpsychologie (Milch & Hartmann, 2000), kann vom Selbst als „eine in allen drei Instanzen wurzelnde Repräsentanz des Individuums" (Battegay, 1996, S. 127) gesprochen werden. Wird Selbst also als den drei Instanzen übergeordnet verstanden, kann es definiert werden als

> Die reflexive psychische Struktur: Das Ich nimmt sich selbst zum Objekt der Wahrnehmung und wird dadurch zum Selbst (Selbstbild). Das Selbst bewertet sich und fühlt sich von anderen bewertet (Selbstwert). Das Selbst erlebt sich als kohärent (Identität). Das Selbst integriert alle psychischen Funktionen und Dispositionen zu einem Ganzen, es steuert sich selbst und organisiert die Beziehung zum Anderen. (Arbeitskreis OPD, 2001, S. 71)

Neben der Triebentwicklung findet auch eine davon unabhängige narzisstische Selbstentwicklung statt (Kohut, 1981).

3.3.1.1 Die Funktionen des Ichs

Verallgemeinernd können „Wahrnehmen, Erinnern, Fühlen, Planen und Handlungssteuerung" als Ich-Funktionen benannt werden (Mertens, 2005, S. 49; vgl. Hartmann, 1950 und Bellak et al., 1973 für Vertiefung). Einige für diese Untersuchung relevante Ich-Funktionen sollen im Folgenden näher erläutert werden.

Zu den wichtigsten Funktionen des Ichs gehört sicherlich die Realitätsprüfung. Dies schließt die Unterscheidungsfähigkeit zwischen innerpsychischer und äußerer Welt ein. Also die Fähigkeit sowohl zwischen Wahrnehmung und Vorstellungen zu unterscheiden, als auch zwischen Selbst und Objekt[7]. Diese Definition kann ergänzt werden um „die Fähigkeit, die eigenen Affekte, das Verhalten und die Denkinhalte im Rahmen der üblichen gesellschaftlichen Normen einzuschätzen" (Kernberg, 1994, S. 17). Das psychoanalytische Konzept der Reali-

---

[7] Der Begriff des „Objektes" verweist hier auf eine Person. Diese Terminologie erleichtert die Unterscheidung zwischen der betroffenen Person (das Subjekt) und den anderen Personen (Objekte; vgl. hierzu König, 1993, S. 11). Innerpsychisch geht es um die Trennung zwischen innen und außen. „Inneres Objekt" meint dabei die Objektrepräsentanz, also die Beziehungserfahrungen, die mit äußeren Objekten gemacht wurden und in Vorstellungen verinnerlicht wurden (Schoenhals, 2000).

tätsprüfung hat durchaus Berührungspunkte mit Konzepten der kognitiven Entwicklung des Kindes wie z.b. der Metakognition und der theory of mind; also dem Wissen, dass andere Personen ihr eigenes Denken haben (Trautner, 1997) und die Fähigkeit, sich in diese hineinzuversetzen wie auch zwischen Realität und Vorstellung zu unterscheiden (Sodian, 1998; Mertens, 2005, S. 71 f beschreibt Unterschiede der kognitionspsychologischen und psychoanalytischen Sichtweisen). Nach Bruns (2000) ist die Realitätsprüfung das entscheidende Kriterium zur Unterscheidung von Neurose und Psychose. Bei Neurosen kann die Realitätsprüfung teilweise gestört sein, grundsätzlich funktioniert sie aber (Battegay, 1996). Die Realität wird hier verdrängt, ihre Existenz aber nicht vollkommen aberkannt. Vielmehr wird sie im Unbewussten bewahrt (De Masi, 2003). Bei der Psychose – „verstanden als Überwältigung des Ich durch das Unbewußte, wodurch die Beziehung zur Realität zerstört wird" (ebd., S. 2) ist dies nicht der Fall.

In engem Zusammenhang mit der Realitätsprüfung stehen weitere Ich-Funktionen wie z.B. die Impulskontrolle und die Affekttoleranz. Diese Funktionen werden umschrieben als „regulation and control of drives, affects, and impulses" (Bellak et al., 1973, S. 125 ff). Anstatt der direkten Auslebung von Impulsen kann eine Prüfung auf soziale Verträglichkeit und Situationsangemessenheit vorgenommen werden. Bei entsprechend ausgebildeter Impulskontrolle und Affekttoleranz, also der Fähigkeit, auch unangenehme Gefühle zuzulassen, kann die Auslebung der Impulse auf einen späteren Zeitpunkt verschoben werden. Ein Beispiel ist hier der Belohnungsaufschub (Mischel, 1971, zitiert nach Holodyniski & Oerter, 2002). Dabei wird eine kleinere Belohnung ausgeschlagen in dem Wissen, dass dies die Zuteilung einer größeren zu einem späteren Zeitpunkt zur Folge hat. Dies setzt eine weitere Ich-Funktion, die Frustrationstoleranz (Mertens, 1998, S. 98) voraus. Diese bildet sich in der Sozialisation aus der Erfahrung, dass auf die geäußerten Wünsche reagiert wird und es entwickelt sich folglich das „Erleben einer zuverlässig erfolgenden Bedürfnisbefriedigung und des Etwas-Bewirken-Könnens" (ebd).

Die Auslebung des Impulses kann auch in andere, sozial verträglichere Bahnen geleitet werden (Bellak et al., 1973, S. 77). Neben der Kenntnis sozialer Regeln setzt dies auch die Fähigkeit voraus, Affekte bei sich und anderen wahrnehmen, unterscheiden und benennen zu können, um so beispielsweise antizipieren zu können, was das eigene Verhalten bei anderen bewirkt. Diese Fähigkeit der Affektdifferenzierung ist eine weitere Ich-Funktion.

Das Ich kann auch auf eine andere Art steuernd eingreifen, nämlich mittels der Zensur. Wie bereits ausgeführt, können psychische Inhalte verschiedene Zustände haben (bewusst, vorbewusst und unbewusst). Zwischen diesen Zuständen vermittelt das Ich als Zensor. Besteht der Inhalt die Zensur, ist ein Übergang

3.3 Das Dreiinstanzen-/ Strukturmodell

in das Bewusstsein möglich (Kutter, 2000). Bei Nichtbestehen setzt die Abwehr ein und der Inhalt wird nicht bewusst, sondern es wird „mittels der verfügbaren Mechanismen ein anstößiger seelischer Inhalt in einer sozial angepassteren Form zur Darstellung gebracht" (Soldt, 2003, S. 206). Zu dieser Transformation stehen die verschiedenen Abwehrmechanismen, die „unbewussten Operationen im Ich" (Mertens, 2005, S. 48) zur Verfügung. Auf die Abwehrmechanismen wird später noch detailliert eingegangen (Kap. 3.4.1). Als letzte Ich-Funktion soll hier die des Reizschutzes genannt werden. Dadurch soll das Individuum vor bedrohlichen und überfordernden Reizen geschützt werden. Der „Schutz gegen übergroße Reizmengen und unangemessene Reizarten muß gewährleistet sein" (Hellmann-Brosé, 2000, S. 609). Heißt es bei S. Freuds noch „Reizschutz gibt es aber nur gegen äußere Reize, nicht gegen innere Triebansprüche" (1926/2000, S. 240), schließen spätere Arbeiten (Bellak et al., 1973, S. 208 ff) auch innere Reize ein.

3.3.2 Das Es

Das Es ist nicht scharf vom Ich getrennt. Vielmehr geht das Ich in das Es, aus dem es sich entwickelt hat, über (A. Freud, 1936/1964; Mentzos, 2005). Das Es ist der „allem Psychischen zugrunde liegende Energiebereich" (Battegay, 1996, S. 117). Es ist dem Bewusstsein nicht zugänglich und kann nur durch „die Abkömmlinge ..., die sich in die Systeme Vbw (Vorbewusstsein) und Bw (Bewusstsein) hinein fortsetzen", erschlossen werden (A. Freud 1936/1964, S. 8). S. Freud bezeichnet diese Instanz als „der dunkle, unzugängliche Teil unserer Persönlichkeit" (1933/2000, S. 511). Das Es enthält unbewusste Triebregungen – S. Freud spricht von einem „Kessel voll brodelnder Erregungen" (ebd.) – und es unterliegt dem Lustprinzip (Kinzel, 2002). Aus ihm steigen Regungen hervor, die auf Auslebung drängen. Seitens der Es-Regungen besteht „eine ständig vorhandene Tendenz, sich zum Bewusstsein und damit zur Befriedigung hin durchzusetzen" (A. Freud, 1936/1964, S. 25). Dadurch entsteht ein Druck auf Auslebung, eine Spannung. Die Auslebung, also die Befriedung der Triebansprüche, führt dann zu einer Spannungsreduktion. Gleichzeitig wird aber diese Auslebung durch das Ich kontrolliert und zensiert werden. Dementsprechend ist „menschliches Verhalten ... jeweils .... Kompromiss eines Konflikts zwischen dem Ich und dem Es" (Werner & Langenmayr, 2005, S. 17; s. Nitzschke, 2000, für Kritik am Es-Begriff).

3.3.3 Über-Ich und Ich-Ideal

Die dritte Instanz ist das Über-Ich. Das Über-Ich ist größtenteils nicht dem Bewusstsein zugänglich (Trimborn, 2000). Bewusst wird es indirekt nämlich dort, „wo sich das Über-Ich dem Ich feindlich oder wenigstens kritisch gegenüberstellt, ... [und sich] z.b. Schuldgefühle bemerkbar machen" (A. Freud, 1936/1964, S. 9). Das Über-Ich enthält Normen und Werte und die damit zusammenhängenden Ge- und Verbote, die vermittelt und erlernt wurden. Der Erwerb dieser Normen geschieht durch die Erziehung durch z.B. die Eltern, den Kindergarten, die Schule aber auch durch Gleichaltrige (König, 2007, S. 81). „Das Ich ist somit zwischen Es und Überich erheblich eingeengt und hat gegenüber diesen Instanzen einen schweren Stand" (Kutter, 2000, S. 92). Dies gilt vor allem für die kindliche Entwicklung und neurotische Störungen. Nach Kutter ist ein „*voll entwickeltes „reifes" Ich*" (ebd. S. 93, Hervorh. d. Autors) autonomer gegenüber den Triebansprüchen des Es und den verbietenden Interventionen des Über-Ichs.

Eine weitere Instanz, die in oder neben[8] dem Über-Ich existiert, ist das Ich-Ideal. Es enthält ethische und moralische Idealvorstellungen einer Person. Der Mensch bildet „ein *Ideal* in sich ... an welchem er sein aktuelles Ich mißt" (S. Freud, 1914/2000, S. 60, Hervorh. d. Autors). Das Ich-Ideal wird in der Kindheit durch Identifizierungen mit den wichtigen Bezugspersonen gebildet. Die enthaltenen Idealvorstellungen bleiben aber nicht an die Gegenwart dieser Personen gebunden. Sie werden vielmehr im Laufe der Entwicklung depersonifiziert. Das heißt die Kongruenz oder Inkongruenz mit den Idealvorstellungen zieht keine Erwartung einer (Miß)billigung durch die Eltern nach sich, sondern die Person hat sich die Ideale zueigen gemacht. So stellt nach „die Ausrichtung der eigenen Handlungen an den Vorstellungen des Ich-Ideals einen Wert in sich selbst dar" (Mertens, 2000, S. 310). Das Ich-Ideal gibt Richtungen und Werte für Handlungen vor. Die Existenz eines Ich-Ideals und der Glaube, es erreichen zu können, ist die Basis der Hoffnung (Schwartz, 2002, S. 1279) menschlichen Lebens.

3.3.4 Das Strukturmodell im organisationalen Kontext

Die drei psychischen Entitäten Ich, Es und Über-Ich mit ihren Funktionen können zum Verständnis von Prozessen in Organisationen beitragen. Auf der indivi-

---

[8] Nach Mitscherlich, Richards & Strachey (2000), König (1991) und Kutter (2000) ist die genaue Lokalisierung und das Konzept des Ich-Ideals von S. Freud im Laufe seiner Werke selbst uneinheitlich dargestellt worden. Nach Mertens, (2000) handelt es sich um eine „Substruktur des Überichs" (S. 310).

3.3 Das Dreiinstanzen-/ Strukturmodell

duellen Ebene wird das Verhalten von Organisationsmitgliedern auch durch deren spezifische Entwicklungen der Ich-Funktionen bestimmt werden. So kann z.B. eine eingeschränkte Realitätsprüfung bzw. -wahrnehmung Teil eines „God complex" (Kets de Vries, 2007, S. 379) einer Führungskraft sein. Die Betroffenen „have such a tenuous grip on reality that they indulge in fantasies of omnipotence and omniscience ... Needing a constant supply of narcissistic fuel, these individuals require sustained admiration, attention and affirmation" (ebd.). Die Ich-Funktionen im Rahmen des Strukturmodells können hier also als Grundlage zum Verständnis des Verhaltens dienen.

Auch auf kollektiver Ebene hat das Strukturmodell Erklärungskraft. So können unter dem Es einer Organisation z.B. „alle möglichen irrationalen Verhaltensweisen" (Ohlmeier, 1989, zitiert in Kinzel, 2002, S. 46) verstanden werden.

Mit dem Über-Ich werden mit Regeln und Strukturen in Verbindung gebracht. Im organisationalen Kontext können individuelle Impulse auf die Organisation projiziert werden und in deren Namen ausgeübt werden, ohne selbst dafür die Verantwortung tragen zu müssen. Ein Beispiel ist hier die übergenaue Regeleinhaltung und Verstrafung von Übertritten. „Der psychische Gewinn der Delegation feindseliger Impulse liegt zweifelsohne in der Entlastung von eigenen aggressiven Selbstanteilen, die mit dem Überich unverträglich sind und ichdyston erlebt werden" (Kinzel, 2002, S. 47). Hier kann das Strukturmodell also sowohl auf kollektiver Ebene (Errichtung von Regeln) als auch auf individueller Ebene (Überwachung der Einhaltung) erkenntnisdienlich sein.

In Anlehnung an das Ich-Ideal kann auch von dem Organisationsideal („organization ideal", Schwartz, 1987a, 1987b) gesprochen werden. Nach diesem Konzept werden Teile des individuellen Ich-Ideals auf Gruppen und Organisationen projiziert. „It is what the committed organizational participant holds out as what the organization is supposed to be and would be except for the effect of „bad" aspects of the world and what he or she accepts an obligation to help bring about" (Schwartz, 1987b, S. 43, Hervorh. d. Autors). Die Teilhabe und Identifikation mit diesem Ideal ermöglicht eine Steigerung des Selbstwertgefühls. „Unlike the harsh Freudian superego which grows out of recognition of external authority, which rewards achievement and punishes malfeasance, the organization ideal rewards all and sundry merely for being who they are" (Gabriel, 1997, S. 324). Damit dient das Organisationsideal zur Abwehr von Insuffizienzgefühlen und der Angst vor Bedeutungslosigkeit. Zugleich werden auch Ängste vor Verletzlichkeit und Endlichkeit (Schwartz, 1985, 1987b) damit abgewehrt.

3.4 Abwehr

"Der Mensch, das abwehrbegabte Wesen" (Mertens, 2002).

Wie bereits ausgeführt, gehört die Abwehr zu den Funktionen des Ichs. Das Ich soll dadurch vor „Unannehmlichkeiten" in Form von Unlust, Schuldgefühl, Scham und Angst geschützt werden. S. Freud versteht Abwehr als „allgemeine Bezeichnung für alle die Techniken ..., deren sich das Ich in seinen eventuell zur Neurose führenden Konflikten bedient" (1926/2000, S. 300). Mit Abwehr können auch „alle intrapsychischen Operationen [bezeichnet werden], die darauf abzielen, unlustvolle Gefühle, Affekte, Wahrnehmungen etc. vom Bewußtsein fernzuhalten bzw. sie »in Schach zu halten«" (Mentzos, 2005, S. 60. Hervorh. d. Autors). Neuere Auffassungen schließen neben „gefährdenden, konflikthaften, inneren Reizen (Triebe, Wünsche, Gefühle)" (Ehlers, 2000, S. 12) auch von außen auf das Individuum einströmende, „überfordernde Reize (Trauma)" (ebd.), vor denen sich das Individuum durch Abwehr zu schützen sucht, in die Definition ein (vgl. auch Kutter, 2000, S. 126). Zudem wird durch die Abwehr „jeder Einfluß auf das Individuum, der seine Integrität und die Konstanz des bio-psycho-sozialen Gleichgewichtes gefährden kann, ... psychisch modifiziert, eingeschränkt oder unterdrückt" (Ehler, 2000, S. 12). Abwehrvorgänge beinhalten auch „intrapsychische Veränderungen der Selbst- und Objektbilder" (Küchenhoff, 2000, S. 8). Levitt (1987, S. 44f) weist auf eine Parallele von Abwehr zu Mechanismen zur Aufrechterhaltung der physiologischen Homöostase hin. Die Aufrechterhaltung der psychologischen Homöostase geschieht zum einen dadurch, dass sowohl die Reize als auch die mit den Reizen verbundenen unangenehmen Gefühle wie beispielsweise Schuld, Angst, Scham oder Selbstwertbedrohung vom Bewusstsein ferngehalten werden. Zum anderen werden durch die Abwehr Druck und Spannung reduziert. Was dann zu „indirekter Abfuhr, Entladung, Befriedigung" (Mentzos, 1988, S. 15) führt.

Hierbei handelt es sich allerdings lediglich um eine Pseudolösung (Mentzos, 2005). Die unangenehmen Gefühle werden zwar unbewusst gemacht und gehalten. Die abgewehrten Inhalte bleiben aber weiterhin aktiv und fordern weitere, intensivere Abwehroperationen. Somit bleibt der Zugang zum Bewusstsein, der einen Weg zur Konfliktlösung ermöglichen könnte, verwehrt. Vor diesem Hintergrund ist Abwehr für die Lösung neurotischer Konflikte als dysfunktional zu bezeichnen (Mentzos, 2005). Allerdings ist die Dysfunktionalität nur auf den Aspekt der Lösung des Konfliktes zu beziehen. In erster Konsequenz ist die Abwehr durchaus funktional, da sie der Bewältigung einer schwierigen und zunächst für das Individuum nicht zu ertragenden Situation dient. Die ursprüngliche Funktion der Abwehr ist damit eine adaptive. Denn die menschliche Psyche

3.4 Abwehr

wäre überfordert, wenn alle Gefühle und Triebregungen, Wahrnehmungen und Informationen ungefiltert auf sie einströmten (Mertens, 1998, S. 5, 2002, S. 510). Insofern ist Abwehr nicht ein per se pathologisches Phänomen. Vielmehr sind Abwehrprozesse „ubiquitär" (Mertens, 2002, S. 514). „Jeder Mensch, ob er sich in Therapie befindet oder nicht, setzt Abwehrmechanismen dauernd ein. Ein Leben ohne Abwehrmechanismen ist nicht denkbar" (König, 2007, S. 11). Dadurch, dass die Abwehr das Fühlen und Denken der Person grundlegend beeinflusst, bestimmt sie den menschlichen Charakter und seine Persönlichkeit mit (König, 2007; Riemann, 1961/1997; A. Freud, 1936/1964, Küchenhoff, 2008, S. 8; Mertens, 2002, S. 510). Pathologisch kann ein Abwehrmechanismus erst dann genannt werden, wenn damit „erhebliche Einschränkungen der Ich-Funktionen und der Reduzierung der freien Selbstentfaltung und -verwirklichung" (Mentzos, 2005, S. 61) einhergehen. Auch das Versagen der Bewältigung der situativen Anforderung mithilfe des Abwehrmechanismus kann als Grenze zur Pathologie gesehen werden. So sehen Werner und Langenmayr (2005) als das „eigentlich Pathologische misslungene Abwehrvorgänge" (S. 18). Diese Position scheint missverständlich. Sie impliziert, dass jegliche Bewältigung der Situation, gleich welche „Kosten" dafür aufgebracht werden müssen, nicht pathologisch sei. Dies lässt außer Acht, dass rigide Formen der Abwehr z.B. mit einer starken Einschränkung der Anerkennung der Realität einhergehen können. Das hat für das Individuum, wie auch seine soziale Umwelt weitreichende Folgen, die sicherlich als pathologisch bezeichnet werden können. Daher scheint es angemessen, sich einem anderen Standpunkt anzuschließen, der „besonders jene Abwehrmechanismen, die in ihrer Qualität dem Alter der entsprechenden Person nicht mehr entsprechen" (König, 2007, S. 13) und damit ein altersangemessenes Umgehen mit der Situation behindern, als pathologisch zu bezeichnen.

Der eigentliche Vorgang der Abwehr an sich ist weder direkt zu beobachten, noch verläuft er bewusst. „Defenses are elusive: the more closely you look at them, the harder they become to study and to verify" (Vaillant, 1992, S. 3). Man kann Abwehr vielmehr „immer erst nachträglich rekonstruieren, nie wirklich verfolgen" (A. Freud, 1936/1964, S. 10). Allerdings wird Abwehr erst im Laufe der Entwicklung unbewusst (Mertens, 1988, S. 4). Einen Aufschluss über stattgefundene Abwehr können Ausfallerscheinungen geben. Darunter fallen z.B. die von S. Freud (1904/1954) beschriebenen Fehlleistungen. Ein Beispiel ist der „Freudsche Versprecher".

3.4.1 Abwehrmechanismen

Die systematische Auseinandersetzung mit Abwehrmechanismen geht auf Anna Freud (1936/1964) zurück. Wenn auch nicht ganz unumstritten (Ehlers, 2000), wird das Abwehrkonzept zumeist als eines der bedeutendsten psychoanalytischen Konzepte angesehen (Werner & Langenmayr, 2005; Vaillant, 1992; Mentzos, 1988, 2005). Daher verwundert es nicht, dass sich seit den ersten Konzeptualisierungen durch Sigmund und Anna Freud unzählige Veröffentlichungen der Weiterentwicklung und empirischen Bearbeitung gewidmet haben. Je nach Autor und Blickwinkel haben sich unterschiedliche Schwerpunktsetzungen ergeben. Auf Parin (1977; Parin & Grosz, 1979) geht die Unterscheidung in Abwehr- und Anpassungsmechanismen zurück. Dabei werden als Anpassungsmechanismen die „Möglichkeiten des Ichs beschrieben, mit welchen es Anforderungen der sozialen Umwelt auf automatische, unbewusste Art und Weise bewältigen kann. Sie entlasten und stabilisieren das Ich, beeinflussen aber gleichzeitig seine Flexibilität, wenn es neuen sozialen Gegebenheiten gerecht werden will" (Parin & Grosz, 1979, S. 193).

Über die Anzahl vorhandener Abwehrmechanismen herrscht Uneinigkeit. Manche Autoren beschreiben eine Vielzahl von bis zu 29 (König, 2007), andere hingegen weit weniger (17-18) verschiedene Abwehrmechanismen (Mentzos, 2005; Ehlers, 2000; Vaillant, 1992, führt gleich mehrere Glossare unterschiedlicher Autoren auf). Diese werden üblicherweise aufgrund ihrer Reife, also dem Ausmaß der Kosten, die mit ihrem Einsatz verbunden sind, unterschieden. Diese Kosten können sich in unterschiedlichen Ausmaßen der Realitätswahrnehmung oder Freiheitseinschränkungen auswirken (Mentzos, 2009, S. 45). Andere Autoren schlagen andere Unterteilungskriterien vor (vgl. Vaillant, 1992; Ehlers, 2008).

Im Rahmen dieser Untersuchung reicht eine Darstellung relevanter Abwehrmechanismen ohne eine Einordnung nach Reifekriterien aus, zumal einige Mechanismen in verschiedenen Reifestufen in unterschiedlichen Ausprägungen auftreten können (Mertens, 1998, S. 288).

Als für diese Untersuchung relevant stellen sich die die projektive Identifizierung, die Verleugnung, die Verdrängung[9], die Intellektualisierung, die Rationalisierung und der Humor dar. Diese sollen im Folgenden dargestellt werden. Das Konzept der projektiven Identifizierung wurde zunächst besonders von Melanie Klein (1946/1983) ausgearbeitet und wurde später weiterentwickelt. Dabei werden eigene Persönlichkeitsanteile auf ein externes Objekt projiziert. Bei die-

---

9   S. Freud verwendet zunächst die Begriffe Verdrängung und Abwehr synonym (Meyer, 2005), differenzierte sie aber später im Laufe seiner Theoriebildung und versteht dann folglich die Verdrängung als eine Form der Abwehr.

3.4 Abwehr

sen aus dem Selbst heraus auf das externe Objekt projizierten Anteilen handelt es sich zumeist vom Selbst unerwünschte Anteile. Nach der Auslagerung mittels Projektion erfolgt eine Identifikation, eine „Einfühlung in die vermeintliche(n) Besonderheit des Objekts" (Battegay, 1996, S. 70). Dieses Procedere ermöglicht dem Individuum einen Umgang mit diesen Persönlichkeitsanteilen. Dabei handelt es sich oftmals um Wut- oder Schamgefühle (Fonagy & Target, 2007, S. 172), die das Individuum aufgrund seines aktuellen Entwicklungsstands noch nicht anderweitig zu bewältigen in der Lage ist. Die projektive Identifizierung (oder Identifikation) zeichnet sich im Vergleich zu anderen Abwehmechanismen durch ein höheres Maß an Interaktion mit dem Objekt aus. Denn die „Auslagerung" oder Externalisierung der eigenen Anteile beinhaltet eine Manipulation des Objektes. Es kommt zu einer „manipulativ-suggesstiv erzeugten tatsächlichen Veränderung dieses Anderen im Sinne der Projektion" (Mentzos, 2009, S. 45; vgl. Hinshelwood, 1997, S. 192; König, 2007, S. 50). Das Objekt wird also bewusst oder unbewusst dazu veranlasst, die erwartete Reaktion zu zeigen, was letzlich die Fantasie des Individuums bestätigt. Ein Beispiel verdeutlicht diesen komplexen Mechanismus. Ein Individuum hat aggressive Selbstanteile. Diese werden durch Projektion auf ein Objekt externalisiert, wodurch ein gefährliches Objekt entsteht. Mit diesem identifiziert sich das Individuum und greift es an. Das Individuum tritt hier folglich als Aggressor auf, allerdings in der Überzeugung, selbst Opfer des ersten Angriffes zu sein und sich lediglich dagegen zu verteidigen. Dieses Beispiel verdeutlicht, wie der Mechanismus der projektiven Identifikation dazu zum Einsatz kommt, sich einerseits störender Selbstanteile zu entledigen. Zugleich dient er dazu, die Kohärenz des Selbstgefühls, in diesem Fall, die Überzeugung, selbst keine aggressiven Anteile zu haben, zu wahren.

Die (Ver)Leugnung ist eine Verzerrung der inneren oder äußeren Realität (Ehlers, 2008, S. 17f). Dabei werden aus der eigenen Person oder der Umwelt stammende Wahrnehmungen und Impulse in der Form verfremdet wahrgenommen, dass das Individuum vor den schmerzhaften tatsächlichen Anteilen der Realität geschützt wird und sein bisheriges Bild aufrechterhalten kann. Auch vor äußeren Objekten, also Anderen kann die innere oder äußere Realität verleugnet werden. Bei der Verleugnung handelt sich also um Selbst- und Fremdtäuschungen. „Verdrängungs- und Verleugnungsmechanismen wirken wie ein Filter, der den Blick auf Handlungsmotive und Emotionen verstellt und verzerrt" (Mertens, 2002, S. 510). Zweck dieser Täuschung ist das Vortäuschen „idealisierter Selbstbilder über uns selbst und die Wirklichkeit" (ebd.).

Bei der Verdrängung werden unangenehme Bewusstseinsinhalte ins Unbewusste abgedrängt, sie werden vergessen. Es handelt sich hier um ein „psychodynamisch motiviertes Vergessen" (ebd., S. 515). Durch diesen Bewusstseinsentzug werden Sie vom Ich ferngehalten. Dieser Mechanismus ist sehr wirksam

(Battegay, 1996, S. 136). Wenn er jedoch missglückt, kommt es zur Symptombildung, beispielsweise in Form von Fehlleistungen (Mentzos, 2009, S. 46). Dies ist ein Zeichen dafür, dass eine (missglückte) Verdrängung stattgefunden hat. Die Verdrängung ist ein Beispiel für einen weit verbreiteten Abwehrmechanismus, der auch im Alltag der „sogenannten Normalen" (Mentzos, 2009, S. 46) durchaus häufig anzutreffen ist. Vom bewussten Unterdrücken unterscheidet sich das Verdrängen, weil es unbewusst geschieht (Mertens, 2002, S. 515).

Die Intellektualisierung meint einen Prozess, bei dem Emotionales formal und affektlos behandelt wird. Dabei werden die Affekte und der kognitive Inhalt voneinander getrennt und nur der letztere zum Ausdruck gebracht. Diese kognitiven Überlegungen können durchaus angemessen sein. Durch diese einseitige Betonung der kognitiven Inhalte wird eine innere Distanzierung von dem Affekten erreicht (König, 2007, S. 61).

Unter Rationalisierung wird ein Abwehrmechanismus verstanden, bei dem nachträglich rationale Argumente angeführt werden, die den Sachverhalt erklären. Hier kann von einer „sekundäre(n) Rechtfertigung von Verhaltensweisen durch Scheinmotive" (Mentzos, 2005, S. 64). Diese Scheinmotive können auch falsch sein (Ehlers, 2008, S. 18). Sie dienen dazu, den tatsächlichen Grund vorzuenthalten und erscheinen zudem in einem rationalen und damit vermeintlich logischen und unemotionalen Gewand. Rationalisieren kann einen Bezug zur (Ver)Leugnung haben (König, 2007, S. 61f). Hier werden dann nur die rationalen Begründungen genannt und die irrationalen werden verleugnet.

Der Humor befähigt das Individuum, die schmerzhaften Gefühle anderen gegenüber anzudeuten, sie aber gleichzeitig in erheiternder Weise darzustellen.

Neben der Unterscheidung nach dem Reifegrad gibt es ein weiteres Unterscheidungsmerkmal. Es gibt mono-personal ablaufende (Kutter, 2000, S. 129), also individuelle, und psychosoziale Abwehrmechanismen. Alle Abwehrmechanismen können sowohl innerhalb eines Individuums ablaufen als auch interaktionell organisiert werden (Mentzos, 2009, S. 48; Mertens, 2002, S. 514). Bei individuellen Abwehrmechanismen werden intrapsychische Veränderungen zu Abwehrzwecken vorgenommen. Die interpersonalen Abwehrkonstellationen gehen noch einen Schritt weiter. Hier bedienen die Abwehrmechanismen des einen Individuums die des anderen. So können „reale Verhaltensweisen, Eigenschaften, Handlungen und Reaktionen des einen Partners die neurotische Konfliktabwehr oder die neurotische kompromißhafte Befriedigung von Bedürfnissen des anderen Partners ermöglichen, fördern und stabilisieren" (Mentzos, 1988, S. 26). Dieser Vorgang ist von reziproker Natur dergestalt, dass die Abwehr des einen Beteiligten die des anderen stabilisiert.

Der Unterschied zwischen individuellen und interpersonellen Abwehrmechanismen liegt also vor allem darin, dass bei den individuellen Mechanismen

3.4 Abwehr

lediglich die Selbst- oder Objektrepräsentanz verändert und manipuliert wird. Es handelt sich also um einen rein intrapsychischen Prozess. Bei interpersoneller Abwehr hingegen wird entweder ein für die Abwehr passendes Gegenüber ausgewählt oder es wird „dazu gebracht, dies zu tun ... [es wird] durch Rollenzuweisung ... manipuliert" (Mentzos, 1988, S. 27). Der Hauptunterschied liegt also darin, dass nicht Vorstellungen verändert werden, sondern die Interaktionspartner selbst real in die Abwehr mit „eingebaut" werden.

Interpersonale Abwehrmechanismen sind „auch im Leben sog. »Normaler« von zentraler Bedeutung ... sie [nehmen] sogar in der Dynamik vieler Gruppen und Institutionen eine Schlüsselposition ein" (Mentzos, 1988, S. 17, Hervorh. d. Autors). Abwehrmechanismen verhindern sozial nicht akzeptiertes Verhalten, was einem Ausschluss aus der jeweiligen Gruppe vorbeugt (König, 2007, 123). Eine Unterform der interpersonellen Abwehr ist die institutionalisierte Abwehr. Dabei werden soziale Rollensysteme und Institutionen als Abwehrmechanismus genutzt (vgl. Kap. 5.2).

3.4.2 Abgrenzung der Begriffe Abwehr und Coping

Die Begriffe Abwehrmechanismen und Copingstrategien können durch unterschiedliche Kriterien von einander unterschieden und abgegrenzt werden. Nach Mentzos (2009, S. 47) hat sich der Begriff Coping für Abwehrmechanismen der höchsten Reifestufe durchgesetzt. So wird Bewältigung oder Coping (vgl. Kap. 2.3.5) als Überbegriff verstanden und die Abwehrmechanismen bilden einen Teil davon. Diesen Standpunkt nehmen auch Weber und Laux (1993) ein, die defensive Strategien, also Abwehrmechanismen, verstehen als „zunächst nichts anderes als eine Spielart von Bewältigung" (S. 16). Häufig wird das Ausmaß an Bewusstsein und Absicht als Unterscheidungsmerkmal zwischen Abwehrmechanismus und Copingstrategie herangezogen (Cramer, 2000; Somerfield & McCrae, 2000).

Andere Autoren vertreten den Standpunkt, dass es keine eindeutigen Unterscheidungskriterien zwischen den beiden Mechanismen gibt und beide eher ineinander greifen (Newman, 2001). Beide Mechanismen dienen dem gleichen Ziel, nämlich der Anpassung an die vorgefundenen Herausforderungen. Die Abwehr hält das Ich bei (Wiederbelebung) von Konflikten funktionsfähig und Coping stellt für die Bewältigung der aktuellen Situation Strategien zur Verfügung. Beide Prozesse sind dabei ineinander verzahnt und laufen gleichzeitig ab (Steffens & Kächele, 1988). Dieser Standpunkt der Verzahnung wird auch in dieser Untersuchung vertreten. Aufgrund der nahen Verwandtschaft der beiden Begriffe werden sie im Folgenden synonym verwandt.

3.5 Die Entwicklungspsychologie nach Melanie Klein

Melanie Klein zufolge gibt es in der kleinkindlichen Entwicklung zwei verschiedene Formen von vorherrschenden psychischen Funktionsweisen: die paranoid-schizoide Position und die depressive Position. Hierbei handelt es sich jeweils nicht nur um Entwicklungsschritte oder -phasen, sondern um eine „psychische Daseinsform", einen „Geisteszustand" (Lazar, 2000, S. 44) oder wie Mertens (1998) es bezeichnet, eine „Modalität des Erlebens von Objektbeziehungen" (S. 163). In den jeweiligen Positionen sind spezifische Abwehrformationen vorherrschend.

In der paranoid-schizoiden Position ist das vorherrschende Prinzip die Spaltung (Raguse, 2000). Der heranwachsende Säugling ist noch nicht zur Integration gegensätzlicher Eigenschaften von Objekten in der Lage. Umgehen mit negativ empfundenen, bedrohenden Phantasien und Realitäten ist nur durch Abwehrmechanismen wie z.B. Spaltung, projektive Identifizierung, Leugnung oder Projektion möglich. Konkret heißt das, dass beispielsweise der Hass auf die Mutter, der durch Frustrationen wie z.B. deren Verlassen des Zimmers entsteht, aus der kleinkindlichen Seele heraus befördert werden muss. Dazu spaltet der Säugling diese Gefühle von sich ab und projiziert sie auf die Mutter. Das Ich des Säuglings ist noch fragil und wenig konturiert und bedarf daher eines Mechanismus' die schlechten Gefühle aus sich herauszutransportieren.

In der depressiven Position werden andere Personen nicht mehr „als Erweiterungen des eigenen Selbst ohne eigene Bedürfnisse und Intentionen, sondern als Personen in eigenem Recht" (Mertens, 1998, S. 51) wahrgenommen. Anstatt wie in der paranoiden Phase, in der alle böse Aspekte durch Projektion nach außen befördert werden müssen, gelingt es hier, eigene schlechte Anteile und aggressive Affekte sowie Impulse in der eigenen Person zu sehen. Dieses Erkennen eigener schlechter Anteile verursacht Gefühle von Sorge, Schuld, Trauer und Depression. In der depressiven Position können in der Sicht der anderen Personen gute und schlechte Anteile integriert werden. Es kann also erstmals verstanden werden, dass „the mother is neither all good nor all bad, but a whole human being who has good and bad aspects" (Schwartz, 2002, S. 1280). „In der depressiven Position wird das Objekt trotz seiner bösen Aspekte geliebt, wogegen in der paranoidschizoiden Position das Gewahrwerden böser Aspekte das gute Objekt abrupt in einen Verfolger verwandelt. So kann die Liebe in der depressiven Position erhalten und zur Grundlage der psychischen Stabilität werden" (Hinshelwood, 1993, S. 203-204). Es ist also erstmals die Wahrnehmung von Ambivalenz möglich (Mertens, 1998, S. 51).

Auch wenn die depressive Position mit ihrer entsprechenden „Modalität der Selbst- und Welterfahrung" (Mertens, 1988, S. 51) erreicht wurde, können im-

3.5 Die Entwicklungspsychologie nach Melanie Klein

mer wieder Umstände auftreten, in denen es zu einer Regression[10] auf primitivere psychische Zustände kommt. Unter diesen Umständen treten dann wieder die in der paranoid-schizoiden Position vorherrschenden Abwehrmechanismen zu Werke. Das Verhältnis der beiden Positionen ist also nicht ein sequentielles bei dem die vorgegangene Phase durch die folgende vollständig abgelöst wird. „A continous movement between the two positions takes place so that neither dominates with any degree of completeness or permanence" (Steiner, 1988, S. 324-325). Die beiden Positionen stehen also in einer wechselseitigen Unverzichtbarkeit, einem konstanten dynamischen Wechselspiel zueinander („constant dynamic interplay and dialectic tension", Bergstein 2003, S. 1299) und es handelt sich um ein „Oszillieren zwischen den beiden Positionen" (Kinzel, 2002, S. 193). Zudem bleiben beide Positionen während des gesamten Lebenszyklus erhalten. „Beide Positionen [sind] auch für den normalen Erwachsenen fortwährend latent präsent" (Sievers, 1999, S. 8).

3.5.1 Der kleinianische Ansatz im organisationalen Kontext

Die dargelegte Entwicklungstheorie Melanie Kleins und ihre Weiterentwicklungen sind ein möglicher Ansatz, das Verhalten von Organisationsmitgliedern zu analysieren und zu verstehen. Dem Ansatz zufolge haben „die grundlegenden Prozesse, mit denen Individuen in der Gruppe unbewußt ihre Beziehungen regeln und gestalten, unmittelbaren Einfluß auf die Ausübung der Arbeit, die Gruppendynamik, die Beziehungen zwischen Organisationen und ihren Umwelten" (Kinzel, 2002, S. 192). So werden die für die jeweiligen Positionen charakteristischen Ängste unter bestimmten Umständen auf kollektiver Ebene ausgelöst (Kinzel, 2002, S. 196). Organisationale Veränderungsprozesse wie Fusionen oder Auflösungen von Teams, Verlust des Arbeitsplatzes oder Pensionierung sind Beispiele für Faktoren, die bei den Mitarbeitern Ängste auslösen und eine Regression auf die paranoid-schizoide Position zur Folge haben. Damit treten dann die für diese Position charakteristischen Abwehrmechanismen wie Spaltung und Projektion zu Tage (Menzies, 1974; Jacques, 1953, Sievers, 1999). „Individuen und Gruppen wehren diese Ängste ab, indem sie die negativen Affekte und Impulse auf Objekte der Umwelt projizieren und gleichermaßen positive Qualitäten der Außenwelt introjizieren" (Kinzel, 2002, S. 196). Gleichzeitig sind psychotische Ängste beider Phasen „eines der wichtigsten kohäsionsfördernden Elemente, welches Individuen an institutionalisierte soziale Systeme bindet" (ebd., S. 197).

---

10 Der Begriff Regression bezeichnet eine „Rückkehr von einem bereits erreichten Entwicklungsniveau auf ein früheres" (Mertens, 1998, S. 190)

Die depressive Position, in der die Fähigkeit erworben wurde, Ambivalenzen auszuhalten, ermöglicht es Organisationsmitgliedern, die Organisation und ihre Umwelt in ihren widersprechenden Eigenheiten wahrzunehmen und sich damit auseinanderzusetzen (ebd. S. 200).

3.5.2 Das Container-Contained-Modell

In der Psychoanalyse kommt dem von Bion (1962/1990a, 1962/1990b) entwickelten Container-Contained-Modell[11] eine große Bedeutung zu (Hinshelwood, 1993, S. 350; Mertens, 1998, S. 45). Es handelt sich hierbei um eine Modellvorstellung von Beziehungen, die auch seine „Theorie des Denkens" genannt wird. (Lazar, 2008, 118). Das komplexe Modell wird in den für diese Untersuchung relevanten wesentlichen Grundzügen dargestellt. Dieses Container-Contained-Modell entstand auf Basis der projektiven Identifizierung Melanie Kleins (vgl. Kap. 3.4.1). Die Analyse und Behandlung psychotischer Patienten brachten Bion (1926/1990a, 1962/1990b) zu folgender Überlegung:

> In working with psychotic patients Bion came to the realization that they had sensations, perceptions, or mental states they could not process in themselves. They could neither feel them within themselves nor be conscious of them. Bion recalls feeling under certain pressure to "take those states in", that is they were projected into him and it was for him to experience them. The actual aims of those patients in projecting into him, seem to have been manifold, predominantly the patients need to get rid of something (Riesenberg-Malcolm, 2001, 170f, Hervorh. d. Autors).

Wie Melanie Kleins Beobachtungen von Babys und darauf aufbauend Bions klinische Analyse zeigen, gibt es mit Emotionen durchzogene Inhalte[12] mit denen der Betroffene nicht umgehen kann (Lohmer, 2000b, S. 34). Daher projiziert er die nicht zu verarbeitenden Erfahrungen auf einen Container. Der Container ist dabei ein psychischer oder physischen Raum oder Ort, der bereit ist, etwas aufzunehmen (Ahlers-Niemann, 2006, S. 166). Analog dazu ist dann Contained der Inhalt, etwas Psychisches oder Physisches, der einen Ort sucht, in dem er aufgenommen und gehalten wird. Containing oder Containment, also der Prozess des Aufbewahrens, geht dabei in drei Phasen von sich. Die erste Phase beinhaltet ein „In sich Aufnehmen", darauf folgt die Phase des „In-sich-

---

11 Eine Übersetzung der englischen Begriffe Container und Contained ins Deutsche führt oftmals zu unterschiedlichen Begriffen. Von daher hat sich die Verwendung der englischen Originalbegriffe weitestgehend durchgesetzt. Diese sollen auch hier genutzt werden.
12 Das können entweder bedrohliche Inhalte sein oder auch schützenswerte Inhalte, die in dem Container in Sicherheit gebracht werden sollen (Ogden, 2006, S. 55).

3.5 Die Entwicklungspsychologie nach Melanie Klein

Bewahrens" und als dritte Phase schließt sich ein Prozess des „Verstehens-und-Bennens" an (vgl. Ahlers-Niemann, 2006, S. 169). Der dritten Phase kommt dabei eine besondere Bedeutung zu. Denn Containing geht über reines Spiegeln hinaus (Fonagy & Target, 2007, S. 173). Denn der Container reflektiert nicht nur die durch ihn aufgenommenen Inhalte und Erfahrungen. Er nimmt sie an, transformiert sie und schreibt ihnen auf Grundlage seiner eigenen Fähigkeiten eine Bedeutung zu (ebd). Damit dient Containment nicht nur dem Spannungsabbau. Es ermöglicht dem Betroffenen durch Zuhilfenahme des Containers und dessen erweiterten Fähigkeiten auch, für ihn bisher überfordernde Erfahrungen zu verarbeiten.

Bei dem Prozess des Containments verändern sich sowohl Container als auch der Auftraggebende, so dass etwas neues „Drittes" zum Vorteil aller entstehen kann (Hinshelwood, 1993, S, 282; Ogden, 2006, S, 55; Lazar, 1990, S. 373, 1998, S. 270). Von daher verweist Bain (2003) verweist auf die „dynamische und beziehungsrelevante Bedeutung dieses Vorgangs, der ebenso wie für Individuen auch für Paare, Familien, Gruppen, Organisationen, Gemeinschaften, die Gesellschaft, die Welt und den Kosmos zu Wachstum führen kann" (S. 19). Dies setzt voraus, dass der Container bereit und in der Lage ist, die Gefühle des Gegenübers in sich aufzunehmen und zu verändern (vgl. Hinshelwood, 1997, 190 f), die so genannte „negative capability" (Lazar, 1998, S. 271). Das Bedürfnis, überfordernde Reize auszulagern in der Hoffnung, dass jemand Anderes besser damit umgehen kann, ist nicht auf die frühen Entwicklungsphasen beschränkt. Es durchzieht das ganze Leben (Lohmer, 2000b, S. 34).

3.5.2.1 Containment in Organisationen

Im organisationalen Kontext kommt das Container/Contained Modell oft zur Anwendung, wenn es darum geht, dass Führungskräfte oder soziale Gruppen wie z.B. Arbeitsgruppen als Container für abgespaltene Gefühle der Mitarbeiter genutzt werden.

> Gefühle, die aus der Anpassung an die Strukturen (innerbetriebliche Sozialisation), der Durchführung der Aufgabe, durch Misserfolge, Frustrationen, oder der Zusammenarbeit mit Kollegen entstammen und nicht gelebt, sondern zur Aufrechterhaltung der psychischen Homöostase verdrängt und abgespalten werden (müssen), werden in den Gruppenraum oder auf bestimmte Personen (meist Führungskräfte) projiziert, die/der als Container fungieren. (Kinzel, 2002, S. 238)

Führungskräften oder Arbeitsgruppen kommt also die Aufgabe zu, die Gefühle der Mitarbeiter, die sie nicht verarbeiten können, in sich aufzunehmen, und durch

Verständnis und Benennung zu modifizieren. Die Mitarbeiter können diese modifizierten Gefühle wieder in sich aufnehmen und folglich besser damit umgehen. Sind z.B. die Führungskräfte aber nicht in der Lage oder bereit, die auf sie projizierten Impulse als Container aufzunehmen, kann dies negative Auswirkungen auf die ganze Organisation haben und sich z.b. in Form von Widerstand gegen Veränderungen und Aggression äußern (Kinzel, 2002, S. 239).

Wenn die Führungskräfte als Container für die ihr unterstellten Mitarbeiter dienen, stellt sich zu Recht die Frage, wen oder was die Führungskräfte als Container nutzen können. Ein Coach, der meist oftmals kein Organisationsmitglied ist, kann Führungskräften als Container dienen, indem er Raum und Reflexionsfläche für Ihre Unsicherheiten und Emotionen gibt, diese in sich aufnimmt und transformiert. Aber auch die Organisation selbst kann als Container fungieren. Dieser Aspekt wird in Kapitel 5.2. weiter ausgeführt.

4 Führung

Unter Führung wird die „zielorientierte Einflussnahmen auf Menschen" (Rosenstiel, 2006, S. 355) verstanden (vgl. Neuberger, 2002, S. 11-15 für weitere Definitionen). Diese Einflussnahme dient der Koordination der arbeitsteiligen Einzelaktivitäten (vgl. Kap. 5). Die weit verzweigte und interdisziplinäre Führungsforschung unterscheidet verschiedene theoretische Ansätze, um den Erfolg von Führung zu erklären (Rosenstiel, 2006; Yukl, 2006; Neuberger, 2002). Eine der vielen Klassifikationsversuche soll hier herausgegriffen werden. Eigenschaftstheoretische Ansätze gehen davon aus, dass es den „geborenen" Führer gibt, der sich von der Allgemeinheit durch bestimmte Persönlichkeitseigenschaften unterscheidet. Im Rahmen dieser Konzepte wird der Führungserfolg von diesen Eigenschaften bestimmt (z.B. Stogdill, 1948). Verhaltenstheoretische Ansätze hingegen sehen im Führungsstil den Schlüssel zum Führungserfolg (z.B. Lewin, Lippitt & White, 1939; Blake & Mouton, 1968). Interaktionstheoretische Führungstheorien beziehen sowohl Merkmale der Führungsperson als auch der jeweiligen Situation in die Betrachtung mit ein (z.B. Fiedler, 1967; Hersey & Blanchard, 1977). Unter der Bezeichnung des „new leadership approach" (Bryman, 1992) werden drei sich teilweise überschneidende Ansätze subsumiert: die Unterscheidung zwischen Managern und Führern (vgl. nächstes Kapitel), die Unterscheidung zwischen transaktionaler und transformationaler Führung (Burns, 1978) und Ansätze, die sich auf Charisma im Führungskontext konzentrieren (House, 1977; Conger & Kanungo, 1987; Bass, 1985). Die grundlegende Annahme dieser Ansätze besteht darin, dass Führer durch die Vermittlung von Werten und Visionen, die die Geführten zu ihren eigenen machen, die Mitarbeiter zu gesteigerter Leistung bewegen können (vgl. auch Felfe, 2006; Steyrer, 1998).

4.1 Die Unterscheidung von Führern und Managern

Anfang der 1970er Jahre wurde die Unterscheidung in Führer („leader") und „manager" eingeführt (Zaleznik, 1977, 1990, 1998; Kinzel, 2002); zwei Begriffe, die zuvor synonym verwandt wurden. Demzufolge ist der Manager ein Problemlöser, der sich durch Beharrlichkeit, Kompromisslosigkeit, Bereitschaft zur harten Arbeit, Intelligenz, analytische Fähigkeiten und vor allem Toleranz und Wohlwollen auszeichnet (Zaleznik, 1977). Kritische Stimmen beschreiben den Manager als „biedere Westentaschenversion des Führers" (Kinzel, 2002, S. 410), der durch eine „einseitige Orientierung an Tugenden der Ordnung und Effizienz" (ebd.) zu charakterisieren sei. Das Hauptaugenmerk des Managers liegt auf Ordnung und Kontrolle von Arbeitsvorgängen. Er setzt sich seine Ziele in Reaktion auf die Gegebenheiten der Organisation oder die Erfordernisse des Marktes. Diese erreicht er dadurch, dass er, einem Diplomaten gleich, zwischen konfligierenden Standpunkten zu koordinieren, vermitteln und auszugleichen vermag (Zaleznik, 1977). Er setzt dabei keine neuen Impulse, sondern schneidet Lösungen so zurecht, dass sie möglichst allen Beteiligten gerecht werden. Ein möglicher Konflikt soll also zu einer harmonischen, einer „win-win" Lösung kommen.

Der Führer wird hingegen als risikofreudiger Visionär beschrieben, der aktiv Veränderungen antizipieren und Trends setzen kann. Routinetätigkeiten sind für den Führer eine Last und Ordnung spielt eine untergeordnetere Rolle (Zaleznik, 1977, 1990). Es geht ihm darum, Mitarbeiter für neue Wege und Ideen zu begeistern. „Führer träumen nicht von Ideen, sondern motivieren andere zu harter Arbeit, um damit Ideen in Realitäten zu verwandeln" (Zalenznik, 1990, S. 35). Zaleznik (1977) führt diese Fähigkeiten darauf zurück, dass in der Kindheit des Führers inadequat auf die Bedürfnisse des Kindes reagiert wurde. Als Folge zieht sich das Kind in sich zurück: „the person becomes deeply involved in his or her inner world at the expense of interest in the outer world" (S. 79). Durch dieses Herausfallen aus einer Bindung entwickelt die Person das Gefühl, etwas Besonderes, anders zu sein. Das Selbstwertgefühl stützt sich folglich nicht mehr primär auf Bindungen zu Bezugspersonen, sondern wird von einer Eigenständigkeit abgelöst, bei der oftmals Leistungserwartungen und der Wunsch, große Taten zu vollbringen, eine große Rolle spielen. Folglich sind Führer labil und „wie die meisten Künstler unbeständig in ihrer Leistungsfähigkeit ... [und] anfällig für Stimmungsschwankungen" (Zaleznik, 1990, S. 42).

Das Konzept wurde dankbar aufgenommen (Kinzel, 2002, S. 409) und, sicherlich auch wegen seiner Eingänglichkeit und scheinbaren Erklärungskraft, vielfach weiterentwickelt. Durchaus kritisch erscheint jedoch die Frage, ob eine derartig stark polarisierende Dichotomisierung tatsächlich in der Praxis vorzufinden ist oder ob nicht Personen Anteile beider Extreme in sich vereinen. Kinzel (2002) versteht die Popularität des Konzeptes als soziales Abwehrsystem mit dem die Ambiguität und die damit verbundenen Unsicherheiten und Ängste, die mit dem Führungsprozess einhergehen, abgewehrt werden sollen. „Der allseits vernommene Ruf nach Führungspersönlichkeiten ... birgt ein destruktives Potential in sich, da Verantwortung allzu reduktionistisch auf Einzelpersonen delegiert wird" (ebd. S. 410). Ebenfalls kritisch erscheint die Heroisierung des Führer-

Typs, einer Person, die aufgrund von Fehlbeantwortung geäußerter Bedürfnis und entsprechend erlittener Enttäuschung, sich in sich selbst zurückgezogen hat. Zaleznik beschreibt die Beziehung des Managers als eher oberflächlich, die des Führers als auf wenigere Personen beschränkt, dafür aber intensiveren Charakters (1977, 1990). Dies wirft jedoch die Frage auf, ob eine Person, die Beziehungen nicht als verlässlich, sondern eher als enttäuschend erlebt hat, dazu in der Lage ist. Die hohe Relevanz der frühen Beziehungserfahrungen z.b. für die Entwicklung der psychischen Strukturen, des Selbst und Selbstwertes und die Übertragung dieser Erfahrungen auf folgende Beziehungen bilden Grundpfeiler der Psychoanalyse und sind vielfach diskutiert worden (z.B. Riemann, 1961/1997; Mahler, Pine, Bergmann, 1980; Mertens, 2005; Kapfhammer, 1995; Krause, 1998).

4.2 Die Motivation von Managern

Die Motivation der Manager, ihre Einstellung zur Arbeit und die Auswirkungen der Arbeit auf Privatleben und Persönlichkeitsentwicklung kann anhand von vier verschiedenen Haupttypen von Managern dargestellt werden (Maccoby, 1977). Diese unterscheiden sich in ihren Einstellungen zur Arbeit, ihren Werten und Identitätsmerkmalen. In weiteren Untersuchungen wurde seine Stichprobe auf Profit- und Non-Profit Unternehmen ausgeweitet und über 3000 Personen befragt (Maccoby, 1989). Die Ergebnisse resultierten in einer Erweiterung der Idealtypen auf insgesamt neun.

Diese Unterscheidung ist als Darstellung von Idealtypen gedacht, die das Typische erfassen und illustrieren. Nur wenige passen genau auf einen Typ, die meisten der interviewten Führungskräfte vereinten mehrere Aspekte unterschiedlicher Typen in sich. Maccoby und seine Mitarbeiter wählten einen Typus aus, der – auch aus Sicht des Interviewten und seiner Kollegen (1977, S. 35), die Person am besten repräsentierte. Es ergaben sich die folgenden Idealtypen (1989):

Der *Experte* legt Wert auf (technische) Spitzenleistungen und professionelles Wissen. Er strebt nach Autonomie, ist stark leistungs- und konkurrenzorientiert. Der Typus des *Handwerkers (Craftsman)* ist eine Unterform des Experten und um Qualität und Wirtschaftlichkeit bemüht. Ihm ist die Entwicklung und Konstruktion von neuen Produkten und Systemen ein großes Anliegen. Mitarbeiter werden nach ihrer Instrumentalität zur Erreichung der Arbeitsaufgabe beurteilt. Der *Helfer* legt großen Wert auf die Wahrung zwischenmenschlicher Beziehungen und die Respektierung der Bedürfnisse der einzelnen Mitarbeiter. Helfen ist hier wichtiger als die persönliche Selbstverwirklichung. Eine Unterform davon ist der *Firmenmensch (Companyman)*, der seine Identität eng an die Zugehörigkeit zu einer Organisation knüpft. Sein persönliches Interesse ist die langfristige, erfolgreiche Entwicklung des Unternehmens. Dieser Typus legt Wert auf Sicherheit (für sich und sein Unternehmen) und die Pflege zwischenmenschlicher Beziehungen. Eine Unterform des *Helfers* ist hier der *institutionelle Helfer*, der Werte des *Helfers* und des *Verteidigers* in sich vereint. Dieser Typus will den Chef unterstützen, wobei die Beziehungen zu anderen in den Hintergrund treten. Für den *Verteidiger* stehen Überwachung und Beschützen sowohl des Unternehmens, der Kunden, als auch von Werten und Würde im Mittelpunkt Ihres berufliche Anliegens. Der Verteidiger hat ein hohes Gerechtigkeitsbewusstsein. Als Untertyp stellt sich der *Dschungelkämpfer (Jungle fighter)* dar, für den es vor allem um Macht geht. Das Motto Fressen und Gefressen werden leitet seine Aktivitäten und Abwehrprozesse beanspruchen einen Großteil seiner Energie. Der Dschungelkämpfer möchte die Herde anführen und unterteilt seine Mitarbeiter und Kollegen in Verbündete und Feinde. Der Löwe als Form des Dschungelkämpfers ist eine Eroberernatur, der sich sein eigenes Reich aufbauen will. Der Fuchs geht seinen Weg durch die Hierarchien des Unternehmens. Wobei dieser Typus auch Intrigen für sein Fortkommen einsetzen, was ihm im Zeitverlauf auch zum Stolperstein werden kann. Der *Innovator* ist ein Unternehmertyp, dem es um die (spielerische) Entwicklung von Wettbewerbsstrategien geht. Dabei ist er risikofreudig und schätzt das Spiel seiner selbst willen und des Erfolgs willen. Bei dem *Spielmacher (Gamesman)* als Unterform tritt die Orientierung am Rausch des Sieges stärker in den Vordergrund. Dieser Typus ist an Ansehen und Berühmtheit interessiert und kann durch seinen Enthusiasmus seine Mitarbeiter motivieren. Der Spielmacher betrachtet die Arbeit und seine Karriere unter den Gesichtspunkten des Gewinnenwollens, fast als ginge es um ein Spiel. Diese Einstellung ist nicht durch Leichtigkeit geprägt, vielmehr mutet sie wie ein Zwang an. Versagen ist daher schwer zu verkraften. Zwischenmenschliche Beziehungen werden dem Ruhm unterstellt und bleiben daher auf wenig tiefem Niveau. Maccoby traf diesen Typus in den höheren Hierarchiestufen häufiger an. Der *Selbststarter* ist an einer Problemlösung im Sinne des Kunden interessiert und ständige (persönliche) Weiterentwicklung ist ihm wichtig. Er steht für ein gleichberechtigtes Arbeitsverhältnis ein.

Die Entwicklung der Typen wird auf Kindheitserlebnisse zurückgeführt. Und im Rahmen dieses Ansatzes wird davon ausgegangen, dass die dauerhaft einseitige Verfolgung bestimmter Ziele (z.B. im Falle des Spielmachers die Karriereziele) bei gleichzeitiger Vernachlässigung anderer Werte und Bedürfnisse der persönlichen Entwicklung schadet (vgl. auch Mertens & Lang, 1991).

Der Ansatz Maccobys ist in seinem Erklärungsgehalt nur in Kombination mit anderen Modellen geeignet. Aspekte der Organisation und der Dynamik

4.2 Die Motivation von Managern

unter den Geführten und den Vorgesetzten werden zu wenig in das Konzept eingebunden. Die Führungskräfte erscheinen wie eine Figur vor verschwommen schwachem Grund. Insofern ähnelt der Ansatz den eigenschaftstheoretischen Ansätzen der Führungsforschung. Allerdings ist die Ausrichtung eine andere: der Ansatz Maccobys will die individuellen Motivationen der Führungskräfte erklären, nicht den Führungserfolg. Sind die individuellen Motivationen auch nicht Schwerpunkt dieser Untersuchung, bietet dieser Ansatz doch Erkärungskraft dort, wo individuelles Verhalten betrachtet werden muss.

5 Organisation

5.1 Definition und begriffliche Eingrenzung

DIE Definition des Begriffs Organisation gibt es nicht. „Wie alle historischen Gebilde, die sich im Laufe der Zeit verändern, entzieht sich auch das der Organisation einer bündigen und allgemeingültigen Definition" (Müller-Jentsch, 2003, S. 12). Denn je nach Disziplin aus der die Betrachtung angestellt wird, ist der Fokus sehr unterschiedlich. Aus betriebswirtschaftlicher Perspektive besteht eine erste Einteilung darin, ob ein Gebilde eine Organisation *ist* oder eine Organisation *hat* (Schreyögg 1999; Schreyögg & v. Werder, 2004; Schanz, 1992). Der erste Ansatz, der sich auf ganze Systeme, auf eine Institution mit bestimmten Eigenschaften bezieht, wird als institutioneller Organisationsbegriff verstanden. Steht nicht die Institution, sondern das Organisieren im Mittelpunkt des Interesses, liegt der instrumentelle Organisationsbegriff vor.

Der *Instrumentelle Organisationsbegriff* war in der deutschen Betriebswirtschaftslehre jahrzehntelang „vorherrschend" (Schreyögg & von Werder, 2004, S. 967). Dabei geht es vor allem darum, das Organisieren als Führungsinstrument einzusetzen. Es sollen organisationale Abläufe durch Regeln rationalisiert und so die Leistung optimiert werden. Die Organisation wird dabei als die „zur Struktur geronnene Regelung" (Schreyögg, 1999, S. 5) verstanden. Innerhalb des funktionalen Organisationsbegriffs, einer Sichtweise im Rahmen des instrumentellen Organisationsbegriffs, wird „Organisation als eine Funktion der Unternehmensführung gesehen" (Schreyögg & v. Werder, 2004, S. 967). Neben die produktive Arbeitsleistung, die Betriebsmittel und die Werkstoffe (Elementarfaktoren) tritt die Organisation, die Unternehmensführung als der dispositive Faktor. Die Unternehmensführung regelt und steuert die Leistungserbringung und sichert so, dass der Zweck der Unternehmung erfüllt wird.

Eine Gegenposition dazu bildet der statischere, konfigurative Organisationsbegriff. Hier wird Organisation verstanden als „die *dauerhafte Strukturierung* von Arbeits- und Autoritätsprozessen, d.h. ein festes Gefüge von generellen Regeln (*Konfiguration*), das allen anderen Maßnahmen und Dispositionen vorgelagert ist" (ebd., S. 969, Hervorh. d. Autoren). Die Organisation „schafft den Rahmen, innerhalb dessen dann die dispositiven Anordnungen getroffen werden können" (Schreyögg, 1999, S. 8-9). Im Rahmen dieses Ansatzes wird Organisation also nicht mehr als eine Funktion unter anderen verstanden, sondern sie bildet hier das Grundgerüst, auf dessen Basis alle anderen Funktionen stattfinden.

Der Fokus des instrumentellen Organisationsbegriffs liegt auf der organisationalen Gestaltung, dem Organisieren. Dabei geht es darum, Regeln zu entwerfen, die die Leistung des Unternehmens verbessern und für Stabilität sorgen. Der soziale Kontext, in dem diese Regeln befolgt werden (sollen), bleibt bei dieser Perspektive außen vor. Es wird schlichtweg davon ausgegangen, dass die Regeln auch befolgt werden. Daher greift dieser Ansatz für die Erklärung von Nichtbefolgung und Abweichungen von den Regeln zu kurz (Schreyögg, 1999).

Der *Institutionelle Organisationsbegriff* hingegen bezieht den sozialen Kontext mit ein und betrachtet das System Unternehmen als Ganzes. Hier *ist* ein Unternehmen eine Organisation. Nach Schreyögg & v. Werder (2004, S. 970) sind die spezifische Zweckorientierung, die geregelte Arbeitsteilung und beständige Grenzen die zentralen Bestandteile des institutionellen Organisationsbegriffs. Organisationen zeichnen sich demnach zum einen dadurch aus, dass sie auf einen oder mehrere bestimmte Zwecke hin ausgerichtet sind. Schanz (1992) spricht in diesem Zusammenhang von einer „Zielbündelung" (S. 1462), während Etzioni (1971) Einzweck- und Vielzweck-Organisationen unterscheidet. Die Ziele können sich dabei zum Teil widersprechen (Gross & Etzioni, 1985, S. 23; Mayntz, 1963, S. 74) und müssen sich nicht zwangsläufig mit den Zielen ihrer Mitglieder decken[13]. Bezug nehmend auf die Zweckorientierung kann festgehalten werden, dass sich Organisationen von anderen Zusammenschlüssen dadurch unterscheiden, dass die Ziele nicht kurzfristig, sondern dauerhaft verfolgt werden (Kieser & Kubicek, 1992, S. 9). Zudem wird die Verfolgung der Ziele „zumindest der Intention nach rational gestaltet" (Mayntz, 1963, S. 36).

Ein weiteres zentrales Merkmal von Organisationen ist die geregelte Arbeitsteilung. Die Handlungen der Organisationsmitglieder werden nach einem bestimmten Muster zum Zwecke der Zielerreichung bewusst aufgeteilt und koordiniert (Etzioni, 1971, S.12). Das Muster der Arbeitsaufteilung wird in „Verhaltenserwartungen" (Müller-Jentsch, 2003, S. 26), z.B. in Form von Stellenbeschreibungen oder Rollen umgesetzt. Das stabilisierte und spezifizierte Erwartungsmuster wird als Organisationsstruktur bezeichnet (vgl. Kieser & Kubicek, 1992, S. 73f für eine detailliertere Darstellung zur Organisationsstruktur). Die betriebswirtschaftlichen Ansätze beleuchten die Arbeitseilung vor allem hinsichtlich des Kriteriums der Wirtschaftlichkeit (Müller-Jentsch, 2003, S. 42). „Die Arbeitsteilung als Voraussetzung zur Erreichung bestimmter Ziele und/oder

---

13 Im Rahmen des Ansatzes der transformationalen Führung, ist es die Aufgabe des Führers, die Ziele der Mitarbeiter derart zu beeinflussen, dass die organisationalen Zielen zu ihren eigenen werden (Felfe, 2006).

ihre Effizienz fördernde Wirkung ist der eigentliche Grund für die Entstehung von Organisationen" (Schreyögg, 1999, S. 10).

Das dritte, zentrale Merkmal der Organisation sind seine beständigen Grenzen, die zur Umwelt bestehen und „absichtsvoll hergestellt" sind und „ein gewisses Maß an Stabilität" aufweisen (Schreyögg, 1999, S. 10). Ohne diese Grenzen ist die Organisation als solche nicht erkennbar und kann auch nicht bestehen.

Die dargestellten Ansätze sind eher auf formale, apersonale Kriterien fokussiert und setzen ein Menschenbild voraus, das impliziert, dass menschliches Verhalten rein zweckrational sei. Dabei werden Organisationen gegründet und gesteuert, um auf möglichst effiziente Art und Weise ein Ziel zu erreichen. Hier kann zurecht kritisiert werden, dass in diesen Ansätzen „Macht, Herrschaft und ökonomische Zwänge nur eine, gelinde gesagt, unterbelichtete Rolle spielen" (Ortmann, Sydow & Türk, 1997, S. 15). Nach Kieser (1998) entsprechen die zuvor skizzierten Ansätze den objektiven Ansätzen. Unter dem Titel „Über die Allmähliche Verfertigung der Organisation beim Reden. Organisieren als Kommunizieren" kontrastiert er die objektiven mit den konstruktivistischen Ansätzen. Letztere gehen „von der Vorstellung aus, dass „Organisation in den Köpfen der Organisationsmitglieder stattfindet"" (1998, S. 46, Hervorh. d. Autors). Demnach gibt es also nicht *die* Organisation, sondern interpersonell verschiedene Auslegungen und Interpretationen der Organisation. „Organizations exist through individual actors" (Fineman, 1993c, S. 11). Diese individuellen Organisationen werden durch tägliches Handeln und Kommunikation aktualisiert, gefestigt und auch modifiziert. Organisatorische Regeln werden aufgestellt, das Handeln in Organisationen aber durch die interpretative Leistung des Einzelnen und Kommunikation zwischen den Organisationsmitglieder bestimmt. Durch die Interpretation der mit den Handlungen verbundenen Bedeutungen entsteht die Konstruktion der Organisation. „Organizations, so construed, are in-the-head fictions, which are taken as if they had material existence" (ebd.).

5.2 Organisationen als Angstabwehr

Neben der Ermöglichung und Bewältigung komplexer Arbeitsaufgaben können Organisationen einen unbeabsichtigten Zusatznutzen haben, sie können Ängste ihrer Mitarbeiter abwehren. Denn Institutionen sind

> nicht nur zweckrational aufgebaut ..., sondern darüber hinaus [stützen sie] sich auf gemeinsame Werte, Einstellungen und gefühlsmäßige, oft nicht klar erkennbare und definierbare Motivationen ... Aus eben diesem Grunde sind Institutionen geradezu prädestiniert, neben ihren anderen Funktionen auch psychosoziale Abwehr-»Aufgaben« zu übernehmen ... Institutionen sind offensichtlich [aufgrund dieser

Funktionen] für das Überleben und eine differenzierte Fortentwicklung des Menschen unerläßlich (Mentzos, 1988, S. 80, Hervorh. d. Autors).

Organisationen helfen Menschen also, ihre Ängste zu bewältigen. Sie haben eine entlastende Funktion, indem sie Orientierung in der Vielzahl möglicher Handlungsalternativen geben. Menschliche Gruppen werden zusammengehalten durch „Institutionen und die darin erst »sich feststellenden« quasi-automatischen Gewohnheiten des Denkens, Fühlens, Wertens und Handelns, die allein als institutionell gefasste sich vereinseitigen, habitualisieren und damit stabilisieren. Erst so werden sie ... vorhersehbar" (Gehlen, 1940/2004, S. 79, Hervorh. d. Autors). Die Institution bietet also eine „»Entlastung« von der Bürde der Entscheidungen" (Mentzos, 1988, S. 80, Hervorh. d. Autors). Neben Orientierung bieten sie damit Schutz vor menschlichen Ängsten wie beispielsweise der Angst vor dem Unbekannten. „Das Netzwerk der Kultur, das grundlegend aus Institutionen besteht, wie totemistischen Clans, religiösen Riten oder deren heutigen Entsprechungen, nämlich Arbeitsorganisationen, bezweckt, den Schrecken des Unbekannten von uns fernzuhalten" (Obholzer, 1997, S. 21). Dies geschieht nicht zuletzt dadurch, dass das Denken und die Entscheidungen der Organisationsmitglieder durch organisationale Normen vorstrukturiert sind. Die Anzahl der möglichen Handlungsalternativen ist durch diese Normen erheblich reduziert (ebd. S. 19; vgl. auch Gehlen, 1969/1981, S. 97).

Organisationen bieten für Ihre Mitglieder jedoch nicht nur Entlastung in Bezug auf die vielfältig möglichen Handlungsalternativen, sondern auch „eine schnelle Entlastung von neurotischen Spannungen, Ängsten und Konflikten" (Mentzos, 1988, S. 80). Dazu gehören die Befriedigung (regressiver) Triebbedürfnisse und der Schutz vor „irreale[n], phantasierte[n], infantile[n], insgesamt nicht real begründete[n] Ängste[n], Depressionen, Scham- und Schuldgefühle[n]" (Mentzos, 1988, S. 80-81). Eine dieser Ängste wird ausgelöst durch das Bewusstsein der eigenen Endlichkeit (Schwartz, 1985). Diese wird abgewehrt, indem ein Mythos der unsterblichen Organisation erschaffen wird. Die Mitgliedschaft in der Organisation ermöglicht gewissermaßen eine Teilhabe an der Unsterblichkeit. Dadurch wirkt die Organisation Angst abwehrend für ihre Mitglieder. Auch paranoide und depressive Ängste können durch Organisationen abgewehrt werden. Organisationsmitglieder können beispielsweise schlechte innere Objekte und Impulse auf bestimmte andere Organisationsmitglieder projizieren und sich dadurch ihrer entledigen (Jaqcues, 1953, S. 9). Damit entledigen sich die Individuen auch der damit verbundenen Ängste. Es sind diese Angstabwehrfunktionen von Organisationen, die für die Organisationsmitglieder als „Prämie" (Mentzos, 1988, S. 82) über den eigentlichen Organisationszweck hinausgehen und damit zu einer „besseren Motivation der Beteiligten beiträgt" (ebd.). „One of

5.2 Organisationen als Angstabwehr

the primary dynamic forces pulling individuals into institutionalized human association is that of defence against paranoid and depressive anxiety" (Jacques, 1953, S. 21).

Ein weiterer Aspekt der Angstabwehrfunktionen von Organisationen ist die Tatsache, dass sie als Container genutzt werden können. Wie bereits dargestellt, können Personen als Container für nicht zu verarbeitende Gefühle fungieren (vgl. Kap. 3.5.2). Aber nicht nur Personen, sondern auch Objekte (Lazar, 1990, S. 373) können diese Funktion übernehmen. In Anlehnung an das Konzept des „Übergangsobjekt" (Winnicott, 1969) wird der zugrunde liegende Mechanismus deutlich. Objekte, die der äußeren Welt angehören, können vom Individuum auch mit subjektiven Inhalten angefüllt werden (Winnicott, 1969). Durch diese Ausstattung „mit den subjektiven Wünschen und Gefühlen" (Kögler, 2004, S. 10) werden sie zu Übergangsobjekten. Sie *sind* nicht der in sie hineinprojizierte Inhalt, aber sie stehen dafür. Durch diese innere Besetzung können sie eine „lebenswichtige Bedeutung" (Winnicott, 1969, S. 670) übernehmen, denn sie helfen dem Individuum bei der „Abwehr gegen Ängste" (ebd.).

Überträgt man dieses entwicklungspsychologische Konzept auf den organisationalen Kontext, kann davon ausgegangen werden, dass auch die Organisation selbst als Container dienen kann. Besetzen die Organisationsmitglieder dieselbe mit ihren Wünschen und Hoffnungen, kann auch sie als Container fungieren. Es geht dabei nicht wörtlich um die Organisation, sondern die „institution-in-the-mind" (Armstrong, 1997), also die von den Organisationsmitgliedern geteilte innere Repräsentation der Organisation. Als „holding environment" (Winnicott, 1965) übernimmt sie „haltende Funktionen für die intensiven Gefühle der Angst und Unsicherheit" (Kinzel, 2007, S. 207) der Organisationsmitglieder und hilft damit, diese zu bewältigen.

Jenseits von kollektiven Abwehrprozessen, können Organisationen auch individuell zur (Angst)Abwehr genutzt werden. Der Einfluss von Persönlichkeitsmerkmalen und Pathologien von Topführungskräften auf die Kultur und Strategie ihrer Unternehmen ist vielfach beschrieben worden (Kets de Vries & Miller, 1986, 1991; Kets de Vries, 2004; Maccoby, 2000). Auf diese Weise erschaffen und gestalten Individuen, hier die Manager, ihre Organisation derart, dass sie der Abwehr der eigenen Ängste dient. Ein anderer Fall, wo Organisationen zu individueller Abwehr genutzt werden, ist da zu finden, wo Personen die Wahl haben, in solche Organisationen einzutreten, die von ihrer Unternehmenskultur zu ihrer eigenen Persönlichkeit komplementär sind und damit ihren Abwehrbedürfnissen entsprechen (Kets de Vries, 1996, S. 200f; Schmidbauer, 2007).

Die Wirkmächtigkeit des Angstschutzes durch Organisationen tritt bei Widerständen gegen organisationale Veränderungen (Obholzer, 1997, S. 19; Kinzel, 2007, S. 259ff) oder dem Ausscheiden aus Organisationen im Falle von Kündigungen oder dem Eintritt in den Ruhestand zu Tage (vgl. auch Mentzos, 1988, S. 86f).

Organisationen können also auf verschiedene Arten und Weisen ihren Mitgliedern dazu dienen, ihre Ängste zu bewältigen. Damit fungieren sie als Schutzraum und zugleich Kraftverstärker für ihre Mitglieder.

5.3 Emotionen in Organisationen

Emotionen sind im menschlichen Leben allgegenwärtig (vgl. Abschnitt 2). Sie durchziehen alle Bereich des Lebens. „Gefühle der Freude oder der Angst lassen sich nicht ausschließlich spezifischen Lebensbereichen zuordnen, vielmehr handelt es sich um allgegenwärtige Phänomene" (Brehm 2001, S. 205). Die Arbeit macht einen großen Teil des Lebens aus und so treten Emotionen auch in Organisationen auf. Theorie wie Praxis deuten darauf hin, „dass Organisationen lebendige soziale Gebilde sind, in denen sich alle jene Emotionen wieder finden, die wir als Menschen fortwährend erleben: Freude und Ärger, Leid und Hoffnung, Angst, Stolz und andere mehr" (Küpers & Weibler, 2005, S. 17). Das bestätigen auch Ashforth & Humphrey (1995, S. 98) „emotions are integral and inseparable part of everyday organizational life ... the experience of work is saturated with feeling" (vgl. auch Fineman, 1993b, S. 1) Trotz ihrer Allgegenwart wurden Emotionen in Organisationen in der Wissenschaft wie in der Praxis lange vernachlässigt, was mittlerweile vielseitig bemängelt wird. „Everyday emotions that are part of organizational routines have been surprisingly neglected, given that they saturate the workplace" (Domagalski, 1999, S. 133, vgl. auch Küpers & Weibler, 2005, S. 17; 2008, S. 257; Ashforth & Humphrey, 1995, S. 98; Eiselen & Sichler, 2001, S. 56). Ein möglicher Standpunkt ist es, davon zu sprechen, dass Menschen in der Organisationsforschung „emotional anorektisch" (Fineman, 1993c, S. 9) dargestellt werden. Denn die Darstellungen finden meist aus dem Blickwinkel der Kontrolle durch das Management statt. Dabei wird nicht die gesamte Emotionspalette behandelt, sondern eher nur jene Emotionen, bei denen der Bezug zur Leistungserbringung evident ist. Dies sind nach unter anderen Arbeitszufrieden- und -unzufriedenheit und Stress (ebd.; vgl. auch Newton, 1995a, zur Darstellung dieser individualistischen Sicht auf Stress). Im aktuellen wissenschaftlichen Diskurs über Emotionen in Organisationen scheint sich eine Veränderung abzuzeichnen. So bescheinigt Sieben (2007, S. 117) „ein gestiegenes Interesse an Emotionen in der öffentlichen Diskussion sowie in der Managementforschung" (vgl. auch Küpers & Weibler, 2008, S. 257; Fineman, 2000, S. 1; Fineman, 2006, S. 675).

5.3 Emotionen in Organisationen

Die Vernachlässigung von Emotionen im Organisationskontext hat ihre Wurzeln im historischen Verlauf des Emotionsdiskurses. Schon von der Antike an wurden die positiven und negativen Aspekte von Emotionen gesehen (Sieben, 2007, S. 119ff). Im 17. Jahrhundert führen die Veröffentlichungen von Descartes zu einer erweiterten Sichtweise. „Als prägend für spätere Vorstellungen von einer Trennung von Körper und Geist und für eine Geringschätzung der Gefühle gilt Descartes' Leitsatz cogito ergo sum" (Sieben, 2007, S. 122-123). Descartes steht Emotionen ambivalent gegenüber, hält sie aber dem Erkenntnisgewinn abträglich (ebd.). In der weiteren Entwicklung wurden Emotionen Geschlechtern zugeschrieben: die Rationalität den Männern, die Emotionalität den Frauen. Diese Sichtweise scheint noch heute wirkmächtig zu sein

> Terms such as reason, cognition, orderliness, and objectivity, which are aligned with rationality, invoke favorable masculine impressions, whereas emotionality, coupled with concepts such as chaos and subjectivity, is devalued because of its association with a female worldview ... This polarized thinking presents an image of a masculine world devoid of emotion (Domagalski, 1999, S. 836).

Schließlich beeinflusste auch die fortschreitende Industrialisierung den Emotionsdiskurs. „The dawn of the Industrial Revolution and the widespread emergence of large organizations precipitated the rise of rationality as an administrative paradigm" (Ashforth & Humphrey, 1995, S. 101). So ließ die „wissenschaftliche Betriebsführung" (Taylor, 1919) mit ihrer Trennung von Kopf und Hand „keinen Raum für störende Emotionen" (Sieben, 2007, S. 128; Kets de Vries, 1996, S. 11), wenn Taylor Emotionen auch für den Gemeinschaftsgedanken schätzte. Ebenfalls prägend wirkten die Werke Webers, der den Idealtypus der bürokratischen Herrschaft beschreibt. Um effizient zu funktionieren, bedürfe es „einer Unterdrückung alles Emotionalen" (Sieben, 2007, S. 129). Im Charisma wie auch in der Gemeinschaft der Arbeitenden sieht Weber eine konstruktive Rolle von Emotionen. Auch auf diese Ansätze gründet die Trennung und Bewertung von Emotionalität und Rationalität. „There has been a longstanding bifurcation between the two [Emotionalität und Rationalität] with emotions labeled in pejorative terms and devalued in matters concerning the workplace" (Domagalski, 1999, S. 834). Dieser Aufspaltung in Rationalität und Emotionalität ist in der westlichen Welt tief verwurzelt (Sieben, 2007, S. 126; vgl. auch Küpers & Weibler, 2008, S. 260; Fineman, 2000, S. 11). Zusätzlich gibt es noch zwei weitere Standpunkte, die beschreiben, wie Rationalität und Emotionalität sich beeinflussen können. So kann Emotionalität einerseits die Rationalität unterstützen (vgl. auch Damasio, 2004; Putnam & Mumby, 1993). Beide können aber auch als miteinander verwoben verstanden werden.

Das Bild der Ökonomie wurde auch durch das Modell des homo oeconomicus geprägt (Bolle, 2006, S. 53). Dieser handelt so, dass er seinen Nutzen maximiert (Schimank, 2007, S. 74). Küpers und Weibler (2005, S. 22ff) argumentieren, dass dieses Modell mit seiner Orientierung am ökonomischen Prinzip zu einer Höherbewertung der Rationalität und einer Abwertung der Emotionalität in Organisationen führte.

Auch wenn Emotionen nie eindeutig negativ, sondern immer ambivalent gesehen wurden, erklären jedoch die bisherigen Ausführungen die negative Bewertung von Emotionen in organisationalen Zusammenhängen. Denn zumeist wurden sie als der Leistung abträglich angesehen.

> "Irrational" forces such as emotions are construed as disruptive and illogical responses that have the potential to impede the attainment of organizational outcomes if they are not restrained or managed ... this dominant mechanistic image of organizations grants a privileged status to rationality in organizational functioning while emotions are disparaged (Domagalski, 1999, S. 835, Hervorh. d. Autorin).

Vor dem Hintergrund aktueller wirtschaftlicher Entwicklungen warnen Küpers und Weibler vor der „problematische Diskrepanz zwischen einer stetig wachsenden Bedeutung des Emotionalen in der organisationen [sic] Praxis und seiner unzureichenden Beachtung in der Theoriebildung" (Küpers & Weibler, 2005, S. 27) sowie davor, dass „die Bedeutung des Sinnlichen und Emotionalen ... vermutlich umso stärker [wächst], je mehr auch der Organisationsalltag ... durch Rationalisierung, Technisierung, Objektivierung und insgesamt ansteigenden Problemdruck bestimmt wird" (edb., S. 26). Domagalski sieht hier eine Veränderung im Aufbruch: „The dominant, polarized image of emotionality and rationality, it seems, is gradually giving way to a more realistic conceptualization of organizational practices and processes as embracing both" (1999, S. 839). Ob diese Veränderung der Bewertung auch Angst in Organisationen und vor allem Angst von Führungskräften betrifft, bleibt abzuwarten. Für den status quo bleibt festzustellen, dass, wenn Emotionen in Organisation ein schlechtes Image haben, ist davon auszugehen, dass dies für die Emotion, die alle am meisten fürchten (Izard, 1991, S. 281), nämlich die Angst, in besonderem Maße zutrifft. So ist es nicht verwunderlich, dass das offene Zeigen von Angst im organisationalen Kontext wenig akzeptiert ist. „Given the somewhat pejorative view of emotion in organizations, only a limited range of emotional expression ends to be socially acceptable. Expressions of negative emotions, such as fear, anxiety, and anger, tend to be unacceptable" (Ashforth & Humphrey, 1995, S. 104). Dies gilt in besonderem Maße für Führungskräfte. Diese werden sozialisiert, ihre Emotionen in Schach zu halten.

5.3 Emotionen in Organisationen

A critical subset of prescribed emotion involves the socialization of role occupants to *mask* felt emotions that my disrupt role performance. For example, executives were taught to appear calm and rational by peers who would discourage emotional outbursts by instructing on another to "get back to facts"or to "keep personality out of this" (Argyris, 1966; zitiert nach Ashforth & Humphrey, 1995, S. 107, Hervorh. d. Autoren)

Unter gleichrangigen Führungskräften besteht ein Konkurrenzkampf um wenige attraktive Führungspositionen. Hier geht es immer darum, sich selbst gut zu „positionieren" und einen bestimmten Eindruck zu hinterlassen, was man als Impression Management bezeichnen kann (vgl. 8.1.5.5). Flett, Blankstein, Pliner & Bator (1988) konnten zeigen, dass Personen, die Impression Management betreiben, weniger häufig und weniger intensiv über negative Emotionen berichten, die zudem von kürzerer Dauer sind. Hier wirkt die berufliche Sozialisation gewissermaßen von zwei Seiten auf das Individuum ein. Zum einen sanktionieren Gleichrangige den Ausdruck negativer Emotionen, zum anderen bewirkt die Selbstdarstellung gemäß der gängigen organisationalen Normen, dass die Betroffenen die Emotionen selbst nur noch in vermindertem Maße erleben. Dies ist vereinbar mit der sozialkonstruktivistischen Ansicht, dass Organisationen „will inherit the wider emotion rules of the society of which they are a part ... but they also adapt them to create their own codes of emotion propriety" (Fineman, 2000, S. 2). Die Organisationsmitglieder werden also dergestalt sozialisiert, dass Emotionen eher von der Arbeit fernzuhalten sind. Dies trifft in besonderem Maße auf so genannte negative Emotionen wie Angst zu.

5.3.1 Fazit des theoretischen Rahmens für diese Untersuchung

Als Quintessenz aus den dargestellten Konzepten lässt sich für diese Untersuchung festhalten, dass Angst als fundamentale Emotion des Menschen sowohl positive als auch unangenehme (also negative) Funktionen hat. Einerseits dient Angst als Schutzmechanismus vor schädigenden Einflüssen zugleich ist das subjektive Erleben von Angst unangenehm. Zudem kann Angst Energie mobilisieren oder auch entziehen wie dies z.B. bei einer Lähmung durch Angst der Fall ist.

Die Bewältigung von Angst kann präventiv in Form von Abwehr oder Containment geschehen. Dazu können Führungskräfte und auch Organisationen und ihre Positionsangebote genutzt werden. Sie verleihen Kraft, Sicherheit, und die Illusion der Unsterblichkeit. Damit nehmen sie die Angst auf bzw. ab. Im Sinne einer curativen Bewältigung von Angst können Kompetenz und Professionalität, die aus der Erfüllung der Arbeitsaufgabe erwachsen, von den Organisationsmitgliedern genutzt werden.

Neben diesen Angst abwehrenden Funktionen von Organisationen, existieren zugleich auch Angst auslösende Faktoren. So können qualitativ und (oder) quantitativ überfordernde oder gefährliche Arbeitsaufgaben Angst auslösen. Durch die Arbeit können auch Insuffizienzgefühle und soziale Ängste verstärkt oder ausgelöst werden.

Organisationen fungieren bei dem Menschen also zugleich als Angst verstärkender als auch als Angst reduzierender Faktor. Diese Tatsache verbildlicht die folgende Graphik.

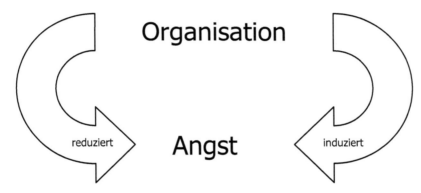

Abbildung 3: Die Organisation als Angst reduzierender und induzierender Faktor
Eigene Darstellung

Diese zwei Facetten von Organisationen schälten sich auf dem theoretischen Rahmen heraus und dienten zugleich als Fokus der Aufmerksamkeit bei der vorgenommen Untersuchung. Diese wird im Folgenden dargestellt.

II. Empirischer Teil

6 Vorstudie

Zur Einstimmung in die Thematik und die Gegebenheiten des Feldes erschien es geboten, neben dem Literaturstudium das Feld auch noch konkreter zu analysieren. Dazu wurde die Thematik und Fragestellung der Untersuchung mit verschiedenen Experten diskutiert. Dazu zählten zum einen Wissenschaftler, die sich mit der Thematik von Angst von Führungskräften und allgemein im Arbeitskontext befasst hatten. Zum anderen wurden drei Management coach zu Ihren Erfahrungen mit dem Thema Angst seitens der Führungskräfte interviewt. Denn es wurde davon ausgegangen, dass wenn Führungskräfte thematisieren, dies am ehesten in Gegenwart eines Coach geschieht.

Die Ergebnisse alle Gespräche und Interviews bestätigten die Vorannahmen, dass Topführungskräfte im Berufskontext Ängste haben. Im Coachingprozess werden diese Ängste thematisiert.

7 Untersuchungsmethodik

Die Entscheidung für eine bestimmte Methode der Datengewinnung ist nicht beiläufig zu treffen. Vielmehr steht sie in engem Bezug zum Forschungsinteresse und zieht weitreichende Konsequenzen nach sich. So konstatiert Breuer (1996a, S. 9)

> *Ich betrachte die Wahl einer wissenschaftlichen Methodik* als eine *Festlegung* hinsichtlich des *Modus' der Interaktion* mit dem fokussierten Gegenstand und damit als eine Entscheidung über die *Wahl der Fakten:* Was am thematisierten Objekt ist im Rahmen der von mir gewählten Interaktionsweise feststellbar und registrierbar? (Hervorh. d. Autors).

Ähnliche Aussagen zu den Implikationen der Methodenwahl finden sich z.B. bei Selg, Klapprott & Kamenz, 1992; Kriz, 1999; Breuer, 2005; Breuer & Schreier, 2007. Die anzuwendenden Methodik sollte nicht ohne Bezug zum Objekt der Untersuchung ex ante festgelegt werden (Kriz, 1999, beschreibt die Folgen, wenn dies doch geschieht). Vielmehr ist die zu bearbeitende Fragestellung Ausgangspunkt der Betrachtung. Sie bestimmt die Methodenwahl. Folglich beschreibt Kuhlmann (2002) als „Grundregel empirischer Sozialforschung ..., dass die Untersuchungsmethoden sich an der jeweiligen Erkenntnisabsicht einer konkreten Untersuchung zu orientieren haben" (S. 106). Im Allgemeinen ist hier die Rede von der „Gegenstandsangemessenheit" (Lettau & Breuer, o.J., S. 8), also der „adäquate[n] "Passung" von Gegenstandsstruktur und Forschungsmethodik" (Breuer & Reichertz, 2001, Abs. 17). Die Wahl der Methode steht also in enger Beziehung dazu, *was* untersucht werden soll und *wie* es untersucht werden soll. Mehr noch, die Untersuchungsmethode kann auch die Ergebnisse beeinflussen (Fineman, 2000, S. 13). Kurz, es ist zunächst der epistemologische Standpunkt zu bestimmen.

Die Epistemologie oder auch Erkenntnistheorie bestimmt, welche Erkenntnisse bei welchen Beweisführungen als gesichert gelten können. „Es geht hier um das alte epistemonologische [sic] Problem, wie der Mensch Erkenntnisse über die Wirklichkeit erhält und ob diese Kenntnisse verlässlich („wahr") sind (Hein & Sewz, 2005, S. 13). Zudem „liegt auf der Hand, daß Vorstellungen von der richtigen Methode mit Vorstellungen von der Beschaffenheit der Gesellschaft und von den möglichen Aussagen über soziale Erscheinungen zusammenhängen" (Wilson, 1982, S. 489). Mehr noch: „Argumente, die von einer bestimmten philosophischen Position ausgehen, überzeugen nur den, der schon auf dem gleichen Boden steht" (ebd. S. 489).

Eine grundsätzlich mögliche Differenzierung des methodologischen Zugangs besteht in der Unterscheidung zwischen qualitativer und quantitativer Herangehensweise. Diese basieren oftmals jeweils auf einem unterschiedlichen epistemologischen Standpunkt. Eine Definition der beiden Forschungsrichtungen ist nicht ganz einfach. So stellen Selg et al. fest: „eine präzise Angabe, was qualitative, was quantitative Forschung sei, scheint nicht möglich zu sein" (1992, S. 51). Andere vertreten den Standpunkt, dass diese Unterscheidung letztlich zu ungenau und wenig aussagekräftig ist (Kromrey, 2005). Dennoch soll hier eine Annäherung an diese Differenzierung vorgenommen werden, soweit dies möglich ist und Sinn macht.

Aschenbach (1999) benennt als wichtigste Definitionsmerkmale der quantitativen Forschung, „daß die zu untersuchenden Phänomene als meßbar aufgefasst, zu diesem Zwecke variablenmäßig isoliert und elementarisiert sowie „operational" definiert, mittels standardisierter Verfahren untersucht und die Untersuchungsergebnisse statistisch verarbeitet werden" (S. 184, Hervorh. d. Autors). Als Extrempunkt dieser Auffassung formuliert Wilson (1980) „das eine Extrem ist die Auffassung, zu objektiver Erkenntnis des sozialen Lebens komme man nur durch Klassifizieren, Messen, Tabellieren und die Anwendung statistischer Methoden" (S. 487).

Es geht also um Erhebung und Auswertung zuvor definierter und operationalisierter, isolierter Variablen. Dabei werden zu Beginn des Forschungsprozesses Hypothesen aufgestellt und Entscheidungen getroffen über die passende Erhebungsmethode für deren Prüfung. Die Methode wird folglich angewandt und die erhobenen Daten ausgewertet und interpretiert. Hier ist das Prinzip der Deduktion, also der Schluss „von theoretischen Konstruktionen zur empirischen Beobachtung" (Rost, 2003, [42]; Reichertz, 2003, S. 28) vorherrschend. Das Ziel ist im Allgemeinen die Überprüfung von Hypothesen über (Kausal-) Zusammenhänge. Diese sollen Verhalten beschreiben, erklären und Vorhersagen erlauben. Das zugrunde liegende Menschenbild versteht den Menschen als reagierendes Objekt und ist der Naturwissenschaft als „objektiv erklärend" (Aschenbach, 1999, S. 185) verpflichtet.

Dieser methodische Zugang ist in der Psychologie weit verbreitet. So vermerkt Breuer (1996a): die „psychologische *Standardmethodologie* ... [ist] dem nomothetischen und quantifizierenden Erkenntnisideal der Naturwissenschaften verpflichtet" (S. 9, Hervorh. d. Autors). Weiter spricht er von „physikähnlichen Wissenschaftsauffassung" der Psychologie (1991, S. 19). Gleiches vermerkt

7 Untersuchungsmethodik

auch Kriz (1999) nach dem „die Hauptströmung akademischer Psychologie einer Wissenschaftsanschauung verhaftet [ist], bei der es vor allem um die *Messung von Effekten* geht, die „unabhängige" Variablen auf „abhängige" ausüben, sowie deren statistische Absicherung gegenüber Zufallseinflüssen" (S. 455, Hervorh. d. Autors). Aber auch die Einflüsse des Forschers selbst sind zu eliminieren. Nach Breuer (1991) gilt hier:

> Unter normativ-logifizierter Perspektive besitzt das Ideal wissenschaftlicher Objektivität höchsten Rang, womit zumeist die Subjektlosigkeit von Wissenschaft, die Abwesenheit der Person des erkennenden Subjekts und ihrer Einflüsse im Erkenntnisprodukt und möglichst auch im Erkenntnisprozeß, gemeint ist. Der subjektive Aspekt der Erkenntnis gilt dem Wissenschaftslogiker als zufällig, irrational und verfälschend. Objektive Erkenntnis ist davon zu reinigen. (S. 81)

Wie Sewz (2004) zeigt, resultiert diese Anlehnung an das naturwissenschaftliche Erkenntnisideal aus der historischen Ausdifferenzierung der Wissenschaftszweige Natur- und Geisteswissenschaften. Zur Legitimierung als Wissenschaft prägte diese Entwicklung das Selbstverständnis der Psychologie in Richtung quantitative Orientierung.

Devereux (1976) ist der Ansicht, dass „Verhaltenswissenschaftler, die die Tatsache stört, dass ihre Disziplin hinter der Naturwissenschaft zurückbleibt, versuchen, das durch die Nachahmung physikalischer *Verfahrensweisen* wettzumachen" (S. 27, Hervorh. d. Autors). Er fährt weiter fort: „Bedauerlicherweise kann die mechanische Übertragung von Techniken der Naturwissenschaften auf andere Wissenschaften – wie es beispielsweise beim *zwanghaften* Quantifizieren geschieht – zu dem logischen Trugschluß führen, daß reines Quantifizieren ein Datum wissenschaftlich mache" (ebd., Hervorh. d. Autors). Devereux tritt dafür ein, eher den Untersucher und seine Reaktionen auf die Untersuchungssituation zu betrachten. Das sind für ihn die „elementarsten Daten aller Verhaltenswissenschaften" (ebd., S. 21)

Die Orientierung an der Naturwissenschaft hält bis heute an – die „Abgrenzung der Psychologie über ihre Methodologie ist auch heute noch festzustellen" (Sewz, 2004, S. 231; s.a. Lück & Sewz, 2007). Auch in der Teildisziplin der Arbeits- und Organisationspsychologie ist diese Ausrichtung am naturwissenschaftlichen Ideal vorherrschend (Bungard, Holling & Schultz-Gambard, 1996). Dies zeigt sich nicht zuletzt durch Überblicksartikel (Solga & Blickle, 2006; Wegge & Kleinbeck, 2004), die die wissenschaftlichen Veröffentlichungen zur Arbeits- und Organisationspsychologie der jeweils letzten Jahre in deutschsprachigen Fachzeitschriften sichten. Hier werden Forschungsfelder und methodische Aspekte der einbezogenen Untersuchungen analysiert. Eine Differenzierung zwischen qualitativen und quantitativen Untersuchungen findet sich nicht. Eine telefonische Nachfrage bei einem der Autoren bestätigte den Eindruck: „die deutsche Arbeits- und Organisationspsychologie ist quantitativ (und damit dem naturwissenschaftlichen Erkenntnisideal verpflichtet, Anm. d. Autorin). Dessen bedarf es keiner weiteren, expliziten Erwähnung. Qualitative Untersuchungen (die zugleich einem anderen epistemologischen Standpunkt folgen, Anm. d. Autorin) – gibt es nur in verschwindend geringer Zahl und die Veröffentlichungsrate ist noch geringer (M. Solga, 2006, telefonische Mitteilung).

Eine quantitative Herangehensweise kann aus verschiedenen Gründen im vorliegenden Fall jedoch nicht den gewünschten Erkenntnisgewinn erzielen. Zum einen legen „die Hypothesen und die sich anschließenden Operationalisierungen ... beim quantitativen Vorgehen fest, was für die Untersuchung relevant ist und wie es erfasst wird. Somit wird nur das erhoben, was der Forscher noch vor Kenntnis des Objektbereiches für sinnvoll und notwendig erachtet" (Lamnek, 2005, S. 16-17; vgl. dazu auch Neuberger, 2002, S. 369). Ein sehr zugespitzter Standpunkt sieht die Vorabformulierung der Hypothesen als

> „Fenster", ... [das] möglichst spezifisch und damit klein geschnitten ist und [das] wie ein enger Filter wirkt, so daß vieles von vornherein aus der Konfrontation ausgeschlossen ist, ohne daß wir wissen können, wie viel und welche Falsifikationschancen, aber auch welche Entdeckungschancen damit ausgeschlossen worden sind (Oevermann, 2004, S. 456).

Wie eingangs dargelegt, liegen zur Angst von Führungskräften bislang nur sehr wenige Untersuchungen und Befunde vor. Das gilt in besonderer Weise für die spezifische Gruppe der Vorstände und Geschäftsführer, an der diese Untersuchung vorgenommen wird. Eine in der quantitativen Herangehensweise übliche deduktive Vorabformulierung der Hypothesen steht daher dem Erkenntnisziel der Untersuchung diametral entgegen. Denn es ist das Ziel, die vorhandenen Ängste und deren Bewältigung zu untersuchen. Eine vorab formulierte Hypothese, die auf dem wenigen, bisher vorhandenen Untersuchungsergebnissen basiert, würde zu einer zu starken Einschränkung führen. Folglich könnten Aspekte ausgeklammert werden, von denen zu Untersuchungsbeginn noch keine Kenntnis bestand und die daher auch nicht erfragt wurden.

Zudem werden in der quantitativen Forschung aufgrund der Beschränkung auf das tatsächlich Gegebene „nicht unmittelbar ersichtliche Phänomene und das Wesen der Dinge prinzipiell vom Erkenntnisprozess ausgegrenzt" (Lamnek, 2005, S. 8). Im gegenwärtigen gesellschaftlichen und organisationalen Klima ist zu erwarten, dass über Angst nicht offen berichtet wird. Freimuth und Stoltefaut (1997) sprechen in diesem Zusammenhang von einer „in unserer Kultur institutionalisierte[n] und ... zugleich internalisierten[n] Sicht der Managementrolle mit ihrem Omipotenzanspruch" (S. 122) und der „Aufrechterhaltung der Fassade

7 Untersuchungsmethodik

vom „nicht irritierbaren Alleskönner"" (S. 113, Hervorh. d. Autoren). Girmendonk (2001) schildert aus seiner Tätigkeit als Berater und Supervisor, dass, wer mit Emotionen und Ängsten in Organisationen offen umgeht, schnell als „Weichei" angesehen wird. Daraus ist schlusszufolgern, dass über vorhandene Ängste und Strategien zu deren Bewältigung nicht offen und explizit, sondern wenn überhaupt, eher indirekt berichtet wird. Es bedarf also einer Methodik, die die versteckt gehaltenen Ängste zu erfassen zu vermag. Quantitative Methoden der Datenerhebung und -auswertung eignen sich nur bedingt zur Erhebung indirekt vermittelter Informationen.

Neben der Tatsache, dass nur indirekt über das Phänomen gesprochen wird, wird im Rahmen dieser Untersuchung davon ausgegangen, das Anteile der Ängste und deren Bewältigung, dem Bewusstsein nicht oder nur zum Teil zugänglich sind. Diese Aspekte können durch quantitative Methoden schwerlich erfasst werden, sie sind aber in diesem Zusammenhang von Bedeutung und können nicht vernachlässigt werden.

Die zuvor benannten Spezifika dieses Untersuchungsobjektes und -feldes lassen den Schluss zu, dass sie nur mit einer Methode zu erfassen sind, die nicht auf die Erhebung im Vorhinein festgelegter Variablen ausgelegt ist. Vielmehr scheint hier ein Ansatz geeignet, der sich, soweit wie möglich, durch Unvoreingenommenheit[14] auszeichnet und dessen Wahrnehmungen durch möglichst wenige Filter begrenzt sind. Denn nur so kann in diesem Untersuchungsfeld diese spezifische Thematik Erkenntnis bereichernd untersucht werden. Die Tatsache, dass wenig offen über Ängste in diesem Arbeitskontext gesprochen wird, gibt Grund zu der Annahme, dass eine interpretative Herangehensweise der Auswertung, die die Berichte über die Ängste „als mit spezifischen Bedeutungen versehene Phänomene" (Lamnek, 2005, S. 243) versteht, mehr Erkenntnisgewinn und -tiefe verspricht.

Diesem Anspruch wird, wie im Folgenden aufgezeigt wird, der qualitative Ansatz eher gerecht. Auch wenn hinter den Begriff qualitative Forschung eine Vielfalt verschiedener Verfahren vereint sind (Rosenthal, 2005, S. 13), so soll doch versucht werden, die Grundprinzipien dieses Ansatzes darzulegen.

Die qualitative Forschung „zielt auf die intersubjektive Erfassung von (auch) subjektiven Sinnzusammenhängen ab und wendet sich verstärkt semantischen Bedeutungs- und Interpretationsfragen" (Aschenbach, 1999, S. 185, Hervorh. d. Autors) zu. Diese Forschungsrichtung will „Lebenswelten «von innen heraus»

---

14 In dem hier vertretenen Verständnis von qualitativer Forschung wird nicht davon ausgegangen, dass der Forschung ohne jegliches Vorwissen dem Feld begegnet. Vielmehr wird sich der Aussage Kleinings angeschlossen, die besagt: „Das Vorverständnis über die zu untersuchende Gegebenheit soll als vorläufig angesehen und mit neuen, nicht kongruenten Informationen überwunden werden" (1982, S. 231).

aus der Sicht der handelnden Menschen ... beschreiben" (Flick, von Kardoff & Steinke, 2005, S. 14, Hervorh. der Autoren). Es geht um die Analyse und das Nachvollziehen (Lamnek spricht hier von „fremdverstehen", 2005, S. 348) der individuellen Perspektiven und Lebenszugänge der Beforschten; also um „eine Subjektorientierung" (Lüders & Reichertz, 1986, S. 91). Ihre Bedeutungszuweisungen sollen beschrieben und nachvollzogen, rekonstruiert werden. Die Überprüfung vorab formulierter Hypothesen tritt also in den Hintergrund, und der „Weg von der Empirie zur Theorie" (Rost, 2003, [42]) soll hier beschritten werden.

Der qualitative Ansatz zeichnet sich durch verschiedene Grundprinzipien aus. Dies sind u.a.: Offenheit, Flexibilität, Forschung als Kommunikation, Prozesscharakter von Forschung und Gegenstand (Lamnek, 2005, S. 20 ff.).

Offenheit bezieht sich in diesem Zusammenhang auf den Verzicht der Hypothesenformulierung im Vorhinein. Diese wird als Filter verstanden, der die Wahrnehmung in eine bestimmte Richtung lenkt und damit einschränkt. Durch die Offenheit begegnet der Forscher dem Untersuchungsgegenstand möglichst unvoreingenommen und lässt auch Raum für Informationen, die von ihm zuvor nicht erwartet oder antizipiert wurden. Die Offenheit umfasst auch die Methodenwahl und die Strukturierung der Untersuchungssituation (Rosenthal, 2005, S. 13). Sollte sich eine Methodik als nicht geeignet oder wenig ergiebig für die interessierende Thematik herausstellen, kann eine andere gewählt werden. Flick (1998) spricht in diesem Zusammenhang von „methodologischer Triangulation" (S. 250), die zur „Anreicherung und Vervollständigung der Erkenntnis und der Überschreitung der (immer begrenzten) Erkenntnismöglichkeiten der Einzelmethoden" (ebd., Hervorh. d. Autors) dient.

Dem Prinzip der Flexibilität folgend kann auch der Untersuchungsablauf verändert werden, wenn die Hinweise sich verdichten, dass dies dem Erkenntnisfortschritt dienlich ist (Klenke, 2008, S. 11). Im quantitativen Ansatz ist dies nicht möglich, da die Methoden und der Ablauf zuvor festgelegt sind. Bezogen auf die Ängste der Führungskräfte eignet sich eine offene Herangehensweise, die eine Exploration dieses bisher wenig untersuchten Gebietes ermöglicht. Dadurch wird verhindert, dass nur die Arten und Folgen von Ängsten überhaupt erst angesprochen werden, über die vorherige Kenntnis besteht und eben solche, die nicht bekannt sind, außen vor bleiben. Zudem bietet die Möglichkeit, die Methode auch noch im Untersuchungsverlauf zu wechseln oder zu ändern, im Sinne eines größeren Erkenntnisgewinns Vorteile. So kann sich während der Untersuchung durchaus herausstellen, dass eine bestimmte Erhebungsmethode die Ängste nicht, oder nur unzureichend zu erfassen vermag und daher eine andere oder zusätzliche Methode zu wählen ist.

7 Untersuchungsmethodik

Der qualitative Ansatz versteht Forschung als Kommunikation (Lamnek, 2005, S. 20 ff.). Es wird nicht von einer Asymmetrie ausgegangen, bei der der Forscher ausschließlich derjenige ist, der Fragen stellt und der Beforschte Antworten dazu gibt, die der Forscher wiederum interpretiert (vgl. dazu auch Lawrence, 1998a, S. 44). Im qualitativen Ansatz geht es vielmehr um eine Kommunikation und Interaktion zwischen Forscher und Beforschten, die hier im Gegensatz zum quantitativen Ansatz nicht als Störgröße verstanden wird. Vielmehr wird sie dazu genutzt, um die Sichtweise des Beforschten besser verstehen und nachvollziehen zu können. In dieser Perspektive wird der Forschungsprozess und dessen Ergebnis durch die Teilnehmenden und den Forscher selbst gemeinsam konstruiert (Klenke, 2008, S. 11). Diese Sichtweise ermöglicht es, mit den Führungskräften in ein Gespräch zu kommen. Bei der sensiblen Thematik ihrer Ängste ist ein mitfühlendes Gespräch darüber dem Erkenntnisgewinn zuträglicher als vorab formulierte Fragen. Freimuth und Stoltefaut (1997) trafen in Einzelcoachings in Bezug auf Angst auf „ein verschlungenes Zusammenwirken von verschiedenen Einflussquellen, individueller Verdrängung, institutioneller Spiegellosigkeit und privater Sprachlosigkeit" (S. 113). Der Einsatz vorab formulierter Fragen würde diese Situation allenfalls weiterführen. Somit scheint es eher angebracht, diejenigen Führungskräfte, die bereit sind, über diese Thematik Auskunft zu geben, zu Wort kommen zu lassen, ihnen also die Möglichkeit zu geben, Ihren persönlichen Standpunkt in einer emphatischen Gesprächssituation darzulegen. Dies steht durchaus im Sinne Partingtons (2002), der für Führungskräfte konstatiert „it can be an enjoyable, even therapeutic, experience to be interviewed by someone who is prepared to listen sensitively and without interruption" (S. 144).

Das Merkmal des Prozesscharakters trägt der Tatsache Rechnung, dass die Erhebungssituation den Sachverhalt konstituiert. Ohne die Anwesenheit der Forscherin in der Interviewsituation wären eine solche Situation und ein solches Gespräch über Angst nicht entstanden. Die Autorin selbst hat also konstitutiven Anteil an der Forschungssituation sowie den Ergebnissen (Lamnek, 2005, S. 23).

Psychologische Befragungen sollen Auskunft darüber geben, was Menschen denken und fühlen (vgl. dazu z.B. Zimbardo, 1992). In Analogie zur Werkstoffprüfung soll die Messung dabei zerstörungsfrei sein, d.h. sie soll das untersuchte Individuum nicht verändern und möglichst unbeeinflusst durch jedwede (störenden) Einflüsse von außen sein. Dieses „Phantom der Störungsfreiheit" (Mruck & Mey, 1997, S. 285), das vorrangig eine der Grundsätze der quantitativen Forschung ist, hat sich auch in Teilen der qualitativen Forschung ausgebreitet (ebd). Das Primat ist, dass die Messung nur die Gedanken und Gefühle des untersuchten Individuums erfassen sollte und selbst möglichst keine eigenen Reaktionen zur Folge haben. Die Messung sollte also nichtreaktiv sein (vgl. dazu z.B.

Bungard et al., 1996). Denn sonst wird im eigentlichen Sinne nicht das Individuum mit seinen Eigenheiten, sondern, auch dessen Reaktionen auf die Messung erfasst (Ahrens, 1999). Die Ergebnisse dieser reaktiven Messungen werden als Artefakte, also „durch konfundierende Variablen verfälschte Ergebnisse" (Bungard, 1984, S. 31), verstanden. Wobei andere Autoren (Wiendieck 1980; Nachreiner, 1980) darauf hinweisen, dass nicht die Messung selbst das Artefakt produziert. Vielmehr zeichnet eine Ergebnisinterpretation durch den Forscher, die die Reaktionen des untersuchten Individuums auf die Messung vernachlässigt, dafür verantwortlich.

Um mit der Reaktivität der Messung umzugehen, gibt es verschiedene Ansätze. Es kann beispielsweise auf nichtreaktive Meßmethoden zurückgegriffen werden (Bungard et al., 1996, S. 110 f.), bei denen die untersuchten Individuen nicht wissen, dass sie an einer Untersuchung teilnehmen (vgl. dazu und zu weiteren Methoden der Artefaktkontrolle Bungard, 1984).

Für die Untersuchung der Angst von Führungskräften ist diese Maßgabe der Nichtreaktivität nur schwer zu realisieren und auch nicht sinnvoll. Denn es ist zu erwarten, dass die Einhaltung dieser Maßgabe dem Erkenntnisgewinn abträglich wäre. Wie bereits ausgeführt, wird „in Führungsetagen" über das Thema wenig bis gar nicht gesprochen. Die Thematisierung im Rahmen einer Untersuchung kann eine (zeitweilige) verstärktere Beschäftigung und Bewusstmachung des Themas bei den Einzelnen zur Folge haben. Diese gedankliche und emotionale Beschäftigung kann dazu führen, dass sich die Führungskräfte überhaupt zu diesem Thema äußern.

Über Angst zu sprechen, kann auch noch weitere Effekte haben. So kann durch die damit verbundene stärkere Auseinandersetzung eine Entwicklung angestoßen werden. Grundsätzlich wird unterschieden zwischen ermittelnden und vermittelnden Interviews (Lamnek, 2005, S. 332 ff). Das (Erkenntnis-)Ziel des ermittelnden Interviews ist die Abfrage von Informationen. Beim vermittelnden Interview hingegen soll der „Interviewte zur Beschäftigung mit der behandelten Materie angeregt" (ebd., S. 332) werden und dies soll ihn zu „neuen Erkenntnissen" (ebd.) führen. In diesem Sinne stellt Bröckermann (1989) fest, dass im Kontext der Angst von Führungskräften das Gespräch darüber eine „Lernsituation und … ein erster Ansatz für die Veränderung jener eingefahrenen Strukturen [sein kann], die Führungsängste forcieren und zugleich zu Angstabwehr-Zwecken genutzt werden" (S. 296) kann. Zur Untersuchung der Ängste von Führungskräften und deren Bewältigung ist also die Reaktivität der Messung für das Erkenntnisziel eher zuträglich und weniger eine Störgröße, die es zu eliminieren gilt.

7 Untersuchungsmethodik 91

Vertreter der Argumentation, Artefakte resultierten nicht aus der Methode, sondern aus der „inadäquaten Handhabung von Methoden durch den Forscher" (Nachreiner, 1980, S. 187) wie auch der Missinterpretation der Ergebnisse (Wiendieck, 1980), treten nicht für die Anwendung nichtreaktiver Messverfahren, sondern favorisieren einen anderen Ansatz. So plädiert Nachreiner (1980) für eine „explizite Problematisierung" (S. 187) von Artefakten, die sich durch eine (selbst)kritische Hinterfragung der eigenen Untersuchung und Ergebnisinterpretation auszeichnet. Einen ähnlichen, wenn auch noch drastischer formulierten Ansatz vertritt Devereux (1976). Ihm zufolge kann „der Verhaltensforscher … die Interaktion zwischen Objekt und Beobachter nicht in der Hoffnung ignorieren, sie werde sich schon allmählich verflüchtigen, wenn er nur lange genug so täte, als existiere sie nicht" (ebd., S. 19). Er vertritt den Standpunkt, dass die Messung keine oder wenige Aussagen über das Objekt der Untersuchung erlaubt. Vielmehr, so fährt er fort, „scheint alles darauf hinzuweisen, daß das Objekt, das am ehesten dazu taugt, wissenschaftlich Auswertbares zu manifestieren, der Beobachter selbst ist …. nicht die Untersuchung des Objekts, sondern die des Beobachters eröffnet uns einen Zugang zum Wesen der Beobachtungssituation" (ebd., S. 20).

Im Rahmen dieser Untersuchung wird eine gemäßigte Variante dieser Extremposition eingenommen. Im Gegensatz zur absoluten Ausklammerung und Nichtbeachtung des Einflusses des Forschers soll bewusst damit umgegangen werden, er soll methodisch reflektiert und genutzt werden. In diesem Sinne fordert auch Breuer „die Selbstthematisierung und die "Eigenresonanzen" des Forschers und der Forscherin sollen im Kontakt mit dem Gegenstand bzw. dem Feld (Verlangen, Abwehr, Ängste etc.) beachtet und als Erkenntnisquellen fruchtbar gemacht werden" (1996b, S. 15, Hervorh. d. Autors). Der Argumentation Schorns (2004) ist durchaus zu zustimmen, wenn sie den Standpunkt vertritt, dass der Einfluss des Forschers „nur dann eine erkenntnisverzerrende und somit problematische Variable [ist], wenn er nicht erkannt, reflektiert und in seiner Bedeutung für das Thema verstanden wird" (S. 71). Folglich soll auch diesen Aspekten Beachtung geschenkt und sie in die Interpretation mit einbezogen werden.

Innerhalb des qualitativen Forschungsansatzes gibt es eine Vielzahl von Methoden, die interessierenden Sachverhalte zu erheben. Lamnek (2005) zufolge ist die teilnehmende Beobachtung die „qualitative Methode par excellence" (S. 329) und das Interview sei auf dem Wege, der „Königsweg" (ebd.) der Erhebung zu werden. Ferner erstreckt sich das Methodenspektrum über Gruppendiskussion, Feldbeobachtungen, Film-, Foto- und Artefaktanalyse und das qualitative Experiment, um nur einige zu nennen (s. Flick et al., 2005; Kühl & Strodtholz 2002; Lamnek, 2005).

Für die Untersuchung der Führungskräfte und Ihrer Ängste empfiehlt sich die Interviewmethode. Dieses Verfahren ist für die Gruppe der Vorstände und Geschäftsführer von daher besonders geeignet, da hier eine große Nähe zu alltäglichen Situationen dieser Gruppe besteht. Insofern ist hierbei von dieser Gruppe eine größere Bereitschaft zur Preisgabe von intimeren Inhalten zu erwarten, als dies z.b. bei einem eher alltagsfernen und zudem weniger zeitökonomischen Verfahren wie z.b. dem qualitativen Experiment der Fall ist. Das Interview ist verhältnismäßig zeitökonomisch zu realisieren. Die Termine können den Bedürfnissen der Einzelnen entsprechend vereinbart werden. Des Weiteren lässt sich bei dieser Erhebungsmethode erreichen, dass vertrauliche Details, die den Arbeitskontext, nicht aber unbedingt die Untersuchung betreffen, außen vor bleiben. So wäre die teilnehmende Beobachtung z.b. einer Vorstandssitzung sicherlich auch zur Analyse geeignet. Die Vertraulichkeit der dort verhandelten Inhalte würde allerdings die Anwendung und Akzeptanz dieser Methode erheblich erschweren. Zudem ist in einem Einzelgespräch eine höhere Bereitschaft zu erwarten, sich zu öffnen und persönliche Dinge preiszugeben. Insofern scheint, unter den im Feld gegebenen Bedingungen, das Interview als die am besten realisierbare und geeignete Methode.

7.1 Das Interview als Erhebungsmethode

Das qualitative Interview gibt es nicht. Vielmehr wird unter dem Begriff des qualitativen Interviews eine Gruppe verschiedener Verfahren zusammengefasst. Als Unterscheidungsmöglichkeiten werden u.a. die Dimensionen Intention des Interviews und Interviewsteuerung benannt (Mey & Mruck, 2007; Hopf, 2005; vgl. Lamnek, 2005, S. 329 ff für weitere Unterscheidungsdimensionen).

Wie zuvor ausgeführt kann bei der Intention des Interviews zwischen ermittelnden und vermittelnden Interviews unterschieden werden. Die Interviewsteuerung bezieht sich auf den Grad der Strukturierung und der Standardisierung des Interviews. Strukturierung meint dabei, wie viel Raum der Art und Weise, wie der Befragte üblicherweise spricht, gelassen wird. Eine starke Strukturierung wird durch weitreichende Eingriffe des Interviewers erreicht, indem dieser beispielsweise einen ausgearbeiteten Leitfaden nutzt und die „Abarbeitung" der Fragen im Vordergrund steht. Wenig Strukturierung lässt dem Befragten viel Raum, den Standpunkt frei, erzählend (narrativ) und auf seine eigene Weise darzulegen.

Eng mit der Strukturierung ist die Standardisierung verknüpft. Dieses Merkmal bezieht sich darauf, wie genau die Interviewfragen und deren Reihenfolge vorab festgelegt wurden. Bei einem geringen Grad an Standardisierung

7.1 Das Interview als Erhebungsmethode

sind die Fragen vorab nicht genau formuliert, sondern dem Interviewer bleibt es überlassen, die genaue Formulierung dem Gespräch und Gesprächspartner anzupassen. Die Reihenfolge der Fragen kann ebenfalls auf den Gesprächsverlauf hin angepasst werden, um so den Erzählfluss des Befragten nicht unnötig zu unterbrechen. Die Vorteile einer starken Standardisierung liegen in der besseren Vergleichbarkeit der gewonnenen Daten (Lamnek, 2005, S. 341). Die Vorteile einer geringen Standardisierung liegen darin, dass sich so ein ganzheitlicheres Bild des Befragten ergeben kann. Wenn er möglichst frei über die interessierende Thematik sprechen kann, wird er, ohne den Filter dessen, was der Forscher zuvor theoretisch antizipiert hat, seine Sicht der Dinge schildern.

Wie bereits dargelegt, ist für den vorliegenden Fall eine vermittelnde Interviewform dem Erkenntnisgewinn dienlich. Eine starke Strukturierung und Standardisierung kann dem Ziel der Untersuchung nicht gerecht werden. Es besteht zu wenig Vorwissen, als dass im Vorhinein festgelegte Fragen das Feld erfassen könnten. Vielmehr würden diese Fragen die Interviewsituation zu stark prädeterminieren, was zur Folge haben könnte, dass die Ergebnisse zwar dem Vorverständnis entsprechend ausfallen, der sozialen Wirklichkeit des Befragten aber zu wenig gerecht werden (Lamnek, 2005, S. 339). Eine weniger strukturierte Herangehensweise lässt den Befragten den Raum, ihre eigene Relevanzstruktur zu entfalten, und nur so ist es möglich, die soziale Wirklichkeit des Befragten nachzuvollziehen, sie zu rekonstruieren. Von daher scheiden stark strukturierte und standardisierte Interviewformen aus. Andererseits muss eine gewisse Strukturierung vorgegeben werden. Es ist nicht angezeigt, die Offenheit so weit auszudehnen, dass die Thematik schließlich durch den Befragten „mehr oder weniger voll determiniert" wird, wie dies beispielsweise im Falle des rezeptiven Interviews der Fall ist (Lamnek, 2005, S. 373). Ebenso scheidet das narrative Interview aus, das sich dadurch kennzeichnet, dass eine „erzählgenerierende Frage" (Hopf, 2005, S. 355) eine Erzählung (narration) über die eigene Biographie anstößt (Brüsemeister, 1999, S. 85 ff). Diese Form der Interviewführung ist für die Untersuchung der Ängste im Führungskontext zu wenig strukturiert, da sie keine Möglichkeit bietet, den Bericht auf spezifische Aspekte wie z.B. die durch die Organisation verursachten Ängste zu lenken. Zudem steht die Biographie der Befragten nicht im Vordergrund der Untersuchung.

Andererseits erscheinen sehr stark standardisierte und strukturiere Verfahren dem Erkenntnisziel ebenfalls entgegengesetzt. Denn für diese Untersuchung soll das Prinzip der Zirkularität (Flick, 1998, S. 60 ff.) genutzt werden, demzufolge eine Veränderung bzw. Anpassung des Leitfadens vorgenommen werden kann, um so das Interessierende genauer zu erfassen. Der aus den Vorannahmen entwickelte Leitfaden wird somit als vorläufig verstanden und muss immer wieder auf die Gegebenheiten angepasst werden, wie Sie im Feld angetroffen werden. Konkret bedeut dies, dass es sich durchaus ergeben kann, dass eine Frage überflüssig erscheint bzw. besser eine andere in den Leitfaden aufgenommen wird. Dieser kann also in Reaktion auf das Feld überarbeitet wird.

Das themenzentrierte Interview (Schorn, 2004; Schorn, 2000; Schorn & Mey, 2005; Tietel, 2000) wird den o.g. Erfordernissen am ehesten gerecht und es erscheint daher für die Untersuchung der Ängste von Führungskräften am besten geeignet. Bei dieser Interviewform handelt es sich um eine Weiterentwicklung des problemzentrierten Interviews nach Witzel (Witzel, 1985; Lamnek, 2005). Es verfolgt aber ein anderes Erkenntnisziel. Das problemzentrierte Interview dient der Erfassung „individueller Handlungen sowie subjektiver Wahrnehmungen und Verarbeitungsweisen gesellschaftlicher Realität" (Witzel, 2000, Abs. 1). Es geht also um die Erfassung subjektiver Sinnbezüge.

Diese sollen auch im vorliegenden Fall erfasst werden, das themenzentrierte Interview geht allerdings noch einen Schritt weiter, der für die Untersuchung der Ängste erforderlich ist. Durch das themenzentrierte Interview sollen „neben manifesten auch abgewehrte und latente Sinngehalte des Kommunizierens" (Schorn, 2004, S. 71) entschlüsselt werden. Das Verfahren bietet also die Möglichkeit, auch schwerer zugängliche und vor allem nicht sofort sichtbare Aspekte der Ängste und deren Bewältigung zu erfassen. Dies entspricht dem Erkenntnisinteresse dieser Untersuchung insofern, als dass angestrebt wird, auch weniger offensichtliche Aspekte zu erheben.

Das themenzentrierte Interview bietet die benötigte Offenheit, denn die Fragen darin sind „offen formuliert, [so]dass der Gesprächspartner die Führung übernehmen und es in seiner Art und Weise ausgestalten kann" (Schorn & Mey, 2005, S. 292). Somit können die Befragten die Form Ihrer Antworten selber bestimmen und haben zugleich großen Einfluss auf die Inhalte des Interviews. Das heißt, dass einerseits Fragen behandelt werden, die durch das Vorwissen über die Thematik entstanden sind. Aber der Befragte kann auch neue Aspekte einbringen. Das ist für die Untersuchung der Ängste besonders wichtig, da aufgrund der geringen vorhandenen Untersuchungen dazu möglichst offen und explorativ vorgegangen werden soll.

Die Rolle des Interviewers ist im themenzentrierten Interview aktiver, als dies in anderen Interviewformen der Fall ist. Dem naturwissenschaftlichen Ideal folgend sollte sich der Forscher zurücknehmen und das Feld sowenig wie möglich beeinflussen (s.o.). Daraus entstand das Postulat, dass sich der Interviewer als Person im Interview so weit wie möglich zurück hält, da sonst die Gefahr von Artefakten (z.B. vergleichbar mit Versuchsleitereffekten) droht. Dies erscheint jedoch nicht zuletzt vor der Aussage, dass es unmöglich ist, „nicht nicht zu kommunizieren" (Watzlawick, Beavin & Jackson, 1996, S. 51). Der Forscher wird also qua schierer Existenz einen Einfluss nehmen, auch wenn er sich noch so sehr als Person zurücknimmt. Darüber hinaus wird durch dieses Verhalten des Forschers eine Situation erzeugt, die der Befragte als künstlich, irritierend und alltagsfern erlebt (Schorn, 2004; Mey & Mruck, 2009, S. 100). Dies steht jedoch der Schaffung einer vertrauenswürdigen Gesprächsatmosphäre entgegen, wie sie besonders im aktuellen Forschungsvorhaben benötigt wird. Denn nur in einer vertraulichen Atmosphäre ist zu erwarten, dass die Führungskräfte bereit sind, sich zu öffnen und über ihre Ängste zu berichten. Des Weiteren soll das Verlassen der üblichen neutralen Position des Interviewers für den Erkenntnisgewinn genutzt werden. Der Tradition Devereuxs (1976), Breuers (2009) wie auch Jahodas (1983) folgend sollen die Eindrücke, die das Interview bei der Interviewerin hinterlassen haben, dem Erkenntnisprozess zugeführt und nutzbar gemacht werden. Dadurch soll die Perspektive erweitert werden und eine ganzheitlichere Sichtweise ermöglicht werden.

7.2 Grounded-Theory-Methodologie

Die Grounded-Theory-Methodologie gehört zu den in Deutschland häufig verwendeten Verfahren (Mruck, 2000, Abs. 29; Mey & Mruck, 2009, S. 102). Die Prominenz eines Verfahrens ist allerdings kein hinreichender Grund, für die Entscheidung es anzuwenden. Vielmehr sollte, wie bereits ausgeführt, die Gegenstandsangemessenheit den Ausschlag geben. Daher wird die verwandte Methodologie kurz vorgestellt und deren Angemessenheit belegt werden. Die Grounded-Theory-Methodologie ist das einzige Verfahren, das für die Bearbeitung jede der drei Forschungsperspektiven („subjektiver Sinn", „sozialer Sinn", „vorgedeuteter Sinn", vgl. Lüders & Reichertz, 1986) verwendet werden kann (vgl. Reichertz, 2007). Für die vorliegende Untersuchung ist dies von besonderer Relevanz, da sowohl die individuell verursachenden, als auch die interaktional und organisational bedingenden Faktoren der Ängste untersucht werden sollen. Zudem wird auf psychoanalytische Konzepte zu deren Deutung zurückgegriffen, was dem „vorgedeuteten Sinn" entspricht.

Der Begriff Grounded Theory wird ins Deutsche als „datenbasierte Theorie" (Lamnek, 2005, S. 100), „gegenstandsbegründete oder –verankerte Theorie" (Böhm, 2005, S. 476) oder „gegenstandsbezogene Theorie" (Mayring, 2002, S. 103) übersetzt. Eine die tatsächliche Bedeutung genauer treffende Bezeichnung findet sich bei Kelle (1997, S. 283), der Grounded Theory als „die Methode der empirisch fundierten Theoriebildung" benennt. Denn streng genommen ist die Grounded Theory nur das Ergebnis eines Prozesses zu Entdeckung und Entwicklung von Theorien. Daher muss korrekterweise von der Grounded-Theory-Methodologie gesprochen werden (vgl. Truschkat et al., 2005, [1]). Der besseren

Lesbarkeit halber wird im Folgenden für die Grounded-Theory-Methodologie die Abkürzung GTM und nicht der Begriff Grounded Theory verwandt, auch wenn sich dieser im Deutschen als Bezeichnung für das Verfahren eingebürgert hat (Strauss & Corbin, 1996, S. IX; Mey & Mruck, 2009, S. 104).

Aus der Kritik am hypothetiko-deduktiven Paradigma und seiner Kluft zwischen Theorie und Praxis (vgl. dazu Lamnek, 2005, S. 101f; Kelle, 1997, S. 285f; Glaser & Strauss, 1998, S. 11f) entwickelten Barney G. Glaser und Anselm L. Strauss Ende der 1960er Jahre (Glaser& Strauss, 1967; Glaser, 1965) die GTM. Ziel dieser Methodologie ist nicht die Überprüfung von Hypothesen, sondern die Entwicklung einer Theorie (Strauss & Corbin, 1996, S. 39). Die GTM ist keine in Stein gemeißelte Methodologie mit einheitlicher und fest vorgegebener Reihenfolge, sondern es handelt sich dabei eher um eine Reihe von Verfahren (Kelle, 1997, S. 283). Diese sind nicht sklavisch zu befolgen, sondern in gewissem Umfang auch an den Untersuchungsgegenstand anzupassen (Strauss & Corbin, 1996, S. 91; Truschkat et al., 2005, [2]; Strauss 1994, S. 32). Zunächst verstanden Glaser und Strauss die Methode als induktiven Prozess, bei dem die Datensammlung ohne Kenntnis der dazu vorhandenen Theorien beginnen sollte. Die Autoren empfehlen „literally to ignore the literature of theory and fact on the area under study" (Glaser & Strauss, 1967, S. 37). Nach zunächst gemeinsamer Forschungs- und Publikationstätigkeit, trennten sich die Wege der Autoren und beide entwickelten die GTM auf Ihre Art und Weise weiter. Dabei arbeitete Strauss zunächst allein, später mit J. Corbin zusammen. Oberflächlich betrachtet erscheinen die beiden Ansätze relativ ähnlich. Aber, so führt Strübing (2008) aus, es seien die unterschiedlichen wissenschafts- und erkenntnistheoretischen Rahmen, in die die beiden Herangehensweisen eingebettet sind, die die Unterscheidung ermöglichen. Unter deren Berücksichtigung werde deutlich, dass es sich „tatsächlich um zwei grundverschiedene Verfahren qualitativer Sozialforschung handelt" (S. 76). So ist es in der Weiterentwicklung der GTM nach Glaser nicht gelungen, die "starke[n] induktivistische[n] Restbestände" (Kelle, 1997, S. 322) zu eliminieren. Diese finden sich in dem Verfahren zwar durchaus schon seit dem Zeitpunkt seines Entstehens (s.o.). Aber „Strauss hingegen steht für ein wesentlich differenzierteres und forschungslogisch besser begründetes Verfahren, das insbesondere in der Frage des Umgangs mit theoretischem Vorwissen sowie im Hinblick auf die Verifikationsproblematik sorgfältiger ausgearbeitet ist" (Strübing, 2008, S. 76). Zudem unterscheiden sich in den beiden Ansätzen die Vorgehensweisen des Kodierens, die Bedeutung der Fragestellung und die des Kodierparadigmas.

Der Ansatz Glasers, der nicht über den „radikalen Induktivismus" (Kelle, 1997, S. 336) hinausgeht, erscheint für die Untersuchung der Ängste von Führungskräften wenig geeignet. Zum einen erscheint es unmöglich, wie auch wenig

7.2 Grounded-Theory-Methodologie

sinnvoll, sich, wie von Glaser gefordert, von allen vorhandenen theoretischen Vorannahmen zu lösen. Eine mögliche Konsequenz daraus wäre, dass die Datenauswertung kaum in einer zusammenfassenden, umspannenden Theorie münden würde, denn eher in „unzusammenhängenden Beschreibungen und Einzelbeobachtungen" (Kelle, 1997, S. 39). Ziel der vorliegenden Arbeit ist es aber, ein über die reine Deskription hinausgehendes theoretisches Modell zu entwickeln. Zum anderen argumentiert Glaser, dass die Verifikation der Kodierungen am Material selbst überflüssig sei (Kelle, 1997, S. 336). Die GTM würde nicht Hypothesen formulieren, sondern Tatsachen beschreiben und daher erübrigen sich die Verifikation (ebd., S. 337). Hier ist Kelle beizupflichten, wenn er formuliert, „dass Glaser das erkenntnistheoretische Problem einer *deskriptiven Unerschöpflichkeit empirischer Phänomene* schlicht ignoriert" (ebd., S. 337, Hervorh. d. Autors). Daher erscheint die GTM nach Strauss und Corbin als die am besten geeignete Methode, um ein theoretisches Modell der Ängste von Topführungskräften zu entwickeln. Insofern wurde diese Methodologie angewandt.

7.2.1 Samplingverfahren

Ein Kernelement der GTM ist das besondere Samplingverfahren, das theoretical sampling. Dabei geht es darum, die Stichprobe nicht á priori festzulegen. Denn es ist unmöglich, bei einem Forschungsgegenstand, der noch unbekannt ist, vorab festzulegen, welche Personen dazu relevante Informationen geben könnten. Nach Merkens (2005) gilt, dass „die Vorstellungen vom Fall am Beginn der Untersuchung noch vage sind und sich erst im Verlauf der Untersuchung herauskristallisieren. Insofern kann auch am Beginn noch kein Fall konstruiert werden. Die Konstruktion des Falls wird in den Forschungsprozess selbst verlagert" (S. 297). Beim theoretical sampling und damit bei der gesamten GTM steht ein zirkuläres Vorgehen im Vordergrund und zwar der „Kreislauf zwischen Datenerhebung, Kodieren und Memoschreiben" (Strauss, 1994, S. 47; vgl. a. Strübing, 2008, S. 14) wie die folgende Abbildung verdeutlicht.

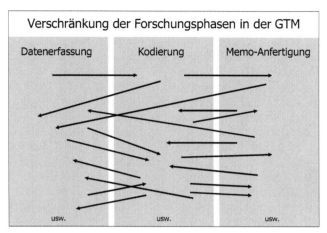

Abbildung 4: Verschränkung der Forschungsphasen der GTM
Eigene Darstellung in Anlehnung an Strauss, 1994, S. 46.

So sollte also zunächst ein Datum gesammelt werden, also z.B. ein Interview geführt werden und dann sollte mit der Auswertung begonnen werden. „Sampling und Analyse müssen aufeinander folgen, wobei die Analyse die Datensammlung leitet. Ansonsten verletzt der Forscher eine der grundlegenden Kriterien der GTM: Sampling auf Basis der sich entwickelnden theoretischen Relevanz der Konzepte" (Strauss & Corbin, 1996, S. 150). Die Ergebnisse dieser ersten Auswertung bestimmen also die weiteren Erhebungsschritte und diese wiederum die weiteren Auswertungsschritte oder wie Corbin und Strauss es ausdrücken: „data collection and analysis are interrelated processes" (1990, S. 419). Die in der quantitativen Forschung wichtige Bezugsgröße der Repräsentativität ist hier nicht von Belang, da das Ziel des samplings ein anderes ist. Beim theoretical sampling im Rahmen der GTM „werden Personen ... nach ihrem (zu erwartenden) Gehalt an Neuem für die zu entwickelnde Theorie aufgrund des bisherigen Standes der Theorieentwicklung in die Untersuchung einbezogen" (Flick, 1998, S. 82). Dementsprechend bildet nicht das Erreichen einer für die relevante Population repräsentative Stichprobe den Endpunkt des samplings, sondern es werden bis zum Erreichen einer „theoretischen Sättigung" (Strauss & Corbin, 1996, S. 159) Daten erhoben. Wenn also in den Daten keine neuen Aspekte mehr auftauchen, die Kategorienentwicklung abgeschlossen und deren Beziehungen untereinander ausgewertet sind (ebd.), ist diese theoretische Sättigung erreicht.

7.3 Interviews dieser Untersuchung

Im Falle der vorliegenden Untersuchung wurde die Samplingverfahren des theoretical samplings angewandt, wenn auch in geringfügiger Anpassung an den Untersuchungsgegenstand. Diese Anpassung ist jedoch keineswegs als eine problematische Abweichung von dem beschriebenen Verfahren anzusehen (vgl. dazu Brüsemeister, 1999, S. 138; Truschkat, Kaiser-Belz & Reinartz, 2007, S. 255). Der Arbeitsalltag von Topführungskräften ist generell durch ein sehr hohes Arbeitspensum mit enger terminlicher Taktung gekennzeichnet. Daher war es nicht immer möglich, die Interviews komplett nach den Zeiterfordernissen der Forscherin und dem Auswertungsstand der vorhergegangenen Interviews zu terminieren. Wenn eine Führungskraft Bereitschaft zu einem Interview zeigte, richtete sich die Forscherin zumeist nach deren Terminplan. Es ergab sich zunächst die Möglichkeit, fünf Interviews innerhalb weniger Tage zuführen. Zwischen diesen ersten Interviews wurde bereits mit der Analyse begonnen, was konkret die Erstellung der ersten Kodes bedeutete. Diese und weitere Ergebnisse der Analyse führten unter anderen dazu, die zunächst verwandte Cover Story (vgl. 0) fallen zu lassen und die Interviewpartner direkt auf das interessierende Thema, ihre Angst, anzusprechen. Dann wurden die Interviews und die Analyse weiter fortgeführt. Es wurden in der Folge ein bis zwei Interviews pro Monat geführt, was schließlich in 21 Interviews in dem Zeitraum zwischen Oktober 2007 und November 2008 resultierte.

7.3 Interviews dieser Untersuchung

Zwischen Herbst 2007 und Winter 2008 wurden 21 Interviews durch die Autorin geführt. Eingang in die vorliegende Untersuchung fanden 18 davon. Als Ausscheidenskriterium stellte sich zweimal die besondere Position der Interviewpartner heraus. Eine Person arbeitete als alleinige Person selbständig, die andere hielt eine politische und derart herausgehobene Position, dass Zitate auch nach Anonymisierung einzeln hätten genehmigt werden müssen. Bei dem dritten Interview waren die Erwartungen des Interviewpartners sehr different von dem tatsächlichen Interview, was schließlich zum Ausschluss des Interviews führte. Die deutliche Mehrzahl der Interviewten (15 von 18) hatte des 50ste Lebensjahr überschritten. Dies entspricht der Vorannahme, dass erfahrenere Personen ein weniger stark ausgeprägtes Bedürfnis nach Bestätigung haben und zugleich auch über mehr relevante Erfahrungen in dem interessierenden Thema verfügten. Bei jüngeren Interviewpartnern wurde vermutet, dass diese stärker daran interessiert sind, sich in ihrer Position und damit auch im Interview zu beweisen. Hier bestand die Vorannahme, dass diese Konstellation dem Erkenntnisgewinn entgegensteht. Daher kam dieser Personenkreis für die Untersuchung weniger in Frage. Alle Interviewpartner, die in die Untersuchung aufgenommen wurden, gehören oder gehörten der obersten Hierarchieebenen an bzw. berichten direkt an sie. Die Gewinnung der Interviewpartner geschah durch Vermittlung des Doktorvaters und eines Professors einer anderen Universität, der das Projekt unterstützen wollte, sowie durch persönliche Kontakte im Umfeld der Autorin. Den Interviewpartnern wurde das Projekt per Brief durch den Doktorvater oder per Mail durch die Autorin kurz vorgestellt und um Teilnahme gebeten. Das Anschreiben enthielt auch Informationen über den zeitlichen Rahmen des Interviews und die Versicherung der vertraulichen Behandlung der Inhalte, auch der vermittelnden Person gegenüber. Des Weiteren wurde erwähnt, dass das Gespräch elektronisch aufgezeichnet werden würde.

7.3.1 Cover Story

Die ersten vier Interviews wurden mit einer Cover Story angebahnt und unter Vorgabe derselben geführt.

Die Verwendung einer Cover Story ist aus der quantitativ-experimentellen Forschung bekannt. Es handelt sich dabei um eine „falsche, aber plausible Erklärung für den Zweck eines Experiments" (Manstead, 2007, S. 54). Dieses Vorgehen ist in Psychologie bekannt, aber nicht unumstritten (vgl. z.B. Ethische Richtlinien des BdP, Berufsverband Deutscher Psychologinnen und Psychologen e.V., o.J.), Denn letztlich geht es dabei darum, die Versuchsperson wissentlich über den Zweck der Untersuchung im Unklaren zu lassen, sie somit unter Umständen sogar zu täuschen. Durch dieses Vorgehen soll vermieden werden, „dass vorinformierte Personen ihr Verhalten im Experiment auf Grund von Selbstdarstellung verändern" (Bierhoff, 2002, S. 27).

Im vorliegenden Fall war das Ausmaß der tatsächlichen Täuschung relativ gering, denn es wurde keine falsche Erklärung über den Untersuchungszweck dargeboten, sondern nur das Wort „Angst" vermieden. Dennoch wurde dieser Punkt von der Forscherin als kritisch angesehen und war immer wieder Grund für ein ganz konkretes Unbehagen den Interviewten gegenüber.

Konkret erhielten die ersten Interviewpartner die Information, dass die Untersuchung den Zweck hatte, Führung in non-routine Situationen zu untersuchen. Dabei sollte der Frage nachgegangen werden, wie Führungskräfte mit diesen außeralltäglichen Situationen umgehen. Diese Formulierung wurde als eine im Managementdiskurs übliche verwandt. Damit sollte einerseits erreicht werden, dass sich möglichst viele Personen von der Thematik angesprochen fühlten. Die direkte Benennung des Wortes Angst sollte umgangen werden, da es sich dabei in Managementkreisen um ein eher gemiedenes Wort handelt wie das oben auf-

7.3 Interviews dieser Untersuchung

geführte Zitat von Panse und Stegmann (1998; vgl. Kap. 1.1) eindrücklich zeigt. Andererseits erschien die Formulierung offen genug, um auch andere Gefühle, die in unbekannten Situationen ebenso auftreten können, ebenfalls darunter fassen zu können. Bei der Formulierung der Cover Story wurde hier an die Wahrnehmung einer Herausforderung gedacht, was, wie sich später bestätigte, auch von vielen Manager als Begriff dafür verwendet wird.

In den Interviews, die mit Cover Story geführt wurden, wurde der Begriff Angst von der Interviewerin erst zu dem Zeitpunkt verwendet, als er von einem Interviewten zuvor selbst genutzt wurde. Erst danach folgte dann seitens der Interviewerin eine Vertiefung dieses Themas. Von einem Interviewten wurde das Wort Angst gar nicht verwandt (Jockmann), also konnte das eigentliche Thema auch eher nur umkreist werden.

Mehrere Gründe führten dazu, die Cover Story nach vier Interviews nicht mehr zu verwenden und die Interviewten über den tatsächlichen Zweck der Untersuchung zu informieren. Zum ersten stellte sich bei der Auswertung der Interviews, die mit Cover Story geführt wurden, heraus, dass die Aussagen sehr schwer mit dem Thema Angst in Verbindung gebracht werden können. Wenn das Wort Angst nicht direkt benannt wird, umkreisen die Aussagen die Thematik, aber der verbleibende Interpretationsspielraum bleibt zu groß. Da in diesem Falle keine Nachfragen gestellt werden können, ist oftmals nicht eindeutig festzulegen, ob die gemachten Aussagen wirklich Angst meinen. Daher ist die Wahrscheinlichkeit, den Daten Konzepte aufzuzwingen, anstatt sie daraus zu entwickeln (Kelle, 2007), sehr groß. Zum anderen ist die Thematisierung der eigenen Ängste im Managementbereich ein Tabu. Eine Untersuchung dieses Themas und deren Veröffentlichung könnte ein erster Beitrag dazu sein, dass diese Thematik offener diskutiert werden kann. Ein Nichtbenennen des Wortes Angst trägt jedoch eher zur Tabuisierung bei, anstatt für einen offeneren Umgang damit einzustehen. Zudem bedeutete das Weglassen der Cover Story eine Erleichterung für die Interviewerin, die sich somit in den Interviews gelöster verhalten konnte. Folglich wurden die weiteren fünfzehn Interviews unter direkter Thematisierung angebahnt und geführt. Die Interviewpartner wurde darüber informiert, dass die Untersucherin eine Dissertation zum Thema Führung und Angst verfasst und dass sie Interviews führt, um herauszufinden, welche Rolle Angst im Führungskontext spielt und wie Führungskräfte damit umgehen.

7.3.2 Interviewpartner

In der folgenden Übersicht sind einige Daten zu den Interviewpartnern in anonymisierter Form zusammengestellt, um jeweils eine kurzen Eindruck der Person zu vermitteln. Die Decknamen der Personen sind frei gewählt und sollen möglichst keine Assoziationen im Sinne der „determinierende[n] Kraft des Namens" (Abraham, 1911) wecken. Die Personen sind in der Reihenfolge aufgeführt, in der die Interviews stattfanden.

	Name	Alter	Position	Branche
1	Richard Monning*	57	in Ruhestand, z. Zt noch beratend tätig, davor: Geschäftsführender Gesellschafter	Großhandel
2	Viktor Jockmann*	43	Vorstand	Messtechnik
3	Karl Bach*	38	Geschäftsführer	WP/StB
4	Rudolph Walter*	64	in Ruhestand, z.Zt. noch beratend tätig, davor: Gründer, Geschäftsführer	Chemie
5	Kilian Eich	68	in Ruhestand, davor: General Manager	Rohstoffindustrie
7	Manfred Hoffmann	53	Vorstand	Beratung
8	Dieter Rott	39	Geschäftsführer	Kommunikation/ Marketing
9	Heinz Conradi	63	Chief Technology Officer	Automobil
10	Ingo Kaufmann	48	Kaufmännischer Geschäftsführer, Gesellschafter	Anlagenbau
11	Dieter Mangold	39	Assistent der Geschäftsführung, Einkaufsleiter für 2 Regionen	Maschinenbau
12	Moritz Jung	58	Chief Financial Officer	Halbleiterindustrie
14	Lars Winter	56	Chief Information Officer	Handel
15	Konstantin Uhl	54	Bereichsleiter (berichtet an CEO)	Chemie
16	Martin Heppner	54	Nationaler Verkaufsdirektor	Tabakindustrie
17	Sebastian Allmeier	54	Geschäftsbereichsleiter Marketing & Produktion (kommissarischer Bereichsvorstand)	Telekommunikation
18	Werner Ebbing	67	in Ruhestand, z.Zt. noch beratend tätig, davor: Leiter Organisation, Personal, Recht	Telekommunikation
20	Sabina Unger	47	Bereichsleitung (berichtet an Vice President)	Energiewirtschaft
21	Christopher Heinz	57	Chief Executive Officer	Automobil

Tabelle 1: Aufstellung der Interviewpartner
Die Reihenfolge entspricht der Reihenfolge, in der sie geführt wurden. Die fehlenden Nummern verweisen dabei auf die Interviews, die nicht in die Datenauswertung aufgenommen wurden.

Die mit * gekennzeichneten Interviews wurden mit Cover Story geführt.

7.3.3 Interviewablauf

Zu Beginn des Interviews wurde kurz der Ablauf des Interviews erläutert, eine unterschriebene Verpflichtungserklärung zum Datenschutz ausgehändigt und die Möglichkeit gegeben, Fragen an die Interviewerin zu stellen. Anschließend wurde mit der Aufzeichnung und dem Interview begonnen. Nach Beendigung des Interviews wurde das Ausfüllen eines Kurzfragebogens (Mey & Mruck, 2007, S. 252) mit demographischen Daten erbeten.

Das längste Interview dauerte 1 Stunde, 53 Minuten, das kürzeste 54 Minuten. Somit lag die durchschnittliche Interviewdauer bei 90 Minuten.

7.3.4 Transkription

Bevor die Interviews ausgewertet werden konnten, mussten sie verschriftlicht, also transkribiert werden. Die Transkription orientiert sich an den bei Legewie & Paetzold-Teske (1996) beschriebenen Transkriptionsregeln. Ausgeführt wurde die Transkription sowohl von der Autorin als auch von damit beauftragten Personen. Diese wurden schriftlich zur Verschwiegenheit verpflichtet.

7.4 Auswertung

7.4.1 Konkretes Vorgehen

In Anlehnung an das von Flick und Niewiarra (1994) beschriebene Vorgehen bei der Auswertung wurde nach der Transkription des jeweiligen Interviews zunächst mit einer Globalanalyse begonnen. Dazu wird bei der Satz-für-Satz-Analyse des jeweiligen Interviews nach einer Art Motto oder Hauptthema des Interviews gesucht. Zudem werden Eindrücke, Einfälle, Auffälligkeiten und eventuelle Widersprüche notiert. Das kann sowohl die Inhalte des Interviews betreffen, als auch die Modalitäten der Kontaktaufnahme und die Atmosphäre vor, während und nach dem Interview (ebd. S. 14). Diese wurden um die Inhalte der Prä- und Postskripte ergänzt. Danach wurde mit den eigentlichen Analyseschritten der GTM, dem Kodieren, begonnen.

Die Auswertung der transkribierten Interviews wurde durch die Computersoftware MAXQDA 2007 und MAXQDA 10 unterstützt. Für den quantitativen Auswertungsprozess steht unter anderen SPSS (Statistical Package for Social Sciences) zur Verfügung, das die relevanten Rechenoperationen ausführt. Dies leisten qualitative Auswertungsprogramme naturgemäß nicht. Hier dienen die

Programme dazu, das Datenmaterial zu strukturieren und zu organisieren. Sie unterstützen also lediglich die Auswertung, ersetzen jedoch nicht die eigentliche „intellektuelle Durchdringung der Daten" (Breuer, 2009, S. 101). Grundsätzlich besteht auch die Möglichkeit, komplett auf die Verwendung eines Computerprogrammes zu verzichten und die Interviews auszudrucken und durch Markierungen und Notizen die Auswertung vorzunehmen. Aufgrund der großen Datenmenge wurde hier darauf verzichtet und MAXQDA verwendet, das eine bessere Übersichtlichkeit bietet als die Papierversion. Um Zusammenhänge zu verdeutlichen, wurden aber immer wieder Diagramme auf Papier erstellt.

Generell ist es das Ziel der GTM, eine Theorie mittlerer Reichweite zu entwickeln. Dieses Ziel wird im Rahmen dieser Untersuchung nicht verfolgt, denn es wird als ein zu umfangreiches und zeitintensives Vorhaben für eine Qualifizierungsarbeit angesehen. „And even the aim of applying GTM (generating theory) is asking too much of PhD students in most cases" (Mruck & Mey, 2007, S. 525). Glaser steht dafür ein, dass es 'is important is to use the complete package of GT procedures as an integrated methodological whole' (Glaser with the assistance of Holton, 2004, Abs. 41). Strauss hingegen vertritt einen anderen Standpunkt. Ihm zufolge gilt „theoretical coding, theoretical sampling, and constant comparison are central issues if one claims to do GTM research, but against any purism GTM in this perspective should be useful and therefore needs be adjusted to different context and purposes (Strauss in Legewie and Legewie-Schervier, 2004, S. 58ff zitiert nach Mruck & Mey, 2007, S. 525). Dementsprechend wird im Rahmen dieser Untersuchung von der Entwicklung einer eigenständigen Theorie abgesehen und ein Modell entwickelt, das nicht den Anspruch hat, eine vollständige Theorie zu sein. Breuer (1999) spricht in diesem Zusammenhang auch von einer „Theorie-Skizze" (S. 5). Damit entfallen die Abgrenzung von anderen Theorien und die Einordnung in den theoretischen Gesamtkontext, wie sie im Falle einer Theorieentwicklung erforderlich wären.

7.4.2 Der Kodierprozess

Das Kodieren der Daten ist die grundlegende Technik, Theorien aus den Daten zu entwickeln. „A researcher can think of coding as "mining" the data, digging beneath the surface to discover the hidden treasures contained within data" (Corbin & Strauss, 2008, S. 66, Hervorh. d. Autoren). In der vom Corbin und Strauss vertretenen GTM werden grundsätzlich drei verschiedene Kodierverfahren unterschieden: das offene, axiale und theoretische Kodieren. Diese Kodierarten haben jedoch nicht notwendigerweise in einer strengen sequentiellen Reihenfolge abzufolgen (Strübing, 2008, S. 20). So geschieht z.B. ein Wechsel von offe-

7.4 Auswertung

nem zu axialem Kodieren oftmals unbewusst (Strauss & Corbin, 1996, S. 40). Was die einzelnen Kodierarten ausmacht und wie sie angewandt wurden, soll im Folgenden dargestellt werden.

Zuvor soll kurz auf die verschiedenen Elemente im Kodierprozess eingegangen werden. Die Verwendung der Begriffe Kode, Kategorie, Konzept ist in der Literatur uneinheitlich (Strübing, 2008, S. 21) und die Definitionen überschneiden sich teilweise. Im Folgenden meint Kode die Bezeichnung dafür, was der eigentliche Sinn einer Textstelle ist. Der Kode ist ein Oberbegriff, dem die Textstelle inhaltlich zugeordnet werden kann. Kodierung meint hier die Kodevergabe. Zu einem Kode kann es also z.B. 5 Kodierungen geben, d.h. dieser Kode wurde fünfmal vergeben. Unter einer Kategorie wird im Folgenden eine inhaltlich übergeordnete Ebene eines Kodes verstanden. Während ein Kode eher textnah ist, steht eine Kategorie für eine Reflexion des Gesagten auf höherem Abstraktionsniveau. Eine Kategorie entspricht dem „Versuch des eigenen konzeptuellen Sprechens" (Berg & Milmeister, 2007, S. 187). Die Kategorien entstehen durch Vergleichen und inhaltliches Zusammenfassen der Kodes im Laufe der vertiefenden Analyse (Mey & Mruck, 2009, S. 115). Die Kernkategorie ist eine Verdichtung auf dem höchsten Abstraktionsniveau. Sie steht für die zugrunde liegenden Phänomene.

7.4.2.1 Offenes Kodieren

Alle 18 Interviews wurden zunächst vollständig offen kodiert. Dabei wurde jedes Interview Zeile für Zeile und Wort für Wort durchgegangen und die für die vorliegende Untersuchung relevanten Sinn- und Bedeutungseinheiten mit einem Überbegriff, einem Kode, versehen. Dieses Vorgehen dient dazu, im Rahmen der Auswertung einen ersten Kontakt zum Datenmaterial aufzunehmen und das Material „aufzubrechen" (Strauss & Corbin, 1996, S. 44). Der Kode entspricht nicht der Paraphrasierung der jeweiligen Textstelle (Corbin & Strauss, 2008, S. 66), sondern es handelt sich dabei um eine Bezeichnung dafür, was das zugrunde liegende Phänomen ist oder was es repräsentiert. Dementsprechend sind die Fragen „Was ist das? Was repräsentiert das?" (Strauss & Corbin, 1996, S. 45) leitend. Da dieser Arbeitsschritt den Beginn der eigentlichen Analyse darstellt, müssen die Phänomene und Konzepte, die sich in den Daten befinden, noch herausgeschält bzw. analytisch herauspräpariert (Strübing, 2008, S. 20) werden. Alternativ zu einem selbst gewählten Namen für einen Kode ist die Verwendung von „In-Vivo-Kodes" (Strauss & Corbin, 1996, S. 50). Dabei handelt es sich um direkte Zitate, also Bezeichnungen, die die Interviewpartner selbst für das Phänomen verwenden. Ein Beispiel für einen In-Vivo-Kode ist die ‚Verschmelzung von Rolle und Identität' (Hoffmann, 36)[15].

Andererseits können auch Begriffe verwandt werden, die aus der Literatur entnommen sind oder daran angelehnt sind (Strauss, 1994, S. 64). Die werden werden als „geborgte Kodes" (Mey & Mruck, 2009, S. 115) bezeichnet. Bei der Verwendung von Termini, die aus der Literatur entnommen sind, ist allerdings mit besonderer Vorsicht vorzugehen. Allzu leicht kann hier das Vorwissen als eine Brille fungieren, die die Wahrnehmung der Daten lenkt (Strauss & Corbin, 1996, S. 50). Die Gefahr ist hier, dass dadurch den Daten Eigenschaften aufgezwungen werden, die dem theoretischen Modell zu eigen sind, nicht jedoch den Daten selbst. Daher wurden im vorliegenden Fall stets ein entsprechender Warnhinweis in Form eines Memos verfasst, um auf die mögliche Beeinflussung aufmerksam zusammen. Dieser hängt dem jeweiligen Kode an und dient als Erinnerung daran, zu überprüfen, ob die theoretischen Annahmen mit den Daten tatsächlich übereinstimmen. Letztlich wurden alle „geborgten Kodes" umbenannt und mit eigenen Begriffen versehen.

Die zentrale Technik beim Kodieren ist das Verfahren des ständigen Vergleichens der Daten („constant comparative method", Glaser, 1965) miteinander. „The basic defining rule for the constant comparative method: while coding an incident for a category, compare it with the previous incidents coded in the same category" (ebd. S. 439). Durch dieses ständige Überprüfen auf Gemeinsamkeiten und Unterschiede der einzelnen Daten miteinander lassen sich systematisch die Spezifika des Materials herausarbeiten. Ähnliche Elemente können so zunächst zu einem Kode und später auch zu einer Kategorie zusammengefasst werden, unterschiedliche Elemente können anderen Kodes oder Kategorien zugewiesen werden (Strübing, 2008, S. 20).

Durch das „Dimensionalisieren" (Strauss, 1994, S. 41) ergeben sich bei diesen Vergleichen Eigenschaften, „hinsichtlich derer sich Ereignisse, die unter dieselbe Kategorie fallen, unterscheiden können" (Kelle, 1997, S. 326). Dieses Herausarbeiten von Dimensionen dient also dazu, die sich entwickelnden Kategorien zu vertiefen und kontinuierlich an den Daten weiter zu entwickeln.

Es ist bei dem Verfahrensschritt des offenen Kodierens nicht unüblich, manchen Textstellen mehrere Kodes zuzuordnen. Schließlich gelten die Kodes, die in den ersten Analyseschritten vergeben werden, als „ganz und gar proviso-

---

15 Zitate aus den Interviews werden mit der jeweiligen Abschnittsnummer im Auswertungsprogramm MAXQDA (vgl. Kapitel 7.4) angegeben. Die Zitate werden, sofern sie nicht freigestellt sind, durch einfache Anführungszeichen gekennzeichnet, um sie von umgangssprachlichen Redewendungen und Literaturzitaten, die in doppelten Anführungszeichen stehen, zu unterscheiden.

risch" (Strauss, 1994, S. 58). Folglich ist das Ergebnis dieses Analyseschrittes eine „möglicherweise sehr umfangreiche" (Kelle, 1997, S. 320) Liste von Kodes. Im vorliegenden Fall waren nach dem ersten Durchlauf des offenen Kodierens 196 Kodes mit 2475 Kodierungen entstanden, wobei davon 90 Kodes und 1074 Kodierungen direkt mit dem Thema Angst in ganz konkretem Zusammenhang standen. Die anderen Kodes und Kodierungen bezogen sich beispielsweise auf die Stationen des beruflichen Werdegangs, die gehaltene Position, aber auch auf das Selbstbild, das die Interviewten zu vermitteln versuchten. Diese mehr oder minder direkt mit der eigentlichen Forschungsfrage zusammenhängenden Kodes wurden angelegt, um die großen Datenmengen zu strukturieren. Hier sei noch einmal darauf hingewiesen, dass die zu Beginn vergebenen Kodes vorläufigen Charakter haben und im Laufe der Analyse stetig überarbeitet werden. So sind im Laufe der Analyse beispielsweise einige Kodierungen, die das Verhältnis zu Gleichrangigen beschreiben, verschoben worden in den Kode „Image aufbauen", der eine Subkategorie der Copingstrategien gegen Angst darstellt.

7.4.2.2 Axiales Kodieren

Nach dem breiten und zunächst noch eher ungeordneten Zugang zum Material in Form des offenen Kodierens, ist es das Ziel des axialen Kodierens, die Zusammenhänge und Beziehungen zwischen den einzelnen Kategorien herauszuarbeiten (Strauss, 1994, S. 63). Dabei wird das „Kodierparadigma" zu Hilfe genommen (Strauss, 1994, S. 56 ff; Strauss & Corbin, 1996, S. 78). Anhand dieses Paradigmas werden Fragen nach den Ursachen, Konsequenzen und dem Kontext des Phänomens sowie den damit verbundenen Strategien und den intervenierenden Bedingungen gestellt wie die folgende Abbildung verdeutlicht.

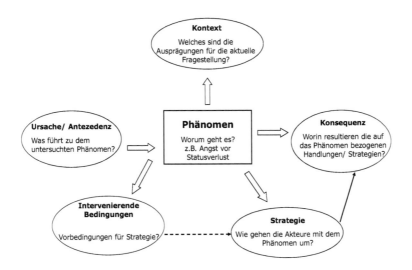

Abbildung 5: Kodierparadigma in der GTM.
Eigene Darstellung in Anlehnung an Strauss (1994),
Strübing (2008, S. 28).

Das Stellen dieser Fragen an das Material dient dazu, „die zuvor isoliert betrachteten Phänomene in einen Strukturzusammenhang zu bringen" (Strübing, 2008, S. 27). Es handelt es sich hierbei also wie bei der Dimensionalisierung um eine Technik zur Vertiefung der Analyse und letztlich der sich daraus ergebenden Theorie, die dadurch an „Dichte und Präzision" (Strauss & Corbin, 1996, S. 78) gewinnt. Durch diese Herangehensweise soll, ebenso wie beim Dimensionalisieren, ein steter Kontakt mit den Daten gewährleistet werden, um nicht schon zuvor gedachte Konzepte den Daten aufzuzwingen, sondern die Theorie wirklich aus den Daten selbst zu entwickeln.

Die folgende Darstellung ist an das Kodierparadigma angelehnt. Nach der Darstellung der Ängste (Phänomen) werden dessen Ursachen, die intervenierenden Faktoren und die Copingstrategien (Strategien) dargestellt. Der Kontext sowie die Konsequenzen werden nicht gesondert dargelegt, sondern sind die Darstellungen enthalten.

7.4.2.3 Selektives Kodieren

Im Laufe des selektiven Kodierens wird das „zentrale Phänomen" (Böhm, 2005, S. 482) herausgeschält. Dieses wird als Kernkategorie bezeichnet. Die Kernkategorie und deren dazugehörige Subkategorien sollen nun systematisch ausgearbeitet werden. Dabei wird versucht, „die entwickelnde Theorie in einem Gesamtnetzwerk von Kategorien, Subkategorien und Relationen darzustellen" (Mey & Mruck, 2009, S. 134). Es geht darum, den roten Faden, der sich durch alle Interviews spannt, zu entwickeln und eine „in sich stimmige Geschichte zu erzählen" (ebd.). Bei diesen Schritten treten auch logische Inkonsistenzen zu Tage, die durch die Suche nach Belegen im Material geschlossen werden können.

7.4.3 Memos schreiben

Unter Memos werden in der GTM schriftliche Notizen verstanden, die helfen, sich von den Daten zu lösen und ein abstrakteres Denken über diese zu entwickeln. Sämtliche Einfälle, Konzeptualisierungen und das Entwickeln von Beziehungen zwischen den einzelnen Phänomenen in den Daten werden in ihnen festgehalten. Bei der GTM sind Datenerhebung und Auswertung miteinander verschränkt (Mey & Mruck, 2009, S. 113). Die Arbeit mit Memos ist ein wesentlicher Bestandteil der Forschungsarbeit und begleitet den gesamten Forschungsprozess (Strauss & Corbin, 1996, S. 170). Grundsätzlich können auch Passagen aus Memos in den späteren Bericht übernommen werden.

Im Rahmen dieser Untersuchung wurde im Besonderen bei der Feinanalyse extensiv von Memos Gebrauch gemacht. Hier wurden Analyseergebnisse festgehalten, Beziehungen und Querverweise zu anderen Interview- und Literaturstellen hergestellt sowie die weiteren Arbeitsschritte strukturiert.

7.4.4 Abduktion, Induktion und Deduktion

In der Wissenschaftstheorie werden verschiedene Arten des Schlussfolgerns unterschieden: Abduktion, Induktion und Deduktion. Diese Arten von Schlussfolgerungen sind weder der quantitativen noch der qualitativen Forschung eindeutig zuzuordnen, auch wenn dies in vielen Darstellungen oftmals geschehen ist. Vielmehr werden beide Formen in den zwei Herangehensweisen genutzt (Mey & Mruck, 2009, S. 105).

Bei der Abduktion (lat.: abducere: abbringen, abholen, wegführen) werden im Analyseprozess Fakten zusammengestellt, die sich nicht mit bestehenden

Regeln erklären lassen und die dadurch überraschend sind. Nun wird nach Erklärungen für dieses Phänomene gesucht. Dazu wird eine Hypothese für deren Erklärung aufgestellt (Reichertz, 2003, S. 43; Rosenthal, 2005, S. 59). In der vorliegenden Untersuchung wurden beim axialen Kodieren Hypothesen über die Zusammenhänge der Kategorien untereinander entwickelt.

So stellte sich bei der Entwicklung des Modells heraus, dass die mit der Topmanagementposition verbundene Rolle eine ganz zentrale Bedeutung im Angst- und Bewältigungsgeschehen bei Topführungskräften spielt. Diese Tatsache war überraschend, denn sie entsprach nicht den Erwartungen, ergab sich aber aus der Analyse des vorliegenden Datenmaterials. Die Entwicklung dieses Zusammenhangs wäre mit einer anderen Art des Schlussfolgerns nicht möglich gewesen.

Eine weitere Form des Schlussfolgerns ist der induktive Schluss. Bei der Induktion (lat. inducere: herbeiführen, veranlassen, einführen) wird vom Einzelfall auf allgemeine Aussagen generalisiert (Breuer, 1991, S. 40). Bei dem quantitativen induktiven Schluss werden quantitative Häufungen eines Phänomens in mehreren Einzelfällen auf eine größere Gesamtheit übertragen. Der Einzelfall wird hier zu einer Regel verlängert (Reichertz, 2005, S. 280). Weiß man z.B., dass die Katzen A, B und C des Nachts grau sind und trifft man nächtens auf eine weitere, schließt man darauf, dass auch diese grau ist.

Bei dem qualitativen induktiven Schluss wird eine Stichprobe so zusammengestellt, dass sie in bestimmten Merkmalen denen einer zweiten, bekannten Stichprobe gleicht. Dann werden im Schluss die bestehenden Merkmale der ersten Stichprobe ergänzt um andere, noch nicht wahrgenommene, aber aus der zweiten Stichprobe bekannte Merkmale. Aus nächtlichen Begegnungen mit Katzen sei z.B. bekannt, dass diese nicht nur grau, sondern zudem auch weiblich und am Stadtrand beheimatet sind. Stellt man nun die neue Stichprobe aus grauen Katzen zusammen, die man Nachtens antrifft, generalisiert man, dass diese weiblich und am Standrand beheimatet sind, ohne dies weiter überprüfen zu müssen. In dieser Untersuchung wurde induktiv geschlossen, indem die in den Daten vorgefundenen Phänomene aufgenommen und weitere Daten zu deren Fundierung überprüft wurden. So wurden z.B. in einem Interview Beten (Jung, 58) als Copingstrategie benannt. Dies wurde als Hypothese für mögliche Copingstrategien an weitere Interviews herangetragen, überprüft und fand sich teilweise (Winter, 87) bestätigt.

Die Deduktion (lat.: deducere: herabführen, fortführen, hinführen) leitet vom Allgemeinen auf das Besondere ab. Dabei wird eine bestehende Theorie dazu genutzt, um ein gefundenes Phänomen zu erklären. Hier geht es darum, Vorgefundenes an bekannten Regeln zu prüfen bzw. es ihnen unterzuordnen (Reichertz, 2005, S. 279). Besagt beispielsweise die Regel, dass nachts alle Kat-

7.4 Auswertung

zen grau sind, ist daraus beim nächsten nächtlichen Antreffen einer Katze der Schluss zu ziehen, dass diese grau ist. Dies bedarf dann keiner weiteren Prüfung. Im Rahmen dieser Untersuchung wurde diese Form des Schlussfolgerns ebenfalls angewandt. Dies war beispielsweise dann der Fall, wenn Interviewdaten mit theoretischen Konzepten in Beziehung gesetzt wurden. Konkret wurde z.B. das Konzept der kognitiven Umstrukturierung als mögliche Copingstrategie auf die Daten angewandt. Das heißt, das Konzept wurde an die Daten herangetragen und geprüft, ob diese Strategie sich dort finden lässt.

Abschließend bleibt festzuhalten, dass die Abduktion die bewährten Pfade des Bekannten verlässt und nach neuen Erklärungsmustern sucht. Damit unterscheidet sie sich von deduktivem und induktivem Schließen, die beide aufgrund der Tatsache, dass sie auf Bestehendem aufbauen und die bekannten Prinzipien erweitern, zu keinen wirklich neuen Erkenntnissen führen (Reichertz, 2003. S. 42).

Im Rahmen der GTM im Allgemeinen sowie in der vorliegenden Untersuchung wird der Erkenntnisprozess nicht durch die Verwendung einer speziellen Form des Schlussfolgerns vorangetrieben, sondern durch Anwendung aller drei in Reihenfolge abduktiv, deduktiv, induktiv wie die folgende Graphik verdeutlicht.

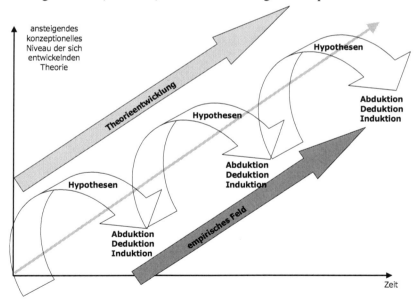

Abbildung 6: Forschungslogik der GTM
Eigene Darstellung in Anlehnung an Strübing, 2008, S. 48.

Zunächst wird abduktiv eine neue Hypothese aufgestellt. Diese mündet in Ableitungen von Voraussagen (Deduktion), welche schließlich durch eine Suche nach entsprechenden Belegen dafür in den Daten bestätigt werden sollen (Induktion, vgl. dazu auch Hildenbrand, 2005, S. 33 ff). Diese Sequenz an Schlussfolgerungen wird kontinuierlich wiederholt, bis sie schließlich in einer gesättigten Theorie mündet.

7.4.5 Offenlegung der Präkonzepte

In dieser Untersuchung wurde die GTM verwandt. Dabei wurde „nicht von der Idee einer Tabula rasa des Forschers zu Untersuchungsbeginn" (Breuer, 1991, S. 92; vgl. auch Glaser & Strauss, 1967) ausgegangen. Denn diese „maximale theoretische Voraussetzungslosigkeit" (Breuer, 2009, S. 113) ist als unrealistisch und unpraktikabel einzuschätzen. „Obviously we do not start with a tabula rasa, are never free of preoccupations and don't have to be" (Kleining & Witt, 2001, Abs. 25). Vielmehr fließen eigene Erfahrungen und Kenntnisse als Präkonzepte in den Auswertungsprozess mit ein (Strauss & Corbin, 1996, S. 26; Breuer, 1991, S. 92) und ermöglichen die Datenauswertung überhaupt erst. Denn diese Präkonzepte tragen zur „theoretischen Sensibilität" (Strauss & Corbin, 1996, S. 25) bei. Unter theoretischer Sensibilität wird das „Bewusstsein für die Feinheiten in der Bedeutung von Daten" (ebd.) verstanden. Hierbei geht es um die „Fähigkeit, Einsichten zu haben, den Daten Bedeutung zu verleihen, die Fähigkeit zu verstehen und das Wichtige vom Unwichtigen zu trennen" (ebd.).

Die Präkonzepte können also als Aufmerksamkeitsausrichter dienen. „Without some background, either from immersion in the data or professional/experiential knowledge, the ability to recognize and give meaning is not there" (Corbin & Strauss, 2008, S. 46). Von hoher Relevanz ist hierbei jedoch, dass sich die Präkonzepte stets an den Daten zu beweisen haben. „Concepts must "earn their way" into a study and not be blindly accepted and imposed on data" (Corbin & Strauss, 2008, S. 324, Hervor. d. Autoren).

Das Vorhandensein psychoanalytischer Modelle und Theorien als Präkonzepte ist daher nicht als problematisch zu erachten (vgl. auch Corbin & Strauss, 2008, S. 324). Die Autorin war sich dieser Tatsache durch den Forschungsverlauf stets bewusst und bestrebt, ein Aufzwingen dieser Konzepte auf die Daten zu vermeiden. Die Modelle wurden vielmehr als ein möglicher von vielen Interpretationszugängen verstanden und zurückgewiesen, wenn sie sich nicht an den Daten beweisen konnten.

7.4 Auswertung

Die Reihenfolge, in der die theoretischen Modelle und Konzepte hier dargestellt werden, spiegelt die Existenz der Präkonzepte wider. Die vor der eigentlichen Untersuchung aufgeführten Konzepte sind demgemäß als Präkonzepte zu verstehen. Die Analyse der Daten erforderte die Hinzuziehung weiterer Modelle. Diese werden auch entsprechend später dargestellt werden.

8 Ergebnisse

Bei der Auswertung der Interviews ergaben sich zunächst Aspekte, die das zu untersuchende Phänomen Angst von der Oberfläche her behandeln. Dies ist hier die Art und Weise, wie die Interviewten Angst definieren. Diese Phänomene, die im Auswertungsprozess zu Kategorien wurden, sollen im Folgenden dargestellt werden. Sie sind relevant für das Verständnis und die Nachvollziehbarkeit des später daraus entstandenen Modells, denn sie sind als Kontext zu verstehen, in den das Modell eingebettet ist. Darauf folgend werden die verschiedenen Arten von Angst, die sich aus der Analyse der Interviews ergaben, dargelegt. Anschließend wird das Modell zum Austausch von Ängsten vorgestellt. Dieses Modell liegt auf der höchsten Abstraktionsebene und wurde aus der Kernkategorie interpretativ entwickelt.

8.1 Definitionen von Angst

Spricht man über Angst, kommt es schnell zu Missverständnissen. Es besteht die Gefahr, die Aussagen der Interviewten auf dem Hintergrund der eigenen Konzepte und Definitionen zu deuten und ihnen damit nicht gerecht zu werden, sie miss zu verstehen. Das „Fremdheitspostulat" (Mruck & Mey, 2005, S. 9) der qualitativen Sozialforschung besagt, dass auch in der eigenen Kultur gleiche Wirklichkeitszugänge und ein identisches Verständnis von Konzepten nicht vorausgesetzt werden können und sollten. Um den möglicherweise daraus entstehenden Fehlinterpretationen vorzubeugen, wurden die Interviewpartner daher gebeten, ihre eigene Definition von Angst darzulegen.

Dabei zeigten sich grundsätzliche Schwierigkeiten, Angst zu definieren wie die folgenden Aussagen belegen.

> Also was ist Angst für mich? Das ist eine sehr spannende Frage *15*. Kann ich Ihnen so pauschal wirklich nicht beantworten, nee, nee (Rott, 79)[16].

---

16 Die Kennzeichnung (*Zahl*) bezeichnet eine Pause des Sprechers in der angegebenen Sekundenlänge (vgl. Legewie & Paetzold-Teske, 1996).

> Insofern bin ich nicht in der Lage, jetzt Angst exakt jetzt zu definieren, auf den Punkt genau (Heppner, 30).

Die Definitionsschwierigkeiten führen dazu, dass Metaphern aus dem Bereich des Körpers als Definitionsmerkmale herangezogen werden. Beispiele dafür sind die folgenden Aussagen.

> Es brodelt so in einem, dass man sagt, echt schlechte Situation, kann man echt schwer in Worte fassen. Also das fällt mir echt sehr schwer das zu beschreiben, außer dass ich sag, man hat so ein körperliches Unwohlsein' (Bach, 76).
>
> Also Angst ist ja was, ich sag mal den, was einem so, sagen wir mal, in, in, in, wie man so schön sagt, in die Knochen oder in die Knochen fährt (Kaufmann, 28).

Feinanalysen bringen dabei auch zutage, dass zudem weniger offensichtliche Körpermetaphern genutzt werden, um Angst zu beschreiben. Dies soll an einem Beispiel ausführlicher dargestellt werden. So beschreit ein Interviewter seine Gefühle in einer bedrohlichen Situation wie folgt:

> Und das war auch eine Situation, das weiß ich noch, das hat mir überhaupt nicht gut getan (Winter, 95).

Diese Formulierung würde üblicherweise eher im Zusammenhang von physischen Sensationen gebraucht. Die Wahl der Worte ‚das hat mir überhaupt nicht getan' wäre z.B. im Nachgang eines Verzehrs verdorbener Nahrung vorstellbar. Es handelt sich also um eine Formulierung, die genutzt würde, um die körperlichen Folgen von Situationen zu beschreiben. Zur Beschreibung von Gefühlen, die mit der Situation verbunden sind, ist die Formulierung unpassend. Die Wahl dieser Formulierung lässt grundsätzlich zwei Schlüsse zu. Der Sprecher verfügt nicht über eine passendere Formulierung. Um ein Gefühl benennen zu können, muss es wahrgenommen, als solches erkannt und dann mit dem passenden Begriff versehen werden. Dazu braucht es auch Übung. Zum zweiten sind Formulierungen durch den sozialen Kontext bedingt, in dem sie geäußert werden. In dem vorliegenden Kontext ist es offensichtlich akzeptierter, physische Beeinträchtigungen zu äußern als psychische. Denn Emotionen, zudem negative wie Angst, haben keinen guten Ruf, weder in der Theorie (vgl. Kapitel 5.3) noch in der Praxis.

> Und ich versuche das dann immer auch auf eine rationale Ebene zu bringen. Emotional ist jeder, aber rational ist dann vielleicht ein bisschen einfacher. Erst einmal das ein bisschen zu strukturieren (Heppner, 38).

8.1 Definitionen von Angst

Wenn es durch Rationalität ‚ein bisschen einfacher' wird, beeinträchtigt Emotionalität offensichtlich das Handlungsvermögen.

Alternativ werden Analogien zu anderen Bereichen gewählt. So wird auf Beispiele von Vorträgen oder Referaten zurückgegriffen, die mit Lampenfieber assoziiert werden (Jung, 42; Bach, 110; Heppner, 28; Uhl, 69; Eich, 37). Als eine Alternative werden Situationen des sportlichen Wettkampfes als Bild herangezogen, um sich der Definition von Angst zu nähern (Jung, 42). Als eine weitere Alternative wird die Auslagerung in die Kindheit gewählt, wie die folgende Definition zeigt: ‚Ich denke immer so Kind, was im Dunkeln Angst hat' (Unger, 42). Eine weitere Vertiefung oder Spezifizierung der Definition darüber hinaus findet im Allgemeinen nicht statt.

Insgesamt zeigt sich in den Interviews oftmals die Tendenz, keine wirkliche Definition von Angst geben zu können. Die Definitionen werden eher an Merkmalen aufgehängt, die die Situation des Auftretens begleiten. Die folgende Aussage ist exemplarisch für eine derartige Definition anhand von Analogien.

> Was ist Angst? Ja so, ehm sag ich mal ne Reaktion auf ne Bedrohung, wo man das Gefühl hat, dass man der nicht Herr wird. Dass man die nicht letztlich im Griff hat. Also beispielsweise, wenn Sie an einem Bergabhang stehen und das Gefühl haben, es geht ganz steil nach unten. Sie könnten jetzt noch einen Schritt nach vorne, da ist das Geröll. Das tritt sich los und dann stürzen Sie ab. Also irgendetwas, Angst ist vielleicht auch Kontrolle zu verlieren (Winter, 53).

Ungeachtet der Schwierigkeiten, das Gefühl genau zu definieren, ist den Definitionsbemühungen inhaltlich gemein, dass Angst als ein unangenehmer Zustand beschrieben wird. Dieser Zustand wird als inadäquat für eine Führungskraft angesehen, denn ‚wenn Sie ängstlich ist, dann halten Sie sich auch nicht lange als Manager' (Winter, 43).

Diesem Standpunkt wird noch eine positive Komponente hinzugefügt:

> Angst ist in unserer Gesellschaft so ein bisschen geächtet, Angst haben nur die Schwachen. Da sage ich: falsch, im Gegenteil sage ich: fürchte dich vor den Angstlosen ... [denn] ein Mensch, der keine Angst hat, der ist ein Hasardeur. Dem würde ich Verantwortung beim Unternehmen oder im Unternehmen nicht geben wollen (Eich, 20-30).

Diese Aussage steht exemplarisch für eine weitere und in diesem Falle positive Facette von Angst, die einige Interviewte äußern. Angst kann auch als Schutzmechanismus fungieren. Dieser ‚Frühwarnindikator' und ‚Überspannungsschalter' (Jung, 69), wird als wichtige Eigenschaft von den Interviewten dargestellt. ‚Eine Führungskraft muss Angst haben können, weil Angst für sie eine

Wachrüttel-Funktion hat ... ein Warnsignal mit Handlungsaufforderung' (Eich, 20).

8.1.1 Angst als Kontinuum/ Angst als janusköpfiges Phänomen

Wenn die Definitionen auf Situationen Bezug nehmen, in denen das Gefühl auftritt, sind sie differenzierter und detaillierter als bei einer abstrakten Darstellung, wie sie oben dargelegt wurde. So stellen die Interviewten Angst als facettenreiches Phänomen dar, das unterschiedlich wahrgenommen und bewertet wird. Hierbei ist von zwei Arten von Angst die Rede. Andere geben an, dass sich das Phänomen in Abhängigkeit von seiner jeweiligen Intensität anders darstellt. Sie spannen dabei ein Kontinuum auf zwischen geringer und hoher Intensität. Gemein ist beiden Varianten, dass sich das Phänomen zwischen zwei Polen bewegt. Bei dem einen Pol, einige sprechen von geringer Intensität, wird dieses Gefühl nicht unbedingt als Angst benannt. Vielmehr werden hier Begriffe wie ‚Herausforderung' (Bach, 18; Eich, 27; Allmeier, 16; Heinz, 34), ‚Respekt' (Allmeiner, 20), ‚Erfurcht vor dem was man macht' (Jung, 42) oder ‚Hochspannung' (Jung, 42) verwendet. Ein Interviewpartner fasst es zusammen: ‚dieses Thema, diese positive Angst, dieser Respekt, ich bezeichne das tatsächlich so ... ist ... so, dass man einen hohen Anspannungsgrad hat. ... Du stehst ja vor einer Herausforderung' (Allmeier, 38). Für geringe Intensitäten des Gefühls gilt es,

> ein besseres Wort für das Wort Angst zu finden. Weil, weil Angst ist ein viel zu enger Begriff und deckt das ... nicht richtig ab ... es ist breiter ... vielleicht auch so von der Definition jetzt nicht nur diesen negativ behafteten Begriff Angst nehmen, sondern es ist schon die Frage, Spannung, wie gehst du mit, ja, mit Hochspannung um? Und da passt das Wort Angst nicht' (Jung, 195).

In Abgrenzung zu Angst wird dieser Zustand also positiv bewertet. Dies rührt daher, dass die dabei auftretenden bzw. damit assoziierten Symptome eine fördernde Qualität haben. Die Interviewten beschreiben die Wirkung als motivierend und leistungsfördernd. Diese Art von Angst ist also ein Energielieferant, mehr noch, es ist eine Bedingung, eine Grundvoraussetzung für hohe Leistung. Das Halten eines Vortrags wird als Beispiel herangezogen: ‚vor solchen Vorträgen hat [man] schon ein bisschen Sorge und das gehört, finde ich, auch grundsätzlich dazu. Wenn man nicht nervös ist, wird der Vortrag nicht anständig' (Bach, 28). Gleicher Meinung sind weitere Interviewte: ‚Wenn man kein Lampenfieber mehr hat, dann sollte man von der Bühne gehen' (Jung, 42) und ‚vielleicht braucht man auch eine gewisse Form von Druck und Angst, um wirklich auch 100%ig leistungsfähig zu sein' (Heppner, 102). Zusammenfassend lässt

8.1 Definitionen von Angst

sich der Pol als Energielieferant bezeichnen, der nicht nur Hochleistung befördert, sondern sie überhaupt erst ermöglicht.

Für den anderen Pol des Kontinuums wird häufiger der konkrete Begriff Angst verwandt. Damit wird Lähmung und Stillstand assoziiert. Dieser Zustand wird durchweg negativ bewertet. Die Interviewten geben dazu ähnliche Beschreibungen: ‚Es gibt aber auch das andere, wo man so ein bisschen in Lethargie verfällt, d.h., man ist blockiert und man entscheidet gar nicht und man wartet vielleicht noch' (Heinz, 128) und ‚Es ist sicherlich ein unbefriedigender Zustand, der mich daran hindert, jetzt meine volle Leistung zu bringen. Der mir unangenehm ist, der auch dazu führt, blockiert zu sein, innerlich und vielleicht auch im Tun blockiert zu sein' (Heppner, 30).

Zusammenfassend lässt sich sagen, dass Angst von den Interviewten als janusköpfiges Phänomen gesehen wird. Angst kann einerseits eine fördernde Qualität haben, die die grundlegende Voraussetzung für Höchstleistungen ist. Dies ist der Fall bei geringer Intensität von Angst und wird positiv bewertet. Das Blatt wendet sich jedoch, wenn das Ausmaß an Angst zu hoch ist. Dann ist Angst von einer hinderlichen Qualität, da sie den Betroffenen lähmt und somit Handlung verunmöglicht. Diese Seite von Angst wird negativ bewertet.

8.1.2 Ängstlichkeit

> Wenn Sie ein ängstlicher Mensch sind, können Sie kein Manager sein. Feierabend, das geht einfach nicht (Winter, 43).

Einige der Interviewten äußern sich zur Ängstlichkeit. Dabei beschreiben sie diese stets als ein für hohe Führungskräfte unangemessene Emotion, wie das einleitende Zitat exemplarisch verdeutlicht. Denn Ängstlichkeit wird mit Zögern und Zaudern in Verbindung gebracht. Wer ängstlich ist, überprüft seine Entscheidungen wieder und wieder und wird dadurch zu langsam.

> Da habe ich beobachtet, dass ... von einer Führungskraft, von einer ängstlichen, ... Ausgaben getätigt wurden, die ein nicht Ängstlicher so nicht veranlasst hätte. Und zwar einfach absichern, absichern... Hosenträger und Gürtel. Das ist nicht tragbar, das ist nicht zu machen (Eich, 65).

Ängstlichkeit wird von diesen Interviewpartnern als Gegenpol zu Erfolg verstanden. Denn Ängstlichkeit ist nicht ‚tragbar', wird also bei einer Führungskraft nicht geduldet. Von einer erfolgreichen Führungskraft wird erwartet, dass sie etwas wagt. Sie darf dabei jedoch nicht leichtsinnig sein.

Also ein Mensch, der keine Angst hat, der ist ein Hasardeur. Dem würde ich Verantwortung beim Unternehmen oder im Unternehmen nicht geben wollen, weil ich weiß, dass er Informationen aus dem Apparat oder von der Außenwelt nicht aufnimmt (Eich, 30).

Womit der Interviewte darauf verweist, dass eine mittlere Intensität von Ängstlichkeit für eine Führungskraft wichtig ist. Ein Zuviel an Ängstlichkeit wirkt lähmend. Wer jedoch überhaupt nicht ängstlich ist, ist der Wahrnehmung eines Schutzmechanismusses beraubt. Insofern gehört Ängstlichkeit zu den Emotionen, die eine Führungskraft benötigt. Es kommt nur auf das richtige Ausmaß an Ängstlichkeit an.

Damit nimmt Ängstlichkeit eine Parallele zu dem bei Angst gefundenen Kontinuum ein. In der Literatur wird eine Unterscheidung von Angst als Emotion und Ängstlichkeit als Persönlichkeitsmerkmal vorgenommen (vgl. 0). Die Interviewten nehmen diese Unterscheidung nicht vor. Sie verstehen beide Phänomene als deckungsgleich als Emotion und verwenden Angst und Ängstlichkeit daher synonym. Daher werden die Ergebnisse zum Kontinuum von Angst und Ängstlichkeit in der folgenden Darstellung zusammengefasst dargestellt.

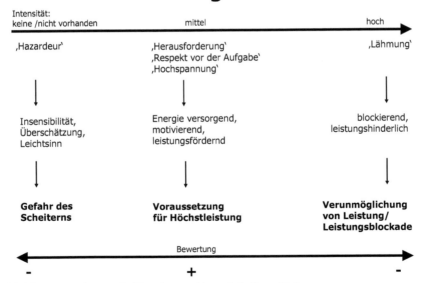

Abbildung 7: Angst als Kontinuum/ janusköpfiges Phänomen
Eigene Darstellung

8.1 Definitionen von Angst

8.1.3 Fazit Angstdefinitionen

Gleich der wissenschaftlichen Auseinandersetzung (vgl. Kap. 2.2) haben die Interviewten ebenfalls Schwierigkeiten, Angst zu definieren. Diese Definitionsschwierigkeiten rühren einerseits von einer engen Verbindung von Stress und Angst her. Der Stressbegriff ist alltagssprachlich verwaschen (Stoffer, 2006, S. 6) und die beiden Phänomene weisen inhaltliche Überschneidungen und Verwandtschaften auf (vgl. Kap. 2.3.6). Dies erschwert eine sprachliche Abgrenzung.

> Die Begriffe Streß, Spannung, Anspannung, Belastung, Anstrengung, Schrecken und Furcht ermöglichen es dem Menschen, seiner Angst eine Stimme zu verleihen, ohne sie beim Name zu nennen. Sie repräsentieren in weiten Teilen die Inhalte, die üblicherweise dem Terminus Angst beigemessen werden (Bröckermann, 1989, S. 82).

Zudem verweist die Tatsache gestresst zu sein darauf, dass der Betroffene viel beschäftigt und gefragt ist. Diese Attribute sind positiv bewertet und kommen einer Aufwertung der Person gleich. Wer jedoch Angst hat, wird nicht positiv bewertet. Denn diese Emotion ist negativ bewertet (vgl. Kap. 5.3) und widerspricht den Erwartungen, die an eine Führungskraft gestellt werden.

Neben der Nähe von Angst und Stress zueinander verweist die Verwendung der Körpermetaphern auf eine spezifische Auslassung bei der Thematisierung von Angst. Wie zuvor dargelegt (vgl. Kap. 2.2) sind bei dem Auftreten von Angst immer mehrere Komponenten beteiligt, nämlich die subjektive, die kognitive, die expressive, die neurophysiologische und die behaviorale. „Gleichwohl kann ... nicht gefolgert werden, daß körperliche Prozesse für die Gefühle irrelevant sind. Alle Untersuchungen zeigen, daß es ohne sie keine Gefühle gibt" (Zepf, 1997, S. 45). Die Darstellung des Gefühls lediglich anhand ihrer (neuro)physiologischen Komponenten, wie dies bei den Körpermetaphern der Fall ist, ist somit eine verkürzte Darstellung. Dies verweist darauf, dass in diesem Kontext das zur Sprache bringen von körperlichen Befindlichkeiten akzeptierter ist, als die Thematisierung psychischer Aspekte (vgl. Kap. 8.1.4.4).

Eine Emotion kann nur benannt werden, wenn sie wahrgenommen und als solche erkannt wird (Schmidt-Atzert, 1980, S. 181f zitiert nach Tischer, 1988, S. 11). „Many emotional experiences will be fleeting, inchoate, even confused. We cannot always identify discrete emotions and attach them to specific objects or circumstances" (Fineman, 2000, S. 13). Der verbale Ausdruck wird zusätzlich durch individuell differentielle Präferenzen bei der Sprachwahrnehmung und -produktion emotionaler Begriffe beeinflusst (Tischer, 1988, S. 56). Die verbalen Ausdrucksmöglichkeiten von Emotionen werden in der individuellen Entwicklung im Kontakt mit Bezugspersonen erworben (Kapfhammer, 1995). Die Präferenzen für Ausdrucksformen werden auch durch die soziale Umwelt in der das Individuum heranwächst (Ottomeyer, 1989) erworben und geformt. „Our emotional identities and subjectivities are constructed through exposure to discourses ... to be found in various social practices such as jobs, professions, education, family, economic systems, literature, television, film, newspaper and advertisements" (Fineman, 2000, S. 6). So haben soziale Normen einen starken Einfluss auf die Art und Weise, ob und wie Emotionen erlebt und benannt werden (Banse, 2000, S. 361). „Cultures – whether societal, organizational, occupational, departmental, etc. – provide beliefs about emotional states, a vocabulary for discussing them, and a set of socially acceptable attributions for the state" (Ashforth & Humphrey, 1995, S. 100). Ängste werden im beruflichen Kontext von Topführungskräften offensichtlich als unpassend erachtet. „Expressions of negative emotions, such as fear, anxiety, and anger, tend to be unacceptable" (Ashforth & Humphrey, 1995, S. 104). Folglich wird auch deren offene Thematisierung und ihr Ausdruck als unangemessen angesehen. Denn im Arbeitskontext wird in „Darstellungsregeln" („dispay rules", Hochschild, 1990) verklausuliert, welche Emotionen zu zeigen sind und welche als unpassend angesehen werden. Auch wenn „Angst ... im Bewusstsein des 21. Jahrhunders eine zentrale Rolle" (Furedi, 2007, S. 42) spielt, werden „Ängste vorzugsweise *tabuisiert*. Das gilt insbesondere für den beruflichen Bereich" (Brehm, 2001, S. 209, Hervorh. d. Autorin).

Insofern sind die Schwierigkeiten, negative Gefühle wie Angst zu benennen, nicht nur durch die generell bekannten Schwierigkeiten in diesem Bereich zu erklären. Vielmehr muss auch angenommen werden, dass die Schwierigkeiten im Ausdruck auch eine Folge sozialer Normen und stattgefundener Emotionsarbeit sind. Emotionsarbeit kann verstanden werden als „act of displaying the appropriate emotion" (Ashforth, 1993, S. 90). Seitens der Organisation gibt es also bestimmte Erwartungen, welche Emotionen adäquat sind und welche nicht (Zapf, 2000, S. 238). Die engen Definitionen von Angst müssen demnach als ein Zeichen wirksamer sozialer Normen verstanden werden. Diese Normen zum Ausdruck von Gefühlen in den jeweiligen Situationen sind ein fester Bestandteil der Kultur. „The emotional/behavioural expectations in these situations are rooted deeply in the social order" (Fineman, 1993c, S. 17). Ihre Wirksamkeit erhalten die Normen darüber, dass ein Verstoß gegen sie geahndet wird durch die Zuweisung von Scham und Schuld. Diese Ahndung ist ein wirkmächtiges Instrument. „The discomfort of personal embarrassment can itself ensure that most people will do more or less the right (i.e. 'organizational') thing with clients, customers, colleagues and bosses" (ebd., Hervorh. d. Autors). Diese Unterdrückung des offenen Ausdrucks von Angst kann ihrerseits wieder auf das Erleben

8.1 Definitionen von Angst

der jeweiligen Emotion zurückwirken und diese vermindern („Tiefenhandeln", Hochschild, 1990, S. 53; Banse, 2000, S. 361f).

Die organisationalen Normen in Bezug auf den Emotionsausdruck zeigen ihre Wirksamkeit auch in der Art und Weise, wie Emotionen geschildert werden. So zeigte die vertiefte Analyse, dass sich die Interviewten bei ihren Schilderungen des Stilmittels der Dramaturgie bedienten. So werden Situationen geschildert, die durch die Gabe zusätzlicher Informationen Stück für Stück an Spannung bzw. Verschärfung erhalten. Durch diesen pyramidenförmigen Aufbau (Wilpert, 1979) wird die Brisanz der Lage verdeutlicht und gleichzeitig unterstrichen. Zudem bietet diese Form der Darstellung die Möglichkeit, Emotionen nicht explizit aussprechen zu müssen. Ein Beispiel ist die Schilderung der hohen Verantwortung, die auf einem Vorstandsmitglied lastet (Jung, 42 – s. auch 0).

Hervorzuheben sind in diesem Zusammenhang auch die inhaltlich relativ engen Definitionen von Angst. Angst ist ein Tabu und dem Manager unangemessen. Von daher wird dieser Begriff lediglich für den Extrempol von Angst verwandt, der mit Lähmung und Handlungsunfähigkeit assoziiert wird. Für geringere Ausprägungen des Gefühls werden daher andere Worte gesucht und genutzt. Auch wenn die Suche danach nicht immer erfolgreich verläuft. „Angst ist für mich zu negativ ... geprägt. Ich hätte gerne bei Angst noch irgendein Wort dazu, dass das Ganze positiver macht" (Jung, Abs. 69).

Bei diesen auf die lähmenden Aspekte reduzierten Definitionsversuchen stehen folglich zunächst nur die negativen Aspekte von Angst im Vordergrund. Dies ist zurückzuführen auf die negative Bewertung der Emotion im sozialen Kontext. Zudem wird Angst in hoher Intensität als leistungshemmend beschrieben. Ein solcher Zustand widerspricht den Erwartungen an hohe Führungskräfte. Die beschriebene leistungshemmende Wirkung zu großer Angst deckt sich mit dem in der Literatur beschriebenen Zusammenhang von Angst und Leistung (vgl. Yerkes-Dodson Gesetz in Kap. 2.3.8).

In der wissenschaftlichen Debatte wird darüber hinaus die Janusköpfigkeit von Angst diskutiert.

> In studying the role of anxiety in individual and institutional life it is clear that we are considering a double-edged weapon. On the one hand, a certain degree of anxiety provides an important source of productive tension. On the other hand, excessive anxiety can inhibit and erode our capacity to function effectively (Gutmann, 1993, S. 85).

Die Interviewten thematisieren die positiven Seiten von Angst nicht direkt, sondern erst auf Nachfragen der Interviewerin.

Diese Erfahrungen in den ersten Interviews, in denen sich die von Freimuth (1999a) beschriebene Managementkultur mit ihrer Tabuisierung und Stigmatisierung von Angst (vgl. auch Brehm, 2001, S. 209) darstellte, führte zu einer Überarbeitung des Interviewleitfaden (vgl. methodisches Prinzip der Flexibilität in Kap. 7) hinsichtlich einer expliziten Thematisierung positiver Seiten von Angst. Die explizite Thematisierung der positiven Facette von Angst seitens der Interviewerin führte dazu, dass die interviewten Manager das Thema Angst auch von einer positiv gefärbten Seite betrachteten (vgl. dazu vermittelndes Interview in Kapitel 7).

Nachfolgend werden die einzelnen Arten von Ängsten dargestellt, die die Analyse der Interviews ergaben. Daraus wird im Anschluss das Modell zum Austausch von Ängsten entwickelt.

8.1.4 Angst vor dem Unbekannten

In den Darstellungen der Interviewten zeigt sich, dass Situationen oder Ereignisse Angst auslösend sind, die durch einen hohen Grad an Unbekanntheit und damit zugleich auch Unvorhersehbarkeit gekennzeichnet sind.

Nicht mehr „Herr der Lage" zu sein und sich mit einer unsicheren Situation konfrontiert zu sehen, löst die Angst vor dem Unbekannten aus. Die Betroffenen sind der Situation ausgeliefert.

> Angst ist eher das Gefühl von Unsicherheit, von nicht genau wissen, nicht genau einschätzen zu können, wie es denn weitergeht oder was denn passieren wird (Rott, 79).

Es geht um den Verlust der ‚Definitionsmacht' (Rott, 79) angesichts einer unsicheren und nicht vorherzubestimmenden Lage. In einer solchen Situation kann der Betroffene nichts passieren lassen, sondern es passiert ihm. Dieser Wechsel von einer aktiven zu einer passiven Position ist mit der Angst, ausgeliefert zu sein, assoziiert.

8.1.4.1   Angst ausgeliefert zu sein

Im Kontakt mit anderen Personen kann deren Verhalten nicht kontrolliert werden. So beschreiben die Interviewpartner im Besonderen ihre Vorstandskollegen als unberechenbar. Von deren Seite kann ein persönlicher Angriff oder ein intrigantes Verhalten erfolgen. Diese Verhaltensweisen werden als nicht vorhersehbar und unkontrollierbar beschrieben.

8.1 Definitionen von Angst

> Dieses vorgeführt werden, wo man weiß, man ist im Recht und dem hilflos ausgeliefert zu sein (Ebbing, 70).
> Angst ist, wenn ich in Situationen komme, wo ich merke, es ist Unfairheit im Spiel, also mangelnde Fairness (Jung, 44).
> Das hat was von Abhängigkeit zu tun, also von Anderen oder Anderem abhängig zu sein. Es hat auch was mit ausgeliefert, also Teil eines Prozesses zu sein, an dem man zwar Teil nimmt, dem man aber nicht steuert, da hängen Ängste dran (Hoffmann, 150).

Auch in diesem Fall ist dem Betroffenen die Bestimmungsgewalt genommen und er ist dem Handeln der Anderen ausgeliefert. Dieser Zustand löst Angst aus. Im Gegensatz zum ersten Fall (Kap. 8.1.4), in dem die Situation durch Unbestimmtheit gekennzeichnet ist, besteht hier zumindest eine Gewissheit. Die Betroffenen wissen, dass sie sich in der Hand von Anderen befinden, die ihnen Schaden zufügen werden. Welcher Gestalt der Schaden ist, ist jedoch nicht absehbar und obliegt der Definition des Anderen. Das Gewahrwerden einer solchen Situation löst die Angst aus, ausgeliefert zu sein.

8.1.4.2 Angst vor dem persönlichen Angriff

In diesem Zusammenhang tritt auch die Angst vor dem persönlichen Angriff auf, wie die folgende Beschreibung eines Vorgesetzten belegt.

> Ich hab einfach Angst vor dem, wie der um sich schlägt. Weil ich da einfach, der greift mich so persönlich an, da weiß ich nicht so genau, wie gut ich mich davon erhole. Da hab ich das erste Mal im Job gedacht, ich hab Angst. Weil der verletzend und persönlich wird (Unger, 44).

Bezeichnend ist hier das ‚persönlich' werden, die Direktheit und mangelnde Distanz des Gegenübers, das der Betroffenen zu nahe tritt und ihr dabei zugleich schadet. Das Verhalten ist nicht nur ‚verletzend und persönlich', es ist auch von so hoher Intensität, dass sogar eine irreversibler Schaden davon entstehen kann. Darauf verweist die Formulierung ‚da weiß ich nicht so genau, wie gut ich mich davon erhole' zu erkennen gibt. Diese Konstellation von großer Nähe und wirkmächtiger Aggression ist durch ein hohes Maß an Unkontrollierbarkeit gekennzeichnet, was das Erleben von Angst zur Folge hat.

8.1.4.3 Gesundheitsängste

Nicht nur die Anderen stellen sich als unberechenbares Gegenüber dar. Auch der eigene Körper widersetzt sich mitunter der Kontrolle. Dies löst die Angst aus, krank zu werden.

> Das Einzige, was ich mir wirklich, wo ich mir Angst drum mach, ist wirklich um die Gesundheit (Mangold, 102).

Angst um die eigene Gesundheit zeigte sich als eine Angst, die von den Interviewpartnern oftmals schnell und direkt zu benennen war. Dies wird oftmals an scheinbar eher unpersönlichen Ängsten illustriert wie die Angst vor den Folgen des Zigarettenkonsums.

> Ich habe vor drei Monaten aufgehört mit dem Rauchen, ich war starker Raucher, das kommt von der Angst heraus, dass man sein Kind nicht in die Schule gehen sieht ... Also das ist eine Art von Angst, wenn man das Gefühl hat, ich wach morgens auf und denke, du machst es nicht mehr lange, wenn du so weiterlebst, das ist nicht gesund. Das geht dem Ende zu was du hier veranstaltest (Rott, 79).

Die Tatsache, dass die Angst um die eigene Gesundheit von Rauchern zu einem frühen Zeitpunkt und so direkt geäußert wird, ist als Beleg dafür zu verstehen, dass diese Angstform sozial akzeptierter ist als andere. Rauchen wird als kleines Laster der Person verstanden und die folgliche Sorge um die Gesundheit erscheint nur als allzu verständlich, nachvollziehbar und zu erwarten. Von daher ist diese Angst noch wenig persönlich. Diese Form von Angst zu äußern, heißt im Allgemeinen, noch wenig von sich als Person preiszugeben. Abweichend davon stellt ein Interviewter die Angst sehr wohl mit einem stärkeren Grad an Selbstoffenbarung bzw. Selbstenthüllung dar.

> Wenn Sie mich fragen, wo ich Angst habe, Angst habe ich, das, das veröffentlichen Sie ja nicht, dass ich, weil ich immer noch schwachsinniger Weise rauche, dass ich Lungenkrebs habe (Jung, 197).

Im vorangestellten Interviewausschnitt wird diese Angst als eine irrationale dargestellt, von der der Interviewte nicht möchte, dass andere davon erfahren (‚das veröffentlichen Sie ja nicht'). Zudem ist eine Sucht, die in ihrem Wesen für den Betroffenen unkontrollierbar ist, offensichtlich mit dem Bild eines Managers nicht vereinbar. Denn Manager handeln rational und Zigarettenkonsum ist angesichts der bekannten gesundheitlichen Folgen irrational, um nicht zu sagen ‚schwachsinnig'. In diesem Beispiel ist die Benennung der Gesundheitsangst

8.1 Definitionen von Angst

also weniger unpersönlich als es im ersten Zitat des Abschnittes der Fall ist. Denn die Art und Weise, wie sie geäußert wird, lässt viel über das Bild, das der Betroffene von Managern hat, erkennen. Dieses Bild ist von Disziplin, Bedürfniskontrolle und Rationalität geprägt.

Die Aussagen zur Gesundheitsangst beziehen sich ausnahmslos auf die physische Gesundheit. Hier ziehen die Interviewten eine klare Verbindung zu den Belastungen, die aus der Tätigkeit resultieren. So wird geschildert, dass Angst besteht, den hohen Belastungen, die mit dem Arbeitspensum verbunden sind, nicht mehr standhalten zu können und folglich darüber krank zu werden.

> Na klar macht man sich Gedanken darüber, wenn man, ich sag mal, im Bett liegt und man kommt nicht in den Schlaf und man, man, ich sag auch manchmal denkt man, bildet man sich ja viel ein, dass man plötzlich, weiß ich nicht, vielleicht, dass man Herzrasen hat (lacht) oder man bildet sich ein, dass man, dass irgendwas, wenn man, wenn man vielleicht Stiche irgendwo in der Brust hat oder sonst was, denkt man, oh, jetzt kriegst..., bist du auch nen Herzinfarktpatient oder jetzt kriegst du auch nen Herzinfarkt. Der ganze Stress (Kaufmann, 46).

Es wird also nicht der Stress an sich gefürchtet, sondern die körperlichen Reaktionen darauf. Die Möglichkeit, dass auch die psychische Gesundheit von diesen Belastungen beeinträchtigt werden könnte, ziehen die Interviewten für sich selbst nicht in Betracht. Wohl aber schildern sie, dieses Phänomen, hier konkret Burnout, bei anderen erfahren zu haben.

> ich sag mal, es gibt ja nicht wenige Leute, die aus solchen Stresssituationen heraus, die sich ja auch über Zeit aufgebaut haben, dann in irgendeiner Weise auch richtig krank geworden sind, ja, bis, weiß ich nicht, hin zu Herzinfarkt oder sonstigen Dingen oder, oder Burnout-Syndrom oder totales Versagen oder auch, oder auch nur Kopf in den Sand stecken (Kaufmann, 42).

Nicht nur die körperlichen Reaktionen auf die anhaltende und hohe Belastung werden gefürchtet. Angesichts eines fortgeschritteneren Lebensalters kann auch das Gewahrwerden der eigenen Vergänglichkeit Angst auslösen.

> Machen wir uns nichts vor. Es ist die Angst vorm Tod (Conradi, 108).

In fortgeschrittenem Lebensalter, also kurz vor dem Eintritt in den Ruhestand mit 65 Jahren, erlebt der Interviewte auch eine angestiegene Wahrscheinlichkeit möglicher altersbedingter Erkrankungen. Diese Tatsache löst ebenfalls Ängste um die eigene Gesundheit aus.

> Was kommt alles auf dich zu? Diese Fragen beschäftigen mich schon deutlich ... Herzinfarkt, bums, tot. Oder eine unter Kontrolle gehaltene Krankheit macht sich breit. Weiß der Geier was. Weil man irgendwie nicht mehr spannkräftig ist und auch, ich weiß nicht was, ja, macht sich breit. Dann stirbt man daran (Conradi, 110-125).

Es ist ungewiss, inwieweit in der Zukunft auf den eigenen Körper noch Verlass ist. Dies stellt einen Verlust an Kontrolle dar und die Interviewten erleben dies als Angst.

Naturgemäß nimmt die Relevanz dieser Angstform im Laufe des Lebens zu. Die Angst vor dem Unbekannten tritt auch auf, wenn die Betroffenen sich als dem Umfeld nicht zugehörig erleben. Beschrieben wird die Angst, ‚allein zu sein, nicht Teil einer Gemeinschaft zu sein' (Uhl, 171). Hierbei geht es im Kern um die Orientierungsfunktion, die die Gemeinschaft einnimmt. Diese bietet Sicherheit im Umgang mit dem Unbekannten, da sie Normen und Regeln zur Verfügung stellt, an denen sich die Mitglieder orientieren können. Daher kann die ‚Angst davor ..., dieses Gruppengefühl zu verlieren' (Uhl, 79) eben letztlich als Angst vor dem Unbekannten verstanden werden, die die Betroffenen durch Zugehörigkeit bewältigen.

8.1.4.4 Fazit Angst vor dem Unbekannten

Die Angst vor dem Unbekannten in ihren verschiedenen Schattierungen ist gekennzeichnet durch Konstellationen, in denen den Betroffenen die Bestimmungsgewalt über die Situation durch die Umstände, durch Andere oder ihren Körper genommen wird. Die Bestimmungsgewalt ist dabei offensichtlich aus verschiedenen Aspekten konstituiert. Der kognitive Aspekt betrifft die Definitions- und Deutungsmacht über die Situation. Liegt diese nicht bei der Führungskraft, ist dies mit Angst assoziiert. Der affektive Aspekt bezieht sich auf die Gefühle von Schwäche und Hilflosigkeit. Die Betroffenen fühlen sich der Situation oder den Anderen ausgeliefert. Auf der Handlungsebene, dem conativen Aspekt, geht es darum, nicht mehr Handeln zu können. Dies kann durch fehlende oder als fehlend wahrgenommene Ressourcen oder Copingstrategien bedingt sein. Die Betroffenen können in diesen Situationen nicht mehr geschehen lassen, sondern es geschieht ihnen.

> ... das sind offensichtlich die Spätfolgen der Managerkrankheit. Wenn Manager was nicht kontrollieren können, ... das ist schlimm (Conradi, 112).

8.1 Definitionen von Angst

Dies ist eine Konstellation, die nicht zu der Rolle einer hohen Führungskraft passt, deren Aufgaben das Initiieren und Kontrollieren von Maßnahmen und nicht das Reagieren auf dieselben ist.

Durch die Art und Weise, wie das Thema Stress und dessen Bewältigung in Organisationen behandelt wird, erfährt das Gefühl der mangelnden Situationskontrolle eine Verschärfung.

> The stress discourse encourages employees to define themselves in terms of their ability to successfully handle job pressures, and links this definition to personal anxieties about mental and physical health (with ultimate failure occurring when the individual reaches the dreaded stress 'burnout')" (Newton, 1995b, S. 77, Hervorh. d. Autors).

Als Ursachen für Stress werden nicht arbeitsorganisationale Bedingungen, sondern ein persönliches Misslingen der Copingstrategien verstanden. Dem Stress nicht standzuhalten, bedeutet also ein persönliches Versagen der Selbstkontrolle. Dieses erlebte Versagen erzeugt wiederum Stress (Semmer, Grebner & Elfering, 2010, S. 344).

Zugleich zeigen die Aussagen zu Gesundheitsängsten eine Hinwendung der Aufmerksamkeit zu körperlichen Reaktionen. Die von den Interviewten gefürchteten Auswirkungen der Arbeitsbelastung auf ihre eigene (physische) Gesundheit sind dabei nicht unbegründet. „There is consistent evidence that perceived stressors at work are related to poor health and well-being" (Sonnentag & Frese, 2003, S. 460). Zusammenhänge zwischen „„Anforderungen der Tätigkeit" und den verschiedenen psychosomatischen *Erkrankungen des Herzens* ... können ... als gesichert angenommen werden" (Stoffer, 2006, S. 376, Hervorh. d. Autors). Auch zum Einfluss arbeitsbedingter Stressoren auf die psychische Gesundheit gibt es ähnliche Befunde. „Stress leads to psychosomatic ... ill health" (Frese, 1985, S. 327). In den Interviews werden jedoch nur die physischen Folgen von Stress thematisiert. Aspekte der psychischen Gesundheit bleiben hingegen unberücksichtigt.

Dies ist darauf zurückzuführen, dass psychische Prozesse, vor allem Emotionalität, dem Gebot der Rationalität widersprechen. Denn sie stellen sich als unkontrollierbar dar. Unkontrollierbarkeit widerspricht dem geplanten und besonnenen Handeln und Verhalten, das von leitenden Führungskräften in Organisationen erwartet wird.

8.1.5 Versagensängste

Versagensängste sind eine unter den Interviewten weit verbreitete Form von Angst.

> Die Herausforderung und die Schiss die ich hatte, also Angst tatsächlich zu scheitern an dem Thema (Allmeier, 12)

Die Interviewpartner berichten von verschiedenen Versagensängsten, bei denen sie befürchten, den Ansprüchen, die an sie gestellt werden, nicht gerecht zu werden und daran zu versagen.

> Es ist immer auch immer so das Thema, traust Du Dir das zu? Gehst Du über die Hürde, Du kannst da wieder scheitern. Oder Deine Zahlen stimmen nicht oder, oder (Allmeier, 20).
>
> Angst, Versagen der Abteilung, krass gesagt oder Versagen seiner selbst ... Hoffentlich, das musst du richtig machen (Eich, 37).

Versagensängste können sich auch indirekter äußern.

> ... war das für mich einfach nur immer nur nen Wettrennen alles. Da hatte ich wirklich Angst, nicht der Erste zu sein, Angst, übergangen zu werden, Angst, nicht genug Kohle zu verdienen, nicht nen dickes Auto zu fahren und, und, und ... (da) hatte ich schon nen schlechtes Gewissen, wenn ich mal ne Stunde oder zwei Stunden Fernsehen geguckt hatte, hatte ich schon ein schlechtes Gewissen, du hast nichts gemacht. Du hast nicht gearbeitet. Du warst nicht produktiv. (Mangold, 52).

Im Kern geht es jedoch immer darum, dass die Betroffenen sich des Gefühls nicht erwehren können, dass die von Ihnen erbrachte Leistung den Anforderungen nicht genügt. Diese Anforderungen werden offensichtlich rigide gehandhabt. Den Anforderungen ist zu entsprechen, eine Nichtentsprechung ist ein Scheitern. Eine Topführungskraft ist ein erfolgreicher Höchstleister. Ein Scheitern ist nicht Bestandteil dieses Bildes und ist somit für den Fortbestand der Position bedrohlich. Ein Scheitern ist von daher für Manager ein unhaltbarer Zustand.

Das Ausmaß von Versagensangst im Allgemeinen ist über die Zeit veränderlich. Eine Linderung kann im Laufe der Zeit durch Erfahrung geschehen (vgl. Kap. 8.5).

Gleichzeitig bleibt Versagensangst immer präsent. Allerdings variiert sie in dem Ausmaße, in dem sie bewusst ist.

> Angst schwingt immer irgendwie ist, mehr so unterschwellig da. Die Angst zu scheitern. Aber nicht, dass man jetzt morgens aufwacht und überlegt, was könnte heute

8.1 Definitionen von Angst 131

> passieren? Wo muss ich aufpassen, um nicht zu scheitern? So ist das nicht (Winter, 39).

Die Versagensängste finden ihre Form im Zweifeln und Grübeln über die Gründe wie auch die Folgen des Versagens.

> Woran hat es gelegen? Habe ich meine Sorgfaltspflichten eben verletzt? Hab ich nicht richtig aufgepasst? Oder automatisch eben auch, sagen wir mal Sorgen, kann ich meinen Job in der Form, dass ist jetzt schon der schlimmere Fall, kann ich meinen Job in der Form so ausüben wie ich es tue, muss ich nicht irgendwelche Konsequenzen ziehen in der Arbeitsdelegation, muss ich bestimmte Prioritäten neu setzen? (Bach, 26).
>
> Das Gefühl vor allem selber, vielleicht versagt zu haben, also das was man so vor hatte und das was man machen wollte, dass man das nicht geschafft hat, dass ist so eher die Angst dahinter (Rott, 73).

Neben dieser „retrospektiven" Form kann Versagensangst auch eine „prospektive" Form annehmen. Dabei fürchten die Interviewten, in zukünftigen Leistungssituationen zu versagen.

> Also die, so und, diese Angst vor neuen Aufgaben, die ist vielleicht da, die jeweils nächstfolgende Aufgabe schlechter zu machen als die vorangegangene (Conradi, 66).

Versagensängste können auch in den folgenden Unterformen von Ängsten ihren Ausdruck finden.

8.1.5.1 Angst vor Führungsverantwortung

Versagensängste zeigen sich auch in der Angst, an der Führungsverantwortung zu scheitern. Dabei wird ein mögliches Scheitern sowohl der eigenen Person als auch ein Versagen der Mitarbeiter in Bezug auf die Arbeitsaufgabe gefürchtet.

> Sagen wir mal so, wenn ich so ne Abteilung von 100 Leuten oder 50 Leuten oder 30, hätte, hätte ich schon nen bisschen, keine Angst vor, aber nen bisschen Muffe, bisschen Muffe. Aber davor, werd ich den Leuten gerecht. Und das andere Problem, werden sie mir gerecht? Werden mir die Leute gerecht, erfüllen sie das, was ich von Ihnen erwarte? (Mangold, 114)

Es geht also um das mögliche Versagen dabei, die Mitarbeiter recht zu leiten, die anstehenden Aufgaben zu übernehmen und zu bewältigen. Zugleich kann es auch sein, dass die Unterstellten ihre Leistung verweigern oder nicht den Ansprüchen der Führungskraft entsprechen.

Mit der Führungsposition ist nicht nur die Verantwortung für die Leitung der Mitarbeiter und damit die Steuer des Ergebnisses verbunden. Die Interviewten fühlten sich auch für den Erhalt der Arbeitsplätze der Beschäftigten verantwortlich. Auch das mögliche Scheitern an dieser Verantwortung löst Angst aus.

> Schaff ich das? Kann ich diese Verantwortung [übernehmen] für diese 45 Familien, es geht ja nicht um 45 Leute, es geht um 45 Familien mit Kind und Kindeskindern (Walter, 44)

Die Versagensängste werden dadurch verschärft, dass hohe Führungskräfte die Entscheidungen alleinverantwortlich zu treffen haben.

> Das ist was, wo Sie dann nachts nicht schlafen, vor allem wenn Sie Arbeitsdirektor, Personal- und, und Finanzchef sind, weil es sagt Ihnen ja keiner was richtig ist. Und wenn Sie in den Vorstand gehen und den Vorschlag machen, dann stimmen Ihre Vorstandskollegen zu. Und dann müssen Sie es ver..., vertreten. Und wenn draußen die johlende und pfeifende Belegschaft steht und wir durchs Hintertür, durch die Hintertür rein gefahren sind (Jung, 42).

Von Gleichrangigen werden die Entscheidungen getragen. Das heißt die Anderen billigen die Entscheidung, die volle Verantwortungslast liegt jedoch bei dem Entscheidungsträger. Eine zusätzliche Verschärfung erlebt diese Konstellation dadurch, dass die Entscheidung, die eine unpopuläre ist[17], vor dem Betroffenen zu verkünden und vertreten ist. Der Entscheidungsträger ist also in einer äußerst schwierigen Situation: er trifft alleinverantwortlich eine folgenreiche Entscheidung und muss sich vor den verärgerten Betroffenen dafür rechtfertigen. Zusätzlich ist er sich seiner eigenen Entscheidung selbst unsicher („weil es Ihnen ja keiner sagt was richtig ist'). Er sieht sich gewissermaßen von innen und außen gleichzeitig mit Zweifeln konfrontiert und erhält auch von den Gleichrangigen keinen Rat.

Versagensängste in Bezug auf den Weiterbestand der Organisation als solches, wurden in den Interviews nur insofern geäußert, wie sie den Weiterbestand der eingenommenen Position und die finanziellen Einlagen betreffen (vgl. Kap. 8.1.6.1). Diese Ängste sind den Existenzängsten zuzuordnen.

---

17 Es geht in dem zuvor aufgeführten Zitat um massive Entlassungen.

8.1 Definitionen von Angst 133

8.1.5.2 Angst vor den ‚hohen Herren'

Nicht nur die Führungsverantwortung für Mitarbeiter ist mit Angst assoziiert. Auch im Kontakt mit anderen, höherrangigen Vorständen ist mit Versagensängsten assoziiert.

> Ich war hier in dem ... Meeting mit den Vorständen mit drin. Natürlich die Hose voll, ja, du kleiner Scheißer hast ja gar keine Ahnung, die hohen Herren. Ja weil (Ortsname) war ja immer der Elfenbeinturm, Konzernzentrale und die sind ja alle mit Weihwasser und haben ja alle mehr Ahnung und so weiter und so fort (Allmeier, 11).

Die anderen Vorstände werden von den Betroffenen als mächtiger, erfahrener und kompetenter eingeschätzt. Zugleich werten die Betroffenen die eigene Person ab (‚ich war das kleines Würstchen', Eich, 26). Diese Abwertung ist so umfassend, dass, wie aus dem vorangestellten Zitat deutlich wird, der Betroffene im Angesicht der ‚hohen Herren' zum Säugling (‚kleiner Scheißer') wird. Diese Idealisierung und Überhöhung der Anderen zu Allmächtigen beim gleichzeitigem Zurückfallen auf den Status eines Säuglings ist assoziiert mit starken Versagensängsten. Gegen diese Allmacht kann der Betroffene nicht bestehen, sondern nur versagen.

8.1.5.3 Angst Familienunternehmen

Eine besondere Form von Versagensängsten zeigt sich bei der Nachfolge in Familienunternehmen. Hier wird erwartet, dass die nachfolgende Generation das Unternehmen weiterführt. Hierbei handelt es sich um ein ‚unausgesprochenes Versprechen'(Rott, 75), die Unternehmung des scheidenden Elternteils erfolgreich weiter zu führen und die Arbeitsplätze der Mitarbeiter zu sichern.

> Das ist so ein Moment, wo man Angst kriegt. Ja. Das sind dann eher so die Nachfolgeängste von wegen, muss du unbedingt das versauen was die 30 Jahre aufgebaut haben? (Rott, 71)

8.1.5.4 Lampenfieber

Gleich der Angst um die eigene (physische) Gesundheit (0) ist auch das Lampenfieber eine Form von Angst, die die Interviewten direkt äußerten. Dies wird an

Beispielen von zu haltenden Vorträgen und Situationen aus dem Studium illustriert.

> Der erste Vortrag war ... in der Uni, wo wir so ein Referat halten sollten vor 300 Kommilitonen, da ging mir in der Tat ordentlich die Düse. Das war so mit allem, mit Zittern und zittriger Stimme und nicht Schweißausbruch, aber kurz davor und so etwas, das volle Programm (Bach, 108).

Die Interviewten fürchten, vor anderen zu versagen und sich folglich zu blamieren. Vor anderen als unwissend oder inkompetent entlarvt zu werden, wird als bedrohlich empfunden und gefürchtet.

Lampenfieber kann hohe Intensitäten erreichen, nimmt aber mit der Erfahrung mit öffentlichen Auftritten ab. Zudem spielt das Publikum eine moderierende Rolle.

> Vor Laien das vorzutragen bedeutet in Anführungsstrichen nicht viel Gefahr, dass irgendwas kommt, was man nicht beantworten könnte, beim Fachpublikum ist es ein bisschen anderes, da fühlt man sich noch irgendwie anders herausgefordert (Bach, 111).

Ein Vortrag vor einem Fachpublikum löst eine höhere Intensität von Lampenfieber aus als ein Vortrag vor Laien. Die Relevanz des Publikums ist also entscheidend (vgl. auch Laux, 1993b, S. 123).

Lampenfieber wird direkt und ohne Umschweife als Angst, die im Arbeitskontext auftritt, geäußert. Damit nimmt diese Angstform eine Ausnahmeposition zu anderen Angstformen ein. Dies ist als Beleg dafür zu verstehen, dass Lampenfieber eine sozial akzeptiertere Art von Angst ist. Es ist sozial anerkannt, dass Lampenfieber ein fester Bestandteil öffentlicher Auftritte ist. Von daher bedarf es keiner großen Überwindung zuzugeben, Lampenfieber zu haben. Folglich fungiert diese Angstform als Paradebeispiel für Ängste. Hier ist der Grad an Selbstenthüllung zwar etwas höher als bei der Gesundheitsangst der Raucher, aber da diese Angst sozial akzeptiert ist, kann sie auch von Interviewpartnern geäußert werden, die sich im weiteren Verlauf des Interviews weniger offen äußern. Zudem trägt die positive Bewertung der Wirkung von Lampenfieber, nämlich die fördernde Qualität (vgl. Kap. 8.1.1) dazu bei, dass diese Angstform eher geäußert werden kann.

Weiterhin haben die Gesundheitsängste der Raucher und das Lampenfieber gemein, dass beide die Ängste sind, bei denen nicht psychische, sondern physische Aspekte im Zentrum stehen oder zu stehen scheinen. Ist dies bei der Gesundheitsangst offensichtlich, so wird dies beim Lampenfieber durch die genaue Betrachtung des Wortes Lampen-Fieber deutlich. Dies geht überein mit der Tatsache, dass die Definitionsversuche von Angst oftmals Körpermetaphern zur Hilfe nehmen (vgl. Kap. 8.1).

8.1.5.5 Fazit Versagensängste

Versagensängste finden sich bei den Interviewten in vielfältiger Ausprägung. In der heutigen Gesellschaft wird die Erbringung von Leistung als Maxime hochgehalten (Haubl, 2008). Mittlerweile hat sich auch der Gebrauch des Wortes Versagen geändert, wie Richter (1992) nachweist:

> Zur Zeit Goethes sprach man zwar davon, daß einem die Waffe, irgendein Werkzeug oder allenfalls die Hand versage – also nicht funktioniere. Aber daß Menschen wie Instrumente funktionieren und passiv versagen, konnte man sich noch nicht vorstellen; nur, daß sie aktiv einem anderen etwa einen Dienst versagen (S. 141, Hervorh. d. Autors).

In der heutigen Zeit, die durch hohe Leistungsanforderungen bestimmt ist, hat, wer versagt keinen guten Stand (Haubl, 2008). „Das als «richtig» bestimmte, weil geregelte Verhalten ist umgeben von einem Meer falschen Verhaltens" (Baecker, 2003, S. 26, Hervorh. d. Autors). Das ist vor allem dann relevant, wenn das Handeln im sozialen Umfeld wie beispielsweise einer Organisation geschieht. „Wir gehen davon aus, dass jede Handlung eines Managers ... in sozialen Situationen stattfinden, in denen nicht nur gehandelt, sondern auch beobachtet wird und zwar vor allem die Handlungen der anderen beobachtet werden" (ebd., S. 25). Fehler bleiben also nicht unentdeckt. An den Aufgaben zu scheitern, einen Fehler zu begehen oder eine falsche Entscheidung zu treffen, hat auch für die interviewten hohen Führungskräfte weitreichende Konsequenzen. Dies kann sowohl die Zukunft des Unternehmens (z.B. Rott, 71) als auch die der Mitarbeiter (z.B. Jung, 42; Walter, 44) betreffen. Zudem kann dadurch auch die eigene Position ins Wanken geraten. In einem Umfeld, das durch hohe Konkurrenz um wenige Positionen gekennzeichnet ist, bedeutet ein Versagen ein reales Riskieren der eigenen Zukunft in der Position. Die Positionen sind grundsätzlich hart umkämpft, sodass die Betroffenen in hohem Maße damit beschäftigt sind, die Konkurrenten abzuwehren (vgl. auch 0). Ein Scheitern bedeutet in diesem Kontext eine sehr reale Bedrohung der Position. Somit sind die Versagensängste also auf der Handlungsebene durch die Gefährdung der eigenen Position bedingt.

Jenseits der Handlungsebene ist für die Betroffenen durch eine Gefährdung des Fortbestands der Topmanagementposition auch die damit verbundene Rolle in Gefahr. Denn ein Teil der Rolle ist es, Höchstleistungen zu erbringen. Ein Versagen widerspricht diesem Bild und bringt damit die Rolle in Gefahr. Damit zerstören die Betroffenen den Eindruck, den sie bei den Anderen von sich selbst erzeugen wollen.

Hier geht es um eine grundlegende Bestrebung des Menschen, den Eindruck, den sie beim Anderen erzeugen, zu kontrollieren. „Ein Einzelner [hat], wenn er vor anderen erscheint, zahlreiche Motive dafür ..., den Eindruck, den sie von der Situation empfangen, unter Kontrolle zu bringen" (Goffman, 1959/2000, S. 17). *„Individuen kontrollieren (beeinflussen, steuern, manipulieren etc.) in sozialen Interaktionen den Eindruck, den sie auf andere Personen machen"* (Mummendey, 1995, S. 111, Hervorh. d. Autors). Mittels verschiedener Strategien und Taktiken (Fischer & Wiswede, 2009, S. 471) kann dies versucht werden. Eine derartige Eindruckssteuerung wird als „Impression Management" bezeichnet (Schlenker, 1980; Fischer & Wiswede, 2009, S. 471 ff).

Auf den Zusammenhang von Impression management und Angst weisen Schlenker und Leary hin: „Social anxiety arises in real or imagined social situations when people are motivated to make a particular impression on others" (1982, S. 645). Versagensangst bzw. Leistungsangst wird zwar formal von sozialen Ängsten abgegrenzt, in der jeweiligen Situation ist der Übergang jedoch fließend (vgl. Abschnitt 0). Denn letztlich geht es um das Versagen vor Anderen.

Als notwendige, jedoch nicht hinreichende Bedingung für soziale Angst wird die Motivation zur Selbstdarstellung, wie sie sich auch in den Interviews finden lässt, beschrieben. Aus dieser Motivation resultiert jedoch nur dann soziale Angst, wenn Zweifel besteht, dass der gewünschte Eindruck auch vermittelt werden kann (Schlenker & Leary, 1982, S. 646). Dieser Zweifel wird auch bei den Interviewten deutlich (Allmeier, 11).

Die Angst vor den ‚hohen Herren' steht hier noch für einen weiteren Aspekt. Die Regression in die Kindheit zum ‚kleinen Scheißer', kann auch so interpretiert werden, dass die Annahme einer Position und der Aufstieg in der Hierarchie auch dazu genutzt werden sollten, um der subjektiv erlebten inferioren Position zu entfliehen. Mittels der Position sollte also ein höherer Status erreicht und das Gefühl der Minderwertigkeit überwunden werden. Dass diese Angst trotz des Innehabens der Position weiterhin noch besteht, verweist darauf, dass die Bemühungen das Gefühl auf dieser Art zu überwinden, fehlgeschlagen sind.

Das Bild, das die Interviewten darstellen wollen, also wie sie von ihren Gegenübern wahrgenommen werden wollen, hat für sie eine besonders hohe Relevanz, denn es ist für sie identitätskonstituierend. Von daher sind die Interviewten auch sehr darum bemüht, diesen Eindruck bei anderen hervorzurufen und aufrechtzuerhalten. Denn dadurch konstruieren sie ihre Identität und können sich ihrer anhand der entsprechenden Rückmeldungen von ihrem Umfeld stets versichern. „Creating a preferred impression will ... permit ... to receive self-defining feedback that could reduce any uncertainty ... [people] might have

8.1 Definitionen von Angst

about whether they really possess these attributes" (Schlenker & Leary, 1982, S. 648). Vor diesem Hintergrund wird die Bedrohlichkeit von Versagen für die Interviewten deutlich.

8.1.6 Existenzängste

Neben Versagensängsten schildern die Interviewten auch Existenzängste.

> Das war natürlich schon ne echte Existenzangst, die mich auch selber damals ja bedroht hat und wo ich dann auch wirklich manchmal schlaflose Nächte hatte logischerweise, ja, die junge Familie. Wie das so ist, man hat gewisse Verpflichtungen und, und macht sich natürlich dann Gedanken, wie geht das eigentlich weiter? (Kaufmann, 36).

Die Betroffenen fühlen eine Verpflichtung, für Deckung der Grundbedürfnisse der Familie zu sorgen.

> Weil man immer noch denkt, Du muss Deine Familie absichern, die Grundbedürfnisse sichern (Allmeier, 12).
> Verdammt noch mal, wie willst du jetzt deine Töchter, davon habe ich zwei, wie willst du die jetzt durchbringen, wie willst du das jetzt machen? (Hoffmann, 88).

Darüber hinaus fühlen sie sich auch für die Gewährleistung eines entsprechenden Lebensstandards verantwortlich.

> Auch die Familie, ich hab ja auch drei Kinder, die studieren, die auch einen Lebensstandard haben, der aus einer Zeit stammt, als Geld keine Rolle spielte, der jetzt schon so ist, dass ich mich schon strecken muss. Aber ich wollte auch nicht, dass meine Kinder da irgendwie Abstriche machen (Winter, 135).

Diesen Lebensstandard wollen die Interviewten auch in Zeiten gewährleistet sehen, in denen sie aufgrund beruflicher Veränderungen über weniger Einkommen verfügen. Die Versorgerrolle geht sogar so weit, dass sie bereit sind, selbst Einschnitte zu machen ('dass ich mich schon strecken muss'), um den Kindern noch den gewohnten Standard bieten zu können.

Die geschilderten Existenzängste beziehen sich in dieser Einkommensklasse also weniger auf die Wahrung der Grundbedürfnisse. Es geht hier nicht um das Überleben der Familie, sondern um den eigenen hohen Lebensstandard sowie vor allem um den der Familie. Die Versorgung der Familie ist als Versorgerrolle ein fester Bestandteil der Rolle der Interviewten.

Diese Form von Angst tritt auch in Zusammenhang mit wirtschaftlichen Veränderungen auf, die das Fortbestehen des Unternehmens und damit der eigenen Position gefährden können. Insofern können Existenzängste ihren Ausdruck auch in der Angst vor Schulden finden.

> Also irgendetwas prägte mich von Kindheit, Angst vor Schulden ... Schulden waren für mich immer ein Gräuel. Das wetzt natürlich und wird noch kritischer, wenn man plötzlich Schulden, die man im Griff hat, plötzlich aus dem Ruder zu laufen scheinen (Walter, 30).

Auch die Angst, Schulden zu machen ist letztlich die Angst, die eigene Existenz zu gefährden, wenn die Schulden nicht mehr beglichen werden können.

8.1.6.1 Existenzangst um das Unternehmen

Das Prosperieren und Fortbestehen des Unternehmens, dem die Interviewten zugehörig sind, ist nicht immer sicher. Das löst Ängste aus, die sich auf die Existenz des Unternehmens beziehen.

> Und man hat Angst, Mitarbeiter zu verlieren ... wenn wir eine größere Anzahl an Mitarbeitern verlieren, dann hat das echte Konsequenzen (Kaufmann, 36).

Die Betroffenen fühlen sich auf das Unternehmen bezogen und sind es teilweise auch monetär in Form von geleisteten Kapitaleinlagen. Insofern ist hier die Grenze zwischen der Angst um die Existenz der Unternehmung und die Angst um die eigene Existenz fließend.

Das Auftreten von Existenzängsten ist über den Lebensverlauf variabel. Die Interviewten berichten davon, diese Angst vor allem zu Beginn der Karriere erlebt zu haben. Bei Personen, die kurz vor dem Eintritt in den Ruhestand stehen, spielt Existenzangst keine Rolle mehr. Die Intensität hingegen wird als invariabel geschildert: Existenzangst tritt entweder in hoher Intensität auf oder gar nicht.

8.1.6.2 Fazit Existenzängste

Die von den Interviewpartnern berichteten Existenzängste betreffen die Angst um die physische (Schwarzer, 2000, S. 104) und finanzielle Unversehrtheit. Die Manager fühlen sich für die Sicherung der eigenen Existenz und der der Familie verantwortlich und sind es zumeist auch. Jenseits dieser offensichtlichen monetären Verpflichtungen der Familie gegenüber ist die Versorgerrolle ein Teil der Rolle, die die Interviewten innehaben. Durch ihr Einkommen versorgen sie die Familie und sichern ihnen einen gehobenen Lebensstandard. In ihrem finanziellen Wohl sind die Familien vollständig von ihnen abhängig, wollen sie ihren Lebensstandard beibehalten. Der Träger der Versorgerrolle ist damit in finanzieller Hinsicht das Familienoberhaupt. Diese einflussreiche Machposition ist auch ein Teil der Rolle, die mit der Topmanagementposition verbunden ist. Die Rollenträger sehen sich als Ermöglicher für sich und ihre Familie. Seitens der Familie wird eine entsprechende Erwartung an die Betroffenen gestellt.

8.2 Angstursachen

Die Interviewten nutzen ein von der Organisation zur Verfügung gestelltes Rollenangebot, um ihre Angst vor Bedeutungslosigkeit zu bewältigen. Somit stützen sie ihre Identität durch eine Rolle und die damit verbundenen Erwartungen. Eine möglicher Verlust dieser Rolle ist für die Betroffenen von daher identitätsbedrohend (vgl. Abschnitt 0) und somit Angst auslösend.

Zusätzlich zu diesen individuellen Ursachen von Angst zeigen sich auch in der äußeren Umwelt Bedrohungspotenziale, die ihrerseits Angst auslösen. Diese können innerhalb der Organisation (Kap. 8.2.1), der Unberechenbarkeit der Anderen (Kap. 8.2.2), den spezifischen Erfordernissen der Position (Kap. 8.2.3), der Unternehmensumwelt (Kap. 8.2.4) und der eigenen Person (Kap. 8.2.5) liegen.

8.2.1 Die Organisation als Angstauslöser

Das Fortbestehen und die weitere Entwicklung von Organisationen sind unsicher. Die Sorge um die Aktienkurse, den „Shareholder Value" (Hesse, 2010; Wöhe & Döring, 2008, S. 55) beinhaltet nicht nur die Sorge um Kursverluste der Aktionäre.

> Das Unternehmen hat auch Angst, wenn die Profitmarge nicht weiter steigt, sinkt der Aktienkurs und sind wir leichter Opfer für feindliche Übernahmen (Uhl, 159).

Die Zukunft des Unternehmens kann dadurch gefährdet sein, dass seine Eigenständigkeit bei sinkenden Aktienkursen eher gefährdet sein kann. Es kann dadurch für andere Organisationen ein interessanter Übernahmekandidat sein. Unternehmen sind bestrebt, die Übernahme durch andere zu vermeiden, da es sich dabei oftmals um eine Unterordnung bei Aufgabe der eigenen Selbständigkeit handelt (Wöhe & Döring, 2008, S. 255). Daher wird der eigene Wert an der Börse kontinuierlich überwacht und innerhalb der Organisation verschiedene Formen von Druckmechanismen aufgebaut, um den Unternehmenswert zu sichern. Die Bemühungen führen zu vielfachen Umstrukturierungen und Rationalisierungen, denen die Organisationsmitglieder ausgesetzt sind.

> Ich hab jetzt mittlerweile fuffzehn Umorganisationen hinter mir (Allmeier, 30).

Diese können sich beispielsweise dergestalt für die Mitarbeiter auswirken, dass sich ihre Aufgaben durch interne Umbesetzungen ändern.

> Oder aber in der letzten Zeit, was ich auch festgestellt hab, dass man irgendwann unruhig wird, weil man alle Nas lang seinen Job verliert (Unger, 34).
> Der Markt und das Umfeld hat sich natürlich dramatisch verändert. Und insofern hat meine Karriere ungewollt Wendungen gemacht, die sehr stark von außen beeinflusst waren, vom Unternehmen aber auch davon dass ich gesagt hab, ok, machst Du den Sprung, gehst Du das Risiko ein diesen Veränderungsprozess einfach mitzumachen? (Allmeier, 9)

Oftmals sind die Umstrukturierungen zum Wohle der Zukunft des Unternehmens auch mit Personalabbau verbunden. Dieser kann beispielsweise durch Frühpensionierungen bewerkstelligt werden.

> Das rutsche einem so auf den Pelz und ich mein, hab dann auch Männern, die unwesentlich älter waren als ich, die an mich berichteten, zu dem Zeitpunkt ein Frühpensionierungsangebot nahelegen müssen (Unger, 40).

Also selbst wenn die Interviewten nicht persönlich betroffen sind, stellen sich diese Umstrukturierungen als Bedrohungspotenzial dar. Denn es besteht die Möglichkeit, als nächster auf der „Liste" zu stehen. Denn die Betroffenen sehen sich mit der Situation konfrontiert, dass das Unternehmen sie als nächstes in Frühruhestand schicken möchte. Wenn die Betroffenen jedoch bis zum regulären Ruhestandsalter arbeiten möchten, müssen sie sich dagegen wehren.

> Diese Phase war ne, war ne interessante, war ne anstrengende Phase, weil wir Leute im Personalwesen hatten, die also schon, »ja also wir meinen, wir machen mit Ihnen auch ne Vorruhestandsregel. Passen Sie mal auf hier, wir kennen alle Tricks«. Also dieses Drohpotential war da (Conradi, 108).

Andere wollen sich formal aus finanziellen Gründen nicht auf Frühpensionierungsangebot einlassen (Unger, 74). Bei tieferer Analyse zeigt sich jedoch, dass

8.2 Angstursachen

die finanziellen Gründe nicht die einzigen sind, die sie davon abhalten. Denn sie fürchten, dass Ihnen mit der Arbeit auch der Sinn genommen wird (Unger, 40). Die Umstrukturierungen schaffen zudem Unsicherheit, da sie einen Wegfall des als sicher geglaubten darstellen.

> Insofern ist das Thema Illusion und Angst für mich stark verbunden. Ich glaube Menschen empfinden dann Angst, wenn sie erkennen, dass gewisse statische Größen gar nicht so stabil sind, wie man gedacht hat ... also gar nicht wahrzunehmen, dass sie ... gar nicht [sicher] sind. Da hängt für mich die Wahrnehmung von Angst dran (Hoffmann, 90).
> Für mich hat Angst mit Unsicherheit zu tun, also verlorener Stabilität. Da würde ich die Verbindung ziehen (Hoffmann, 91).

Durch die Organisation, ihre Strukturen und deren Beständigkeit ist bei ihren Mitgliedern eine Illusion entstanden, dass das Leben sicher und vorhersagbar ist. Durch die Veränderungen im Rahmen von Umstrukturierungen wird den Beteiligten klar, dass sie bisher in einer Illusion scheinbarer Sicherheit und Vorhersagbarkeit leben. Der Wegfall dieser Illusion, die als Schutz vor der Angst vor dem Chaos dient, löst Angst aus.

Neben der Umstrukturierung durch Abbau des Personals mittels Pensionierungen kann es schlimmstenfalls auch durch Entlassungen reduziert werden. Dies geschieht häufig im Zusammenhang mit dem Einsatz neuer Vorgesetzter.

> Meinen Chef ... haben sie abgeschossen und alle, die in direkter Berichtsebene zu ihm standen, galten als seine Leute. ... Da wusste man nicht genau, wie sehr ich zu diesem Chef gestanden habe. Und ob ich die ihm entgegengebrachte Loyalität auf den neuen Chef übertragen würde. Und das sind dann Situationen, da kann es dann existenziell werden. Es gibt ja Leute, die sagen, ich will niemanden von seinen alten Leuten, ich tausche die alle aus (Conradi, 137).

Die Umstrukturierung soll durch einen neuen Vorgesetzten vorangetrieben werden. Und damit die Mitarbeiter dessen Arbeit nicht mit ihren Widerständen gegen die Veränderungen behindern, werden sie auch ausgetauscht (Heppner, 78). Wie die Formulierung ‚abgeschossen' zeigt, herrscht in Restrukturierungssituationen Kriegszustand.

Die Organisation löst in ihren Bemühungen um eine positive Entwicklung des Unternehmenswertes auch in einer weiteren Form bei ihren Mitgliedern Angst aus. Es wird ein hoher Leistungsdruck auf die Mitarbeiter ausgelöst. Dieser findet seinen Ausdruck einerseits in der Gefahr gekündigt zu werden aufgrund von Entwicklungen, die außerhalb der Organisation deren Zukunftsfähigkeit bedrohen.

> Beispielsweise [wurde] das falsche Produkt zur falschen Zeit auf den Markt gebracht. Und das daraus ... das Unternehmen in eine Situation gerät, wo das Unternehmen institutionelle oder biographische Angst bekommt zu überleben (Conradi, 155)

Dabei gibt die Organisation als Ganzes die Angst um die eigene Zukunft direkt an die Mitarbeiter weiter.

> Dann wird... organisationsbezogene Angst wieder zu individueller Angst (Conradi, 155).

Andererseits sind Leistungsbeurteilungssysteme eine Form, um die Mitarbeiter zu mehr Leistung zu motivieren und zugleich Sie darüber auch zu kontrollieren. Negative Beurteilungen haben Konsequenzen.

> Und das [negative Beurteilung] kriegt man nicht zweimal hintereinander. Das fühlt sich nicht so toll an. Das fühlt sich nicht so gut an. Ich glaube schon, dass sich dann alle, die das mal kriegen, schon einmal die eine oder andere schlaflose Nacht mit haben. Das kann ich verstehen. Das wirkt sich auch im Gehalt auch noch aus, die Gehaltssteigerungen werden auch darüber geregelt (Heppner, 74).

Diese Konsequenzen äußern sich nicht nur in finanzieller Form (s.o.). Die Betroffenen müssen auch einen Gesichtsverlust fürchten. Denn die Bewertungen werden durch ausbleibenden Aufstieg oder durch generell öffentliche Information über die Bewertungen aller Beteiligten auf derselben Hierarchiestufe (Bach, 80) bekannt. Mit dieser Form von Personalcontrolling verhält sich die Organisation also als Angstauslöser ihren Mitarbeitern gegenüber.

Sind die Mitarbeiter nun privat in einer angespannten finanziellen Lage, wird dies von Seiten der Organisation als Druckmittel genutzt.

> Die Angst fängt dann an, wenn Abteilungsleiter verheiratet sind, Kinder haben und nen Haus. Das ist so ein Erpressungspotential, was auch ausgenutzt wird, weil die können nicht mehr anders ... Die haben Angst, den Job zu verlieren, dadurch ihre ganze Existenz aufs Spiel zu setzen. Und das wird ziemlich schamlos ausgenutzt. Da sind, das ist richtig perfide, was da manchmal abgeht (Mangold, 38-40).

Die Organisation macht sich also die Situation, dass der jeweilige Mitarbeiter in einer Abhängigkeit steht, mitunter auch zu Nutze, um Druck auf ihn auszuüben und damit unter Umständen die Mitarbeiter zur Zustimmung zu weniger populären Entscheidungen zu bewegen (Mangold, 40). Im diesem Fall der Ausnutzung einer Notlage ist durchaus von erpresserischem Handeln der Organisation ihren Mitgliedern gegenüber zu sprechen.

8.2 Angstursachen

Der Druck auf die Mitarbeiter wird auch verschärft durch die Schaffung eines Unternehmensmythos.

> Ich war hier in dem ... Meetings mit den Vorständen mit drin. Natürlich die Hose voll ... weil (Stadtname) war ja immer der Elfenbeinturm, Konzernzentrale und die sind ja alle mit Weihwasser und haben ja alle mehr Ahnung usw. usf. (Allmeier, 11)

In der Konzernzentrale, so der Mythos, arbeiten besonders befähigte Mitarbeiter. An deren Leistung können die anderen Organisationsmitglieder sich nicht messen.

Ein weiterer Aspekt, in dem sich die Organisation als Auslöser von Angst zeigt, ist die „Angsthierarchie". Damit ist gemeint, dass Personen in den Unternehmensleitungen ihre Ängste an die Unternehmensmitglieder weitergeben.

> Die also im Vorstand sind, speziell der Vorstandsvorsitzende, bringt sich mit einer eigenen Persönlichkeit ja auch sehr stark ein, mit seinen Charaktereigenschaften und auch mit seinen Ängsten. Und die von den Vorständen verbreiten sich dann auch im gesamten Unternehmen. Insofern können die auch die Struktur, die Kultur des Unternehmens und auch die Ängste vieler Mitarbeiter sehr stark fördern oder kanalisieren (Uhl, 153).

Konzernspitzen von Aktiengesellschaften müssen bei der Hauptversammlung ihren Anteilseignern einen Ergebnisbericht präsentieren. Die Angst vor schlechten Konzernzahlen wird in der Form an die Mitarbeiter weitergegeben, dass diese dazu veranlasst werden, nur jene Zahlen an den Vorstand zu liefern, ‚die dem Aktienkurs auch dienen' (Eich, 107). Damit soll vermieden werden, dass Zahlen präsentiert werden müssen, die das Unternehmen in einem schlechten Licht erscheinen lassen. Denn dann müssten sich die Vorstände dafür rechtfertigen. Da dieser Druck, sich rechtfertigen zu müssen, bei den Vorständen Angst auslöst, wird versucht, dieser Situation durch die Selektion marktgerechter Zahlen auszuweichen (Eishold, 2004, S. 15). Für die Mitarbeiter bedeutet dies einen Zuwachs an Berichtswesen, das sie zu leisten haben.

> Der Druck von oben wird nach unten verstärkt weiter gegeben. Sodass dann derjenige der am Markt tätig ist, möglicherweise in seiner Markttätigkeit gehemmt wird ... weil er in der letzten Phase seine Berichtspflicht als hauptsächliche Pflicht betrachtet. Das heißt, also dieses, das pflanzt sich in der Staffel dann fort, das heißt also diese Angst, in den Medien, in der Daxperfomance, in der Hauptversammlung nicht positiv auszusehen, hat entscheidende Wirkung hat und zwar einen Eigenprozess in der Hierarchie (Eich, 107)

8.2.2 Unberechenbarkeit Anderer

Die Führungskräfte auf gleicher Ebene, zeigen sich als unberechenbares Gegenüber. Diese begegnen den Interviewpartnern in Konkurrenz und zeigen mitunter auch unfaires Verhalten ihnen gegenüber.

Topmanagementpositionen sind fragile Positionen. Die Möglichkeit, die Position zu verlieren, ist nicht nur vor dem Hintergrund relevant, dass Vorstände grundsätzlich befristete Anstellungsverträge haben (vgl. Potthoff, Trescher & Theisen, 2003, S. 386 ff). Das Anstellungsverhältnis kann zudem auch frühzeitig durch einen Aufhebungsvertrag beendet werden. Dieser Situation sahen sich bereits zwei der Interviewten in Ihrer Berufsbiographie gegenüber. Hinzu kommt, dass die Vorstandspositionen begehrt sind und ein harter Konkurrenzkampf darum ausgefochten wird. So zitiert ein Interviewpartner einen Bekannten mit Worten, die er ‚blindlinks unterschreiben' (Ebbing, 100) würde:

> 40% meiner Zeit verwende ich damit aufzupassen, wer an meinem Stuhl sägt, 30% säge ich an anderer Leute Stühle und 30% arbeite ich im Sinne der Sache (Ebbing, 100).

Einen weiteren Beleg für die Konkurrenz gibt die folgende Aussage:

> So und, eh, wenn es da nun andere Menschen gibt, die vielleicht dagegen was einzuwenden haben, dann muss man sich eigentlich bemühen, dass die nicht zum Zuge kommen. Und insofern, also wenn man Angst in Zusammenhang bringt mit Verlust. Verlustängste, ist eigentlich Angst etwas, was doch sehr wohl mit dem Thema Management zu tun hat. Das was dem inhärent ist, sag ich mal. (Winter, 57).

Diese Aussage bezieht sich auf die Privilegien der Macht, die die Anderen auch gerne hätten. Und auch hier zeigt sich, dass um den Erhalt der eigenen Position gekämpft werden muss. Der Interviewpartner geht sogar so weit, die Angst vor dem Verlust der Position und ihren Privilegien als einen grundlegenden Bestandteil von Management zu benennen, es ist ihm ‚inhärent'. Insofern sind die Bemühungen, die Position zu erhalten und diese gegen Konkurrenten verteidigen, immer ein Grundbestandteil von Topmanagementpositionen. Derartige Positionen im Angestelltenverhältnis gibt es nicht ohne diesen Bestandteil. Nichtangestellte Topführungskräfte wie z.B. Geschäftsführer, die diese Funktion qua Familienzugehörigkeit zur Unternehmerfamilie innehaben, sehen sich diesen Herausforderungen nicht oder in geringerem Umfang ausgesetzt.

Die Verteidigung der eigenen Position findet offensichtlich allein und ohne Unterstützung statt.

8.2 Angstursachen

> Das eisige Schweigen [in der Sitzung] zeigte, da hat man keine Verbündeten. Da stehen Sie ganz alleine da, ganz alleine. Sie haben da keine Verbündeten, weil da ein jeder so sich aus der Schusslinie stellt (Eich, 99).

Das Klima ist also alles andere als von Kollegialität gekennzeichnet (Winter, 39). Vielmehr herrschen harte Konkurrenz und Unerbittlichkeit bei Fehlern (0) vor. Die Wahl des Wortes ‚Schusslinie' verweist auf eine militärischen Zusammenhang. Die Verbindung von Krieg und Management findet sich in den Interviews durchgängig wie auch der folgende Ausschnitt beispielhaft belegt.

> Sie haben ja immer Angst, wenn Sie offen sind, dann öffnen Sie ja Ihre Flanken und wenn Sie das miterleben, ich habe das immer als Haifischteich betrachtet. Da gibt man sich ja nicht freiwillig gern ne offene Stelle (Ebbing, 64).

Denn die Wortwahl ‚öffnen Sie ja Ihre Flanke' und ‚offene Stelle' verweisen eindeutig auf eine Auseinandersetzung mit Waffengewalt, wie sie in Kriegszusammenhängen vorkommen. Die harte Konkurrenz äußert sich also in einem „Kampf" um die wenigen, begehrten Positionen, die in kriegerischen Auseinandersetzungen errungen und verteidigt werden. Gemäß der alltäglichen Sprachwendung „Der Zweck heiligt die Mittel" sind dabei auch hier alle Mittel recht. Denn im Krieg herrscht Ausnahmezustand und die bürgerlichen Sitten und Tugenden sind ausgesetzt.

> Ich habe zweimal ... Verhandlungen geführt, wo die Gegenüber auf einmal in eine Trickkiste gegriffen haben, die schlicht und einfach unverschämt und nicht nachvollziehbar, bar sind. Das war kein Fingerhakeln mehr, sondern das war Drohen (44) ... wenn man dann, dann als Einziger ohne Zeugen fünf hoch, höchstrangigen Leuten gegenübersitzt und die sagen einem: "Dann werden wir Sie wohl fertig machen!" (Jung, 97)

Hier wird dem Betroffenen damit gedroht, dass ihm absichtlich schwer geschadet wird (‚fertig machen'). Zudem ist dies auch hier wieder eine Situation, in der Betroffene allein ‚als Einzige' Anderen, Mächtigeren gegenüberstehen. Interessant ist hierbei die Form der Darstellung. Die Worte ‚Trickkiste' und ‚Fingerhakeln' verweisen eher auf „Spaß und Spiel", denn die beiden Worte sind Bezeichnungen für Freizeitvergnügen mit Unterhaltungswert. Durch diese Verharmlosung wird die Brisanz der Situation kolossal untertrieben, denn es handelt sich um eine höchstbedrohliche Situation, die vom Gegenüber offen ausgespielt wurde.
Das Repertoire an Mitteln, mit denen die Betroffenen angegriffen werden, beschränkt sich nicht nur auf Drohungen.

> Dann ist bei dem Unternehmen was schiefgegangen. Dann muss ja immer ein Name gefunden werden, wen man ans Kreuz nageln konnte. Der hatte mich wohl ausersehen dabei. Das habe ich als sehr unangenehm empfunden. Ich wusste genau, ich konnte machen, was ich wollte. Das war beschlossene Sache und dann wurde man vorgeführt in Besprechungen. Das war eine ganz schlechte Zeit. (Ebbing, 30)

Es werden auch Schuldzuweisungen vorgenommen. Dabei erscheint den Betroffenen die Wahl, wem die Schuld zugesprochen wird, willkürlich. Verschärft wird diese Situation noch dadurch, dass sie für sich keine Handlungsmöglichkeit sehen. Sie sind einer ausweglosen Situation ausgeliefert über deren Ausgang sie keine Kontrolle haben.

8.2.3 Positionsbezogene Faktoren als Angstursache

Topführungspositionen sind mit hoher Verantwortung und einem gesteigerten Arbeitspensum verbunden. Diese Belastungen zeitigen ihre Konsequenzen und äußern sich im Erleben von Stress.

> Dann gibt es ja auch noch Ängste was die Gesundheit angeht. Der Job ist ja nicht so ganz nervenschonend (Ebbing, 48).
> Der ganze Stress. Natürlich macht man sich die Gedanken. Natürlich führt das auch dazu ..., dass man dann einfach mal sagt, so, jetzt gehst du mal zum Arzt und lässt dich mal untersuchen (Kaufmann, 46)

Viele haben Erfahrungen mit stressbedingten somatischen Folgeerscheinungen und haben dies auch bei Anderen gesehen. Daher fürchten, dass der chronische Stress ihre Gesundheit beeinträchtigt.

Dem Unternehmensrecht zufolge tragen die Unternehmensleitungen hohe finanzielle Verantwortung. So gehen Geschäftsführer von Personengesellschaften bei der Gründung und Entwicklung von Unternehmen hohe persönliche Risiken ein. Sie müssen das Stammkapital aus ihrem privaten Mittel stellen und für Kredite mit ihrem Privatvermögen bürgen. Das damit verbundene Risiko, das eigene Leben finanziell zu ruinieren, löst Angst aus.

> Es ist bedrohlich, es dauert ja auch jahrelang. Also wir haben, ich glaub vier oder fünf Jahre lang lief ich dann mit dieser Bürgschaft rum, die dann irgendwann getilgt worden ist. Im Zuge des Börsengangs. So, also vier, fünf Jahre war noch das Schwert über uns (Jockmann, 192).

Für Kapitalgesellschaften sieht das Aktiengesetz eine Begrenzung der Verweildauer in Vorstandspositionen vor (Potthoff et al., 2003, S. 386 ff). Die Interviewten sind sich dieser Tatsache bewusst.

8.2 Angstursachen

> Eigentlich [ist] Angst etwas, was doch sehr wohl mit dem Thema Management zu tun hat. Das was dem inhärent ist, sag ich mal ... angestellte Manager, die können ... von heute auf morgen auch, was man ja auch oft genug in der Zeitung liest, ihren Job verlieren. Die Verweildauer in solchen Positionen ist ja auch nicht unendlich (Winter, 57).

Verschärft wird diese Situation noch dadurch, dass die Betroffenen im Falle einer Insolvenz des Unternehmens von der gesetzlichen Lohnfortzahlung ausgeschlossen sind (Hoffmann, 88).

Die Betroffenen sehen sich also einer Situation gegenüber, in der sie hohe, auch private, finanzielle Verantwortung zu tragen haben, es für sie selbst und ihre Existenz jedoch keinerlei Sicherheiten gibt. Diese Situation ist zudem unausweichlich, da das Eingehen von Risiken eine Grundvorraussetzung des Unternehmertums ist. Die damit verbundene Unsicherheit bezüglich der eigenen finanziellen Zukunft löst Angst aus.

Die kurze Verweildauer in den Positionen und die Distanz zum operativen Geschäft verunmöglichen eine vertiefte Auseinandersetzung mit den Arbeitsinhalten.

> Ich hab mal so einen ganz extremen Wechsel gemacht, inhaltlichen Wechsel ... von Tuten und Blasen keine Ahnung ... Da war der Anspannungsgrad ein ganz anderer (Allmeier, 38).

Dadurch dass ‚die Bandbreite [der Positionen] halt extrem' (Allmeier, 22) ist, die der Einzelne in seiner Berufsbiographie innehält, stehen die Betroffenen immer wieder vor der Situation, sich in neue Arbeitsinhalte einarbeiten zu müssen. Besonders im Kontakt mit Kollegen, die vertieftere Kenntnis der Materie haben können, erleben sie Angst.

> Respekt vor ner Aufgabe ist halt immer dann, wenn du in nen Feld reingehst wo du unsicher bist, ob du inhaltlich bestehen kannst (Allmeier, 22).

Die Unmöglichkeit, sich bei den mittelfristig wechselnden Positionen vertieft mit den Inhalten auseinanderzusetzen, zeitigt auch in Entscheidungssituationen ihre Folgen.

> Die [Vorstände] sind so abgehoben von den Details ... Trotzdem müssen sie Entscheidungen treffen. Also da ist diese Angst dann auch, ich weiß gar nicht alles. Das da oben ist ja sehr ausgeprägt, die kriegen immer nur bruchstückhafte Informationen (Uhl, 203)

Von den Betroffenen wird also verlangt, dass sie folgenreiche Entscheidungen unter Unsicherheit treffen und dafür die volle Verantwortung übernehmen. Dabei ist ihnen wenig Kontrollmöglichkeit gegeben, denn sie müssen sich auf die Informationen anderer verlassen und diese zur Entscheidungsgrundlage nehmen. Diese Konstellation, die von viel Unsicherheit und mangelnder Kontrolle geprägt ist, löst Angst aus.

Zu Topmanagementpositionen gehört auch die Sorge um die Unternehmenszukunft. Dafür kann es notwenig sein, Veränderungen einzuführen. Die Mitarbeiter stehen diesen Veränderungen nicht immer positiv gegenüber. Eine Folge kann ein Einbruch in der Wertschätzung sein, die sie den Führungskräften gegenüber bringen (Rott, 81, 83). Dieser Verlust der Wertschätzung wird als Ursache von Angst beschrieben.

Selbst wenn die Position gegen die Mitstreiter verteidigt werden konnte, kommt der Zeitpunkt, wo die Position aus Altersgründen abgegeben werden muss.

> Weil ich dann weg bin. Das ist wiederum was anderes. Ja also, das Weggehen jetzt hat eine andere Qualität als das Weggehen in den letzten Jahren (Conradi, 149)

Das Besondere an dieser Situation macht ihre Unausweichlichkeit aus. Denn der Zeitpunkt lässt sich aufgrund des gesetzlichen Renteneintrittsalter nicht verschieben. Im Zusammenhang mit dem Ruhestand wird der Manager zwangsläufig mit dem Verlust der Privilegien konfrontiert. So löst auch dieser Zeitpunkt Angst aus.

> Aber es ist schon die Angst, nicht mehr so gefragt zu sein (Conradi, 106).

Es ist also nicht die Angst vor eventuellen finanziellen Einschränkungen oder der Verlust der Arbeitsaufgabe.

> Dass heißt, wir sterben Tod Nummer 1 zur Ruhesetzung (Conradi, 118).

Die Angst rührt daher, dass der mit der Rolle verbundene Status beim Verlust der Rolle ebenfalls verlustig geht. Diese Tatsache verweist auf den hohen Stellenwert, den der Status, als Lohn der Rolle für die Betroffenen spielt. Denn der Status und dessen Zuschreibung sind die Form, in der das Umfeld des Betroffenen seine Identität stützt. Hier bricht sich also die abstrakte identitätsstützende Funktion der Rolle (vgl. Kap. 8.7.3.1) in konkreten Handlungen bahn.

8.2.4 Angstursachen in der Unternehmensumwelt

Auch außerhalb der Organisation, in der Unternehmensumwelt, gibt es Faktoren, die Ängste auslösen. So können unzufriedene Kunden sich abwenden (Bach, 24), der Markt sich gegen das Unternehmen entwickeln (Walter, 26) oder Haftungsfälle (Kaufmann, 30; Bach, 24) die Zukunft des Unternehmens bedrohen.

Neben diesen zu jeder Zeit anzutreffenden Bedrohungen ist in der aktuellen Zeit eine weitere hinzugekommen: der Mangel an Fachkräften.

> Wir leben ja in ner Zeit, wo der demographische Wandel und der Mangel an Führungskräften dramatische Formen annimmt hier in Deutschland. Und man hat Angst, Mitarbeiter zu verlieren (Kaufmann, 36).

Der Verlust von qualifizierten Mitarbeitern – sei es durch Abwerbung durch andere oder aus Altergründen – kann die Verfolgung von Projekten behindern, wenn nicht sogar verunmöglichen. Dadurch kann die Zukunft eines Unternehmens gefährdet sein. Diese Situation wird durch vermehrte Anrufe von Headhuntern bei den entsprechenden Mitarbeitern auch für die Führungskräfte offensichtlich.

Auf diese Faktoren in der Unternehmensumwelt haben die Betroffenen meist wenig oder keinen Einfluss, die Konsequenzen sind für sie jedoch existentiell (vgl. Kap. 8.2.3). Daher sind diese Faktoren auch als Angstursachen zu benennen.

8.2.5 Angstursachen innerhalb der eigenen Person

Die Interviews zeugen von einer stark ausgeprägten Leistungsorientierung der Interviewten. Eine solche gehört offensichtlich unabdingbar zu Positionen im Topmanagement. Es gibt in den Interviews keine Hinweise darauf, dass Personen mit einer geringen Leistungsorientierung diese Positionen innehaben. Neben den Anforderungen von außen kann eine hohe Leistungsorientierung auch zu einem identitätsbestimmenden Merkmal werden. Dies kann unter Umständen auf biographische Erfahrungen zurückgehen (Freimuth, 1999a, S. 22).

> Du musst immer so gewissen Bildern entsprechen und das hab ich ... weil sonst, ja, wirste nicht geliebt. Bringen wir es doch auf den Punkt! Sonst wirst du nicht lieb gehabt. Hätte ich keine guten Noten in der Schule gebracht, hätten meine Eltern nur Terror gemacht (Mangold, 90-92).

Diese individuellen Aspekte sollen hier aber nicht im Mittelpunkt der Betrachtung stehen (vgl. Miller, 1983, für Vertiefung).

8.2.6 Fazit Angstursachen

Zusammenfassend ist festzuhalten, dass organisationsseitig verschiedene Mechanismen bei den Organisationsmitgliedern Angst auslösen. Ausgehend von der Sorge um den Shareholder und Stakeholder Value und damit der Sorge ums Überleben[18] der Organisation werden die Mitglieder mit Umstrukturierungen, Personalabbau und erhöhten Leistungsanforderungen, die sich z.B. in vermehrtem Controlling und Unternehmensmythen äußern, konfrontiert. Die Angst der Organisation um ihr Überleben spiegelt sich also auch mitgliederseitig in einer ebensolchen Angst. Dabei geht es nicht nur um die Angst vor Veränderungen (Kets de Vries & Balazs, 2000) bei der die „Bedrohung jeder gewonnenen Stabilität" (Bauer, 2005a, S. 196) im Vordergrund steht oder die „Überzähligkeitsangst" (Ottomeyer, 2000, S. 40). Zur Sicherung der Unternehmenszukunft werden Umstrukturierungen und vor allem Personalabbau als „erste, einzige und zumeist auch als End-Lösung (ein vom Top-Management häufig gebrauchter Begriff) vorgeschlagen" (Stein, 1999, S. 157, Hervorh. d. Autors) umgesetzt. Der Kern der als Heilsbringer angekündigten Umstrukturierungen sind dabei nicht unbedingt immer die verlautbarten ökonomischen Notwendigkeiten. Umstrukturierungen mit massivem Personalabbau können auch verstanden werden als förmlich rituelle Opfergaben. Dabei werden die in Organisationen befindlichen schlechten Anteile auf Mitglieder oder Bereiche projiziert. Durch deren Entlassung oder Schließung (Opferung) entledigen sich die Organisationen scheinbar der in ihnen befindlichen schlechten Anteile und sichern dadurch ihre Zukunft. „In diesen Opferhandlungen bewahren wir unsere Phantasie, daß wir quasi wie durch einen Pakt durch unaufhörliche Kürzungen und Einschnitte ausreichend Sterben für unser Überleben einhandeln können, um unser Fortbestehen zu sichern" (Stein, 1999, S. 178). Hier greifen also die Abwehrmechanismen der Spaltung und Projektion (vgl. Kap. 3.4.1) auf organisationaler Ebene.

Für die Organisationsmitglieder gehen die massenhafte Entlassung einher mit einer „ritualisierte[n] Entwertung" (Bauer, 2005a, S. 199) ihrer Arbeit und der Arbeitenden selbst (Stein, 1999, S. 158). In Zeiten, in denen eine verminderte Leistung – und das impliziert ja die Entwertung – dazu führt, dass die Betroffenen dies vermehrt internal attribuieren (Weiner, 1986), hat dies Folgen für den

---

18 Hier sei darauf hingewiesen, dass es sich bei der Vorstellung des Überlebens von Organisationen bereits um eine „Verdinglichung, Projektion und Vermenschlichung" (Stein, 1999, S. 174) handelt.

8.2 Angstursachen

Selbstwert der Betroffenen und zieht in der Folge weitere Ängste mit sich (Haubl, 2008). Dies gilt im Besonderen dann, wenn Leistungskontrollsysteme im Unternehmen installiert werden, die eine öffentliche Rückmeldung über das Abschneiden beinhalten. „Spätestens nach den ersten Evaluationen, die wider Erwarten ausgehen, stellt sich aber eine wachsende Angst ein, insbesondere Schamangst: die Angst vor einer Beschämung durch das Bekanntwerden eines zu geringen Ranges" (ebd. S. 320). Liegt also das Hauptaugenmerk auf der Leistungserbringung und wenn die Individuen daraus ihre Identität konstituieren (vgl. a. Haubl, 2008; Ottomeyer, 2000), kann eine Steigerung der Leistungsanforderungen und deren Kontrolle für die Betroffenen eine Identitätsbedrohung bedeuten.

Zudem droht im Falle eines Arbeitsplatzverlustes ein massiver Statuseinbruch. Durch die gehaltene Position wird den Betroffenen ein bestimmter Status zugeschrieben. Im Falle eines Positionsverlustes verlieren sie auch den damit verbundenen Status. „Und so taucht mitten im Wohlstand die Angst auf, zwar nicht den physischen, aber den sozialen Tod zu sterben" (Haubl, 2008, S. 317). Denn die Rolle und der damit verbundene Status vermitteln die soziale Existenz und diese bestimmt die soziale Identität der Betroffenen (vgl. Kap. 8.7.3.1.). „The most distinguished advocate and the most distinguished critic of modern capitalism were in agreement on one essential point: the job makes the person ... If jobs "create" people, then the corporation is the quintessential contemporary people-producer" (Kanter, 1977, S. 3, Hervorh. d. Autorin).

Die Sorge der Organisation um das eigene Überleben kann nicht nur, wie hier, als Angstauslöser gesehen werden. Schwartz (1985) versteht die Überlebensbemühungen als Erschaffung eines Mythos der Unsterblichkeit. Den Organisationsmitgliedern hilft dieser ihrer Angst vor der eigenen Endlichkeit zu bewältigen. Wenn man diesen Standpunkt mit einbezieht, sind organisationale Überlebensmaßnahmen Angst auslösend und abwehrend zugleich. Bei allen Mitarbeitern lösen sie Existenz- und Identitätsverlustängste aus. Denn auch die Verbleibenden müssen stets befürchten, als nächster auf der Liste zu stehen (Stein, 1999). Dennoch hilft dieser Gruppe der Mythos der organisationalen Unsterblichkeit, ihre Ängste vor der eigenen Sterblichkeit zu bewältigen.

Der Einfluss der Unternehmerpersönlichkeit als Angstursache ist an anderer Stelle (Kets de Vries, 2004, 2007; Kets de Vries & Miller, 1986; Kinzel, 2002; Mertens & Lang, 1991) umfassend diskutiert worden und soll hier nicht weiter vertieft werden.

Die Führungskräfte auf gleicher Ebene, die Anderen, zeigen sich als unberechenbares Gegenüber. „Wenn [Freundschaften] ... existieren, sind sie immer zweckgebunden, es gibt da keine bedingungslosen Freundschaften, die man einfach genießt ohne gegenseitige Erwartungen" (Goeudevert, 1998, S. 23).

Diese Anderen begegnen den Interviewpartnern in Konkurrenz und zeigen mitunter auch unfaires Verhalten ihnen gegenüber. „Es gehört zum Schicksal der Herrschenden, daß immer ein anderer da ist, der ihre Macht beansprucht" (Mario Erdheim im Interview mit R. Hank, Hank, 2006, S. 27). Es bedarf steter Anstrengungen, die eigene Position zu erhalten. „Ich schätze, daß fünfzig bis sechzig Prozent der Energie dafür draufgehen, die eigene Position abzusichern" (Goeudevert, 1998, S. 22).

Der Wettbewerb um die wenigen Positionen wird als Krieg ausgeführt, bei dem offensichtlich keine Rücksicht auf Verluste genommen wird. Jeder kämpft für sich allein und kann nicht mit der Hilfe von anderen rechnen. Haubl und Voß sprechen in diesem Zusammenhang von „fortschreitende[r] ... Entsolidarisierung" (2009, S. 5). Die Betroffenen müssen stets auf der Hut sein. Bereits das Einholen eines Rates wird als Schwäche ausgelegt von anderen, die auf der Suche nach ihrem Vorteil und eine derartige Situation ausnutzen (Conradi, 133). Es handelt sich also um einen Krieg, bei dem ein Einzelner gegen alle zu kämpfen hat und zwar an allen Fronten.

Die Verbindung von Management und Krieg zeigt sich auch andernorts. Beispiele sind z.B. die Verwendung militärischer Metaphern im Zusammenhang von Umstrukturierungen und Personalabbau im Sinne der Unternehmenszukunft oder wenn die Interviewten ihr Bild einer Führungskraft erläutern.

> Und wenn Sie führen, dann müssen Sie auch vorher gehen. Und wenn Sie das aus Kriegssituation ableiten, sagen wir mal, der General, der kann sich nicht in der Etappe aufhalten (Winter, 43).

Diese in den Interviews durchgängig zu findende Verwendung von Worten militärischer Herkunft zeugt von einer Verbindung von Management und Krieg. Es findet sich hier also eine „adoption of a military culture not only in the overall organization but also in management training" (Garsombke, 1988, S. 46). Die Begriffe „Marketingkrieg", „Übernahmeschlacht" und in Zeiten des Fachkräftemangels der „Krieg der Köpfe" (N. Korte, 2007; vgl. Garsombke, 1988, für die Entsprechungen im englischen Sprachgebrauch) sind heute in der Wirtschaft (Schmidbauer, 2005, S. 38) und in den Medien weithin gebräuchlich. In diesem Zusammenhang ist auf den Führungstypus des Dschungelkämpfers (Maccoby, 1989; vgl. Kap. 4.1.2) zu verweisen, dessen Hauptmotivation der Kampf um Macht ist und dessen Arbeitseinstellung dem Motto „fressen und gefressen werden" (ebd.) folgt. Öffentlichen Ausdruck fand die Einstellung von Management als Krieg in Deutschland u. a. durch José Ignacio López: „Sie müssen alle aus dem Weg räumen – killen! – die nicht für diesen Erfolg arbeiten ... Wenn Sie das nicht tun, dann werden Sie gekillt ... Das ist die Basis meines Erfolgs: Wenn es

8.2 Angstursachen

ein Problem gab, war ich an der Front und habe jeden Feind umgelegt, ehe er mich erwischt hat." (im Interview mit Johannes Wiek, Wiek 2006, S. 100, Hervorh. d. Autors). Die Eindeutigkeit der Kriegsmetapher macht dabei ihre Attraktivität aus (Freimuth, 1999b, S. 115).

Die Tatsache, dass in den Interviews das Wort „Krieg" im Zusammenhang mit Konkurrenz nicht[19] explizit benannt wird, kann dabei als Strategie verstanden werden, eine Tatsache zu verschleiern, von der jeder weiß, keiner sie aber ausspricht („unthought known", Bollas, 1994, 1997; Armstrong, 2005). „Entgegen allem Anschein [wird] der Glaube aufrechterhalten ... , dass Konkurrenz sich so grundsätzlich von Krieg unterscheidet, dass sie nun wirklich kein Krieg sein kann" (Sievers, 2001, S. 203). Denn die Tatsache, dass in Organisationen Krieg herrscht, ist für die Betroffenen unerträglich. Daher wird in Form eines interpersonellen Abwehrmechanismus eine Umdeutung vorgenommen, um dieser Tatsache für die Beteiligten den Schrecken zu nehmen und den Umgang damit zu ermöglichen.

Von einem Gender Blickpunkt kann formuliert werden, dass Krieg und Militarismus zentrale Themen in Männerphantasien sind (Theweleit, 1986). Dieser Zusammenhang ergab sich auch in einem der Vorgespräche zu den eigentlichen Interviews. ‚Wir reden jetzt hier in der reinen Kriegssprache, das tun Männer leider furchtbar oft'[20]. Die Genderperspektive soll hier jedoch nicht weiter vertieft werden, da die Daten darüber keine vertieften Aussagen erlauben und das auch nicht Schwerpunkt dieser Untersuchung ist.

Im Zusammenhang von Management und Krieg sei auch die höchstumstrittene, aber dennoch einflussreiche Unterscheidung in Freund und Feind benannt, die der „Kronjuisten der Nazi-Diktatur" (Darnstädt, 2008) Carl Schmitt (1932/1991) eingeführt hat. Diese Unterscheidung sei in der Politik zentral (ebd.). Die Auseinandersetzungen der Interviewpartner scheinen von einer vergleichbaren Maßgabe beeinflusst.

Die gesetzlichen Bestimmungen und Vorschriften sowie der alltägliche Arbeitsrealität in Topmanagementpositionen stellen sich also für die Betroffenen sehr anforderungsreich dar.

> Le casino des incertitudes, ... managers ... experiencing Chaos Theory at first hand. They have to live paradox and have to find enterpreneurial creativity in the face of

---

19   Eine Ausnahme bildet die Beschreibung verbaler Auseinandersetzungen unter Gleichrangigen, die als ‚Kriegsschauplatz' (Jockmann, 230) umschrieben werden.
20   Ausschnitt aus einem Interview (03.09.2008), das im Rahmen dieser Untersuchung geführt wurde. Die exponierte Position der Person würde umfangreiche Maßnahmen zur Wahrung der Anonymität mit sich bringen. Aus diesem Grund wird das Interview nicht weiter für die Untersuchung genutzt.

unpredictability and an unknowable future ... It is this living with uncertainty that is the defining feature of contemporary life (Lawrence, 1998b, S. 59)

Denn der Arbeitsalltag ist im höchsten Maße durch Unsicherheit geprägt und die Betroffenen sind mit Widersprüchen konfrontiert, die es aufzulösen gilt. „Ein Vorgesetzter ... [ist] vor unlösbare Aufgaben gestellt ..., weil er ständig in Dilemmata lebt, aus denen es keinen befriedigenden Ausweg gibt" (Neuberger, 1983, S. 24). Und er ist „mit verschiedenen Interessengruppen (Vorgesetzte, Mitarbeiter, Betriebsrat, Eigentümer, Kunden, Lieferanten, Behörden ...) konfrontiert, die in sich Widersprüchliches fordern" (ebd., S. 31). Diese derart stark durch Unsicherheit bestimmten Umstände lösen Ängste aus. „In the first instance, it is managers who carry the anxiety of the persecution engendered by being in a risky commercial situation. Managers have to respond to the protean environment which is forever in flux" (Lawrence, 1998b, S. 59-60). Strategische Entscheidungen zu treffen, birgt das „primäre Risiko" (Hirschhorn, 2000, S. 102). Es geht hierbei um „das empfundene Risiko, die falsche primäre Aufgabe [also den eigentlichen Unternehmenszweck] zu wählen" (ebd. S. 103). Solche durch Mehrdeutigkeit gekennzeichneten, riskanten Entscheidungen erzeugen Angst (ebd., S. 102). Eine mögliche Form, die Umgangsweise von Managern mit diesen Situationen zu interpretieren, ist die Annahme, dass die Betroffenen diese unsicheren und bedrohlichen Situationen nur aus der paranoid-schizoiden Position interpretieren können (ebd). Dies impliziert Handlungen auf Basis weniger reifer Abwehrmechanismen wie z.B. Spaltung und Projektion, welche in ihren Eigenschaften die Situationswahrnehmung verstellen und den Handlungsspielraum begrenzen.

Eine andere Betrachtungsweise ist die der „gelernten Hilflosigkeit" (Seligman, 1979). Dabei werden infolge von Erfahrungen der Hilf- oder Machtlosigkeit das Verhalten dergestalt eingeengt, dass diese negativen Zustände nicht mehr abstellen werden, obwohl dies prinzipiell möglich wäre. Aus diesen Erfahrungen der Hilflosigkeit können Angst und Depression (Mertens & Lang, 1991, S. 154) resultieren. Das Erleben, dass die Betroffenen nicht, wie erwartet, das „Zepter fest in der Hand halten", sondern sich in der Ambiguität der Situation gefangen fühlen, widerspricht dem gängigen Bild von Führung, das Andere haben. „The leader is often portrayed as being strong, directive" (Svennigsson & Larsson, 2006, S. 203). Nicht nur die Anderen haben dieses Bild von Führung, auch bei den Betroffenen selbst ist es wirksam. Bei einer Diskrepanz zwischen dem Bild von Führung und der realen Situation und dem Verhalten können „Insuffizienzgefühle" (Mertens & Lang, 1991, S. 154) resultieren. So mag man von den Beteiligten fordern, „Mut haben, sich seines eigenen Verstandes zu bedienen, aber auch seine eigenen Wünsche und Gefühle ernst nehmen und selbstverantwortlich handeln" (Neuberger, 1983, S. 29).

Die durch den erlebten Stress ausgelösten Gesundheitsängste der Betroffenen sind angesichts der Statistiken zu den gesundheitlichen Folgen von Stress (Sonnentag & Frese, 2003, S. 453) oder dessen Bewältigung (Schwarzer, 2000, S. 46) realistisch. So sind beispielsweise die geäußerten Herzbeschwerden (Kaufmann) oftmals als Folge von Stress untersucht und berichtet worden (Sonnentag & Frese, 2003, S. 460). Ein einfacher, linearer Zusammenhang von langer, belastender Arbeitszeit und Gesundheit kann jedoch nicht angenommen werden. Vielmehr ist eine differenzierte Betrachtung notwendig, da hier auch viele weitere Faktoren eine Rolle spielen (Semmer et al., 2010, S. 350).

8.3 Intervenierende Faktoren: Verstärker

8.3.1 Anspruch an sich selbst

Die Interviewten stellen hohe Erwartungen und Ansprüche an sich selbst.

> Ich komm wie gesagt aus armem Elternhaus ... Die Angst war die, ich verliere den Job wieder und, und, eh, finde nichts anständiges, was danach kommt ...Das war ne Angst. Ja. Weil eigentlich möchte ich nicht mehr arm sein. Ich möchte auch nicht, dass veräußern, was ich mir jetzt aufgebaut habe (Jung, 199).
> Ich stamme aus einer Akademikerfamilie und es kann nicht sein, dass ich, ich sag mal, unter dieses Niveau ... zurückfalle (Conradi, 70).

Diese Ansprüche sind finanzieller Natur und haben zumeist biographische Wurzeln. War der Lebensstandard der Eltern gering, so dient dies als abschreckendes Beispiel. War er hoch, dient dieser Standard als Messlatte, unter den die Betroffenen nicht zurückfallen möchten. Die Tatsache, dass die Vorstandsvergütungen zu einer der höchsten Klassen von Verdienstmöglichkeiten in der deutschen Wirtschaft gehören, zugleich aber der Verbleib in diesen Positionen unsicher ist, zeigt, wie hoch der Anspruch ist, den die Interviewten an sich stellen.

Auch in Bezug auf die Beherrschung und Durchdringung der Arbeitsinhalte stellen sie sich sehr hohe Ansprüche.

> Und insofern ist das immer, aber das ist wahrscheinlich mein persönlicher Anspruch. Wenn ich was mache, will ichs gut machen (Allmeier, 22)

So zeigen sich diese Ansprüche als durchgängig hoch und herausfordernd. Dabei erweist sich die Qualität des Resultats als Ausführungsbedingung. Die Handlungen werden nur dann ausgeführt, wenn gute Handlungsresultate zu erwarten sind. Da im Führungskontext oftmals keine Möglichkeit besteht, Handlungen nicht auszuführen, ermächtigen sich die Interviewten des Mittels intensiver Vorbereitung, damit die Handlungsergebnisse ihren Ansprüchen genügen.

> Ich hab das immer kompensiert, dass die Aufwandskurve extrem hoch gegangen ist (Allmeier, 38)

Auch wenn die Interviewten versuchen, ihren hohen Ansprüchen durch intensive Arbeitsphasen zur Vertiefung gerecht zu werden, ist dies kein Garant dafür, dass sie gute Handlungsergebnisse erzielen können. Und die fragilen Topmanagementposition sind ebenso wenig ein Garant dafür, dass die finanzielle und soziale Abgrenzung von bzw. Angleichung an die Herkunftsfamilie gelingt. Daher ist die Erfüllung der hohen Ansprüche keineswegs als gesichert zu bezeichnen. Vielmehr verstärken die eigenen hohen Ansprüche Ängste zu Versagen und die übernommene Position zu verlieren.

8.3.2 Erwartungen des Umfeldes

Neben den eigenen hohen Ansprüchen zeigen auch die Erwartungen des Umfeldes auf die Betroffenen eine Angst verstärkende Wirkung.

8.3.2.1 Erwartungen aus dem privaten Umfeld

Das nahe persönliche Umfeld verfügt über Assoziationen zu der Position und leitet daraus Erwartungen ab, die an den Positionsinhaber gestellt werden. Diese Erwartungen nicht mehr erfüllen zu können, verstärkt die Angst, den errungenen Status zu verlieren.

> Da kommt die Reibung, da kommen die Berührungen mit Freuden und Auswirkungen mit Einkommen, mit Perspektive und Zukunft, mit Familie und Kindern, mit all den Illusionen, die da auch dran hängen (Hoffmann, 108).

Dadurch, dass hier auch die Freunde mit benannt werden, wird deutlich, dass hiermit nicht nur die finanziellen Erwartungen der Familienangehörigen gemeint sind. Sondern das Umfeld hat auch Erwartungen, die sich auf das ‚soziale standing' (Hoffmann, 91), den Status im Allgemeinen, beziehen.

8.3 Intervenierende Faktoren: Verstärker 157

> Wenn ein finanzieller oder wirtschaftlicher Druck entsteht auf eine Führungskraft, dann kann das unberechenbar werden, weil die agieren dann auch ganz anders ... Wenn du dein Grundrauschen so weit hochhebst, das merk ich jetzt gerade bei den ganzen Trennungsgesprächen, die wir momentan führen, ist das irre. Da brechen zum Teil für Menschen Welten zusammen (Allmeier, 12).

Die Erwartungen des persönlichen Umfeldes üben Druck auf die Betroffenen aus, den Status beizubehalten. Ob die Erwartungen tatsächlich vorhanden oder nur unterstellt sind, ist irrelevant, sie bleiben wirkmächtig. Es wird von den Betroffenen erwartet, dass die einmal errungene Position und der damit verbundene Status beibehalten wird. Durch ihre Wirkmächtigkeit verstärken die Erwartungen die Angst, die Position und den Status zu verlieren. Die immense Bedeutsamkeit, vor dem nahen Umfeld den entsprechenden Status zu demonstrieren, bewegt gekündigte Führungskräfte mitunter zu irrationalen Handlungen.

> Da gibt's sogar Leute, die privat Autos kaufen und hier in [Stadtname des Unternehmenssitzes] anmelden und [ein Nummernschild mit einem eindeutigen Zeichen, dass das Unternehmen identifiziert] draufmachen lassen oder irgendetwas. Nur um ihren Status in ihrem Umfeld zu sichern (Allmeier, 12).

Zum Statusverlust kann es auch kommen, wenn die gehaltene Position aus Altersgründen aufgegeben werden muss.

> Man legt sich [nach Eintritt in den Ruhestand] mit der gesamten Verwandtschaft an, weil sie einen jetzt zum Oberopa abstempeln wollen, nach dem Motto, ok, wenn du die Rolle nicht haben willst, kriegst du gar keine. Tschüss, raus. Rollentod. ... wir wollen deinen Rat nicht, wir sind jetzt dran (Conradi, 125).

In diesem Fall befürchten die Betroffenen, dass sie durch das Aufgeben der Position von ihrem familiärem Umfeld eine andere Rolle, die des ‚Oberopa', zugewiesen bekommen. Diese andere Rolle ist mit wenig Status assoziiert.

> Der Alte kommt [bei Ruhestandseintritt] nach Hause und bringt alles durcheinander. Denn nach dem Motto, jeder wird mal Ödipussi oder jeder wird mal Papa ante portas (Conradi, 123).

Über die Eingewöhnungsschwierigkeiten nach dem Eintritt in den Ruhestand wird im Familienkreis gespottet und ‚schallend' (Conradi, 123) gelacht. ‚Es wird dann das Dasein auf ganz wenige, wenige Dinge konturiert' (ebd.) Die Betroffenen werden auf ihre Krankheiten reduziert, ihr sonstiges Leben wird nivelliert. Wenn sie dann zudem nicht bereit sind, die angebotene Rolle des ‚Oberopa' anzunehmen, droht ihnen das totale Herausfallen (‚tschüss, raus', s.o.) aus dem familiären Gefüge. Wie die Formulierung ‚wir wollen deinen Rat nicht, jetzt sind wir dran' (s.o.) zeigt, entspricht dies einer totalen Entmündigung und Abschiebung in das soziale Abseits. In der Phantasie der Betroffenen werden sie also zu Rollenträgern funktionalisiert. Dabei ist die Rolle, die mit der Topmanagementposition verbunden ist, positiv bewertet. Nach dem Ausstieg aus der Position werden sie entweder zum Gespött der Familie oder fallen sozial ins Abseits.

Die Rolle und der entsprechende Status hat dementsprechend für die Betroffenen eine große Bedeutung. Denn schon ein partieller Einschnitt ist nicht zu verkraften und löst Angst aus. Dementsprechend gilt es, den Status mit allen Mitteln zu bewahren und verteidigen. Die entgegengebrachten Erwartungen des sozialen Umfeldes spielen hier eine verstärkende Rolle. Denn diese Rollen werden den Betroffenen von ihrem Umfeld zugewiesen. Der Verbleib in einer positiv bewerteten Stellung in der sozialen Hierarchie ist an die Annahme und den Erhalt der Rolle geknüpft.

8.3.2.2   Erwartungen aus der Organisation

Nicht nur aus dem privaten Umfeld treffen Erwartungen auf die Interviewten. Auch die anderen Organisationsmitglieder haben Erwartungen an die Betroffenen.

> Das war ich nicht immer fähig zu leisten. Dann bleiben Leute oder Kollegen hier im Vakuum zurück und gucken einen auch an mit relativ wenig Verständnis und Wertschätzung (Rott, 83).

Dieser Druck, der von den Erwartungen ausgeht, wird noch dadurch verstärkt, dass offensichtlich eine Kultur herrscht, in der das Zugeben eines Fehlers negativ bewertet wird.

> Wir waren bis vor kurzem eine reine Männerriege hier in der Geschäftsführung, da geht das schon einmal gar nicht, so ungefähr. Diese Grundvorstellung, wie fühlst du dich dabei, wenn du einen Fehler machst? Sollen wir jetzt irgendwie einen Stuhlkreis machen? Das ist im Einzelgespräch eher möglich, da könnte ich es mir eher vorstellen, dass man es eigentlich so machen könnte, aber im großen Runde schon einmal gar nicht. Dafür verlangt inzwischen die Entwicklung in unserem Berufsstand irgendwie, dass man zu tough ist und dann gibt es so was nicht, Schwäche (Bach, 48).

8.3 Intervenierende Faktoren: Verstärker

Das Zeigen von Fehlern wird mit Schwäche assoziiert. Dies ist offensichtlich unter Topführungskräften, in diesem Fall eine ‚reine Männerriege', unangemessen. Weiterhin zeigt sich eine abwertende Haltung dem Zeigen von Gefühlen gegenüber, die sich in dem despektierlich-ironischen Satz ‚Sollen wir jetzt irgendwie einen Stuhlkreis machen?' Bahn bricht. Der Interviewpartner entwirft hier ein Bild von Führung, die männlich ist und bei der Emotionen außen vor zu bleiben haben. Mehr noch, wer sich hier mit Emotionen beschäftigt, wird der Lächerlichkeit preisgegeben. Emotionen sind nicht Bestandteil von Kompetenzzuschreibungen in diesem Bereich. Sondern sie werden eher als der Kompetenz abträglich gesehen.

Auch durch die Mitarbeiter werden klare Leistungserwartungen an die Interviewten gestellt. Diese Erwartungen sind hochgesteckt.

> Der Führer, der muss alles können (Uhl, 202).

So haben die Mitarbeiter Allmachtserwartungen an die Topführungskräfte.

> Anzuerkennen, dass sie das gar nicht können, dass sie gar nicht wissen, was sie machen, dass sie genau so ratlos sind wie alle anderen auch, ist ja desillusionierend für alle Beteiligten (Uhl, 203).

Eine Enttäuschung dieser hochgesteckten Erwartungen diskreditieren das Bild einer Führungskraft, die Illusion (‚desillusionierend'), die sich die Mitarbeiter davon gemacht haben. Da jedoch die Führungskraft auf die Anerkennung als solche von ihren Geführten angewiesen ist, ist die Aufrechterhaltung dieser Illusion essentiell. Zudem widerspricht die Zerstörung der Illusion der allmächtigen Führungskraft der Rolle, die die Interviewten entwerfen. Denn sie beinhaltet das Bild eines erfolgreichen Höchstleisters.

Neben den Mitarbeitern haben auch die anderen Führungskräfte hohe Erwartungen an die Interviewten.

> Meine Chefs [waren] immer solche ..., die nicht oberflächlich waren, sondern die sind, die haben Tieftauchen gemacht, an bestimmten Stellen ... das war aber auch immer die Herausforderung, in solchen Gesprächen zu bestehen (Allmeier, 22).

Die Vorgesetzten verlangen von den Interviewten, dass diese dieselbe Arbeitsweise an den Tag legen wie sie selbst. Ansonsten droht ihnen, wie die Formulierung ‚bestehen' nahelegt, dass sie nicht weiter (im Unternehmen) existieren können. Eine Nichterfüllung der Erwartungen bedeutet also Verlust der Wertschätzung oder schlimmstenfalls der Akzeptanz als Führungskraft. Somit ist Nichterfüllung der Erwartung der anderen Führungskräfte ebenso essenziell wie die der Mitarbeiter, denn sie kann das Ausscheiden aus dem Unternehmen bedeuten.

Die Leistungsanforderungen sind derart hoch, dass nur junge Mitarbeiter ihnen gerecht werden können.

> Wenn Sie so in die gehobene Altersklasse, aber auch Erfahrungsklasse kommen, ich möchte nicht in ne Situation kommen, dass andere merken, dass ich schwach werde. Also das merkt man manchmal selber nicht und man merkt einfach, die anderen merken, dass man halt manchmal, dass die älteren Kollegen manchmal dann schon etwas nen anderen Arbeitstakt haben. Ich möchte nicht in diese Situation kommen (Jung, 207).

Die Erfahrungen, die ältere Mitarbeiter mitbringen, haben vor dem Hintergrund der Maßgabe der Schnelligkeit keine Bedeutung mehr. Es wird nicht nur erwartet, dass Höchstleistung zu erbringen ist. Dies ist zudem gekoppelt mit der Erwartung einer gehobenen Arbeitsgeschwindigkeit. Diese Maßgabe, in der die mit dem Alterungsprozess verbundenen Veränderungen als unzulänglich angesehen werden und dabei die erworbenen Erfahrungen der älteren Mitarbeiter als irrelevant gelten, ist in ihrer Verneinung des natürlichen Lebenszyklus' zutiefst unmenschlich. Zudem lässt sie Aspekte des Kompetenzzuwachses durch Erfahrung außer Acht und ist von daher auch als unökonomisch zu bezeichnen.

Die Erwartungen aus der Organisation mit ihren essentiellen Folgen bei Nichterfüllung verstärken die Angst der Interviewten zu versagen und letztlich ihre Position und Rolle zu verlieren.

8.3.3 *Fehlen einer Reflexionsfläche*

Hochrangige Führungskräfte haben weitreichende Entscheidungen zu treffen. Diese können die Zukunft des Unternehmens oder auch die der Mitarbeiter betreffen. Diese Entscheidungen müssen sie meist alleinverantwortlich treffen. In den Interviews zeigte sich, dass oftmals eine Reflexionsfläche fehlt, also ein Gegenüber, das die getroffenen Entscheidungen beurteilt oder bewertet. Die Führungskräfte haben also keine Möglichkeit, sich mit einem Gegenüber auszutauschen und sich von diesem relativieren zu lassen.

> Das Abwägen Risiko oder nicht Risiko ... Alle Fragen hab ich mehr oder weniger rhetorisch in Briefen dar geschrieben ... Da hab ich sie (ein Familienmitglied) praktisch als Ping Pong Wand [genommen], ich brauchte irgendjemanden wo ich meine Ideen hinspielen konnte. Ich erwartete ja nichts zurück, nur meine eigenen Ideen möglichst, als Bestätigung. Widerspruch hatte ich sowieso selten damals, eigentlich

8.3 Intervenierende Faktoren: Verstärker

> wenig bekommen, leider Gottes. Ja ok, deswegen sag ich als Ping Pong Ball. Aber das hat mir doch auch wieder Sicherheit gegeben (Walter, 36.)

Wie die Formulierung ‚Widerspruch hatte ich sowie selten' belegt, gibt es für hochrangige Führungskräfte im organisationalen Umfeld keine relativierenden Instanzen. Es gibt keinen Raum, in dem Ideen, Zweifel und Vorhaben offen geäußert und im Zwiegespräch überprüft und gedanklich durchdrungen werden können. So bleibt nur das Aussprechen der eigenen Gedanken gegen eine leere ‚Ping Pong Wand', um sich der eigenen Entscheidungen zu vergewissern und ‚Sicherheit' zu erlangen.

Das Fehlen einer solchen Reflexionsfläche, in dem die eigenen Gedanken auf wertfreie Resonanz treffen, verstärkt die Ängste der Interviewten.

8.3.4 Wettbewerb

Die von den Organisationen eingerichteten Maßnahmen zur Kontrolle und Überwachung der Leistung der Organisationsmitglieder führen zu einer verstärkten Konkurrenz unter Gleichrangigen.

> Wenn Sie schon ansprechen, dass es [die Leistungsbeurteilung] per Hauspost kommt, dann weiß man, es gibt so ein monatliches Papierchen und natürlich, wenn man weiß man hatte keine gute Leistung in diesem Monat, hat man irgendwie keine Lust den Umschlag zu öffnen. Also jetzt wird es aber unangenehm, jetzt steht das da auch noch drin. Wenn man einen Monat hat, wo es bombig war, macht man das Ding fröhlich auf und sagt, mal gucken, wie gut die Anderen sind. Also das ist so eine typische Wettbewerbssituation (Bach, 86).

Dieses Wettbewerbsklima verstärkt bei den Beteiligten die Ängste zu versagen und dem Leistungsanspruch nicht zu entsprechen.

8.3.5 Fazit Verstärker

Die Erwartungen, die aus den eigenen Ansprüchen oder den Erwartungen des Umfeldes erwachsen, erweisen sich als relevant in Bezug auf die Ängste der Betroffenen. Gemäß der Rollenbilanztheorie (Wiswede, 1991, 2009) gehen in die Bilanz für die Weiterverfolgung und Aufrechterhaltung einer Rolle sowohl die Erträge abzüglich der Kosten ein, als auch der „normative Druck" (Fischer & Wiswede, 2009, S. 534). Dieser kann sowohl erlebt werden als eine moralische Verpflichtung von innen heraus, als auch durch äußeren Sanktionsdruck (ebd.).

Auch die individuellen Kindheitserfahrungen können zu einem Druck führen, die Rolle beizubehalten. Dies tritt beispielsweise dargestalt zutage, dass die Interviewten bemüht sind, nicht auf ein Niveau zurückzufallen, das sie aus ihrem Elternhause kannten.

Die Interviewten sehen sich also durch eigene Ansprüche und Erwartungen aus dem Umfeld zur Beibehaltung der errungenen Rolle veranlasst. Diese Erwartungslast verstärkt die Angst, die Rolle zu verlieren.

Auch das Fehlen einer Reflexionsfläche, welche die Entscheidungen stabilisiert und relativiert, erweist sich als Angst verstärkend. In dem stark durch Konkurrenz geprägten Umfeld haben die Betroffenen keine Möglichkeit, ihre Gedanken auszusprechen, ohne Gefahr zu laufen, dass dies missbraucht werden könnte. „Bei bekannt werden der Ängste können diese als Schwäche bzw. unangemessene psychische Weichheit gelten. Es ist daher kein Wunder, dass Angst in der Arbeitswelt bei öffentlichen Diskussionen kaum eine Rolle spielt" (Brehm 2001, S. 209). Einen Gedanken auszusprechen, trägt jedoch zu dessen „allmähliche[r] Verfertigung" (Kleist, o.J., S. 1044) bei. Diese Form der Selbstvergewisserung steht den Betroffenen nicht zur Verfügung.

Vielmehr befindet sie sich in einer Umgebung, in der das Gegenteil der Fall ist. Und auch ein offenes Gespräch über Fehler und Gefühle ist nicht möglich, denn es wird als Schwäche ausgelegt und ist damit negativ bewertet.

8.4 Intervenierende Faktoren: Angst reduzierende Faktoren

Die Organisation mit ihren Maßnahmen der Risikokontrolle und ihrem Rollenangebot, die berufliche Erfahrung, die Existenz eines Netzwerkes und von Interessen außerhalb der Rolle als Topführungskraft zeigen sich als Faktoren, die die Ängste der Interviewten reduzieren[21]. Sie werden im Folgenden beschrieben.

8.4.1 Die Organisation als Angst reduzierender Faktor

Im Nachgang von Unglücken oder Unfällen in der Unternehmenshistorie wird versucht, Maßnahmen zu ergreifen, die verhindern, dass sich ein solches Szenario wiederholen kann (Unger, 155). Als Mittel zur Risikokontrolle werden vielfach verstärkte Controlling-Maßnahmen benannt. Die Anzahl der Guidelines und Richtlinien erhöht sich.

---

21 Im Gegensatz zu Copingstrategien reduzieren die in der Folge geschilderten Faktoren Ängste vor dem Zeitpunkt ihres Entstehens. Copingstrategien hingegen dienen der Bewältigung bereits entstandener Ängste. Sie werden also reaktiv, nach Auftreten der Ängste, eingesetzt.

8.4 Intervenierende Faktoren: Angst reduzierende Faktoren 163

> Wir kriegen auch heute zunehmend mehr gesagt, wie wir Dinge tun sollen. Wir haben früher mehr Freiraum gehabt ... Also die Dinge, die ... vorgefallen sind, die haben ne Auswirkung (Unger, 153)

Dadurch will die Organisation sich vor weiteren Unglücken schützen. Diese gestiegenen Sicherheitsvorkehrungen reduzieren auch die Angst der Interviewten.

> Hier werden wir überfrachtet mit Richtlinien und Guidelines ... da hat sich jemand hingesetzt und die alle aufgeschrieben und genau definiert, wie man in bestimmten Situationen agieren sollte (Uhl, 147).
> Dadurch, dass Arbeitssicherheit bei uns so eine riesen Rolle spielt und ich Arbeitsschutz und Arbeitssicherheit gemacht hab, ... war ich richtig gut ausgestattet. Ich glaub, ich wär im Achteck gesprungen, wenn ich das vorher nicht gehabt hätte ... Es [die Sicherheitsvorkehrungen] hat bei uns einen enormen Stellenwert und dadurch hat es Prozesse, die dahinter geschaltet sind und an denen halte ich mich fest, kann man sich festhalten. Also wir haben genaue Beschreibungen wie Dinge machen, wir gucken regelmäßig die Risiken, wir haben so Prozeduren entwickelt, wie wir mit Risiken umgehen. Und da fährt man dann abends nach hause und denkt, das ist ok ... man hat schon einen Riesenschritt getan. Und damit kann ich, mit der Angst konnte ich leben (Unger, 95)

Die Sicherheitsvorkehrungen und -prozeduren helfen sowohl der Organisation, als auch den Interviewten mit Ihren Ängsten umzugehen. Wie die Formulierung ‚man hat schon einen Riesenschritt getan' anzeigt, fungieren die Sicherheitsvorkehrungen als eine Absicherung für die Betroffenen. Damit wird das Risiko, das der Tätigkeit inne liegt, handhabbar gemacht. Man weiß, was zu tun ist, es ist ‚genau definiert, wie man in bestimmten Situationen agieren sollte' (s. oberes Zitat). Diese Entlastung von der Verantwortung durch die Vorkehrungen reduziert die Angst vor den Gefahren der Tätigkeit.

Auch die Position in der Unternehmenshierarchie, die die Organisation bereitstellt, kann als hemmender Faktor gegen Angst genutzt werden.

> Wie müssen wir restrukturieren und müssen wir wirklich Werke schließen? Das sind natürlich die Fragen, die uns tagtäglich bewegen. Wobei, es kommt vielleicht etwas hinzu: Wir sind nicht so direkt betroffen, es gibt einen gewissen Abstand. Wir treffen Entscheidungen, die brutal sind, aber wir sind nicht vor Ort. Das macht einen gewaltigen Unterschied. Ich habe das erlebt, als ich Werksleiter war und wo ich ein Werk restrukturieren musste und tagtäglich auch denjenigen Menschen auch begegnen, die dann betroffen sind. Das ist natürlich schlimmer, als wenn man einen gewissen Abstand hat (Heinz, 54).

Ein direkter Kontakt mit den betroffenen Mitarbeitern führt die konkreten Folgen des eigenen Handelns deutlicher vor Augen. Und hier besteht auch die Möglichkeit, dass die Mitarbeiter ihr Leid klagen oder versuchen, sich zur Wehr zu setzen. Bei einer gehobenen und damit distanzierteren Position ist die Führungskraft diesem nicht ausgesetzt. Einem Werksleiter gegenüber, mit dem die Mitarbeiter tagtäglich in persönlichem Kontakt stehen, kann auch viel eher konkrete Kritik und Unmut gegenüber geäußert werden, als einem Vorstand, der keinen direkten Kontakt zu einzelnen Mitarbeitern hat. Von ihm wird nicht erwartet, dass er mit Verständnis für Einzelschicksale reagiert. Folglich werden weniger Zweifel und in der Folge weniger Versagensängste ausgelöst. Hier fungiert die hierarchische Position in der Organisation also als hemmender Faktor in Bezug auf Versagensängste.

Aber nicht nur die Position, auch die damit verbundene Rolle dient als Schutz vor Angst.

> Also ich glaube schon, dass da die Rolle doch die Sache recht gut abschottet (Hoffmann, 102).

Die Rolle der Interviewten dient ihnen also nicht nur dadurch, dass sie von den zugeschriebenen Privilegien profitieren. Durch die damit zusammenhängende Distanz erhalten sie dadurch gleichzeitig einen Angstschutz.

8.4.2 Erfahrung

Die Interviewten berichten, dass die Erfahrung, dass sie die ihnen gestellten Aufgaben bewältigen können, ihre Angst reduziert.

> Wenn ich das heute vergleiche. Ich war damals vielleicht mehr gestresst wie heute. Aber ich muss sagen, wenn man dann das Ganze überstanden hat und alles ist dann wieder in Ordnung, dann hat man ein tolles Gefühl danach. Dass man das geschafft hat, dass man da durchgekommen ist (Heinz, 64).

Diese Erfahrungen in der Berufsbiographie haben zu einer Veränderung Ihrer Person geführt.

> Und insofern bin ich auch als Person immer stärker geworden und hab halt dieses, die Angst an dem Scheitern eigentlich verloren, ja (Allmeier, 11).

8.4 Intervenierende Faktoren: Angst reduzierende Faktoren

Sie haben die Einschätzung der eigenen Bewältigungsmöglichkeiten verändert.

> Ich meine, ich hab jetzt mittlerweie fuffzehn Umorganisationen hinter mir in [Unternehmensname] ... Also, mich schmeißt so langsam nichts mehr um. Man kann damit umgehen (Allmeier, 30)

Die Betroffenen haben durch die Erfahrung, Situationen bewältigen zu können, eine höhere Einschätzung ihrer Bewältigungskompetenzen. Auch das Gewahrwerden, dass Andere ebenso fehlbar sind wie sie selbst, reduziert die Angst.

> Was ich aber sagen will ... also Angst tatsächlich zu scheitern an dem Thema, hat sich gezeigt, dass ich also sehr schnell erkannt habe, alle kochen mit Wasser, vieles ist nur bla und blubb (Allmeier, 11).

Wie die Formulierung ‚vieles ist nur bla und blubb' anzeigt, wird wahrgenommen, dass die Anderen versuchen, den Eindruck, den sie beim Gegenüber hinterlassen, zu kontrollieren. Denn diese Formulierung, die für „leeres Gerede" (vgl. Osterwinter & Auberle, 2007, „blaba") und „nichtssagende [aber anspruchsvoll klingende] Äußerungen" (ebd.) steht, verdeutlicht die Bemühungen, sich als Person bedeutsamen Rangs darzustellen. Die gestiegene berufliche Erfahrung versetzt die Interviewten in die Lage, dies als Strategie der Anderen zu erkennen und aufzudecken. Diese Auflösung des Nimbus der Unfehlbarkeit und damit Allmacht der Anderen (vgl. 0) wirkt entlastend. Denn damit verändern sich die Positionen der Beteiligten. Das zu Beginn der Berufsbiographie empfundene Gefälle vom Säugling (‚kleiner Scheißer', Allmeier, 11) zu den ‚hohen Herren' (edb.) wandelt sich.

> Das ist ganz anders so ganz am Anfang wie jetzt oder das jetzt am Ende war. Weil am Ende war, haste schon ne Voreinstellung. Da [in den Meetings] hocken lauter Jungs drin, die genauso viel und wenig Ahnung haben wie du (Allmeier, 38)

Jetzt empfinden sich die Interviewten unter Ebenbürtigen, die einen vergleichbaren Kenntnisstand haben. Diese Erfahrung reduziert Angst, denn die Wahrscheinlichkeit den Anderen gegenüber ins Hintertreffen zu geraten, ist bei einer Begegnung auf Augenhöhe geringer.

8.4.3 Netzwerk

Die Errichtung eines Netzwerkes wird als Maßnahme beschrieben, die Karrierewege ebnet.

> Von da an sage ich mal, ging's bergauf insofern weil man dadurch ein Netzwerk hat und sagt der ist gut, den kennen wir, den fördern wir jetzt, also dieses Mentorenthema. Bedeutet natürlich, Du brauchst immer, was weiß ich, Konzernvorstände oder Mentoren, die auf entsprechender Ebene sind, die dich ziehen. Der böse Begriff ist jetzt vielleicht Seilschaften. Keine Frage, aber du brauchst halt diesen Weg. Von alleine tut sich nix (Allmeier, 11).

Dadurch, dass die Betroffenen innerhalb der Organisation als Leistungsträger bekannt sind, werden sie in ihrem beruflichen Fortkommen gefördert. Die Angst reduzierende Funktion von Netzwerken zeigt sich, wenn diese wegfallen.

> Es [die Sicherung des Aufstiegs] funktioniert sehr gut solange sie ein Netzwerk haben in dem Unternehmen und die Netzwerker, die Häuptlinge sind da, die sie als Fürsprecher haben. Wenn die aber auch auf einmal weg brechen ... ist eine schwierige Situation (Allmeier, 16).
> Man hat entweder Leute, die einem gewogen sind oder nicht. Und wenn die jetzt gerade ... [das Unternehmen verlassen], dann steht man da. Und dann, das wird, ich würd's als ungemütlich bezeichnen (Unger, 40).

Bestehen die Netzwerke also nicht weiter fort, wird es ‚ungemütlich', die Unsicherheit der eigenen Position nimmt zu. Denn die Betroffenen haben folglich keine Fürsprecher mehr, die sie vor Entlassungen schützen und für weiteren Aufstieg empfehlen. Von daher ist die Existenz eines Netzwerkes innerhalb der Organisation ein Angst reduzierender Faktor.

8.4.4 Interessen außerhalb der Rolle

Eine übermäßige Identifikation mit der Rolle, also eine Verschmelzung von Person und Rolle, wird als Angst verstärkender Faktor beschrieben (vgl. Kap. 8.5.2). Die Interviewten beschreiben Strategien, die als Versuch zu verstehen sind, einer derartigen Verschmelzung vorzubeugen.

> Ich hab versucht, zumindestens in meiner Freizeit oder am Wochenende das so nen bisschen abzustreifen. Ich hab immer sehr vermieden, das Berufliche und das Private auch zu vermischen (Kaufmann, 44).

> Das kriege ich relativ gut getrennt. Ich wohne in (Stadtname) und es gibt natürlich auch die tägliche Autofahrt, von hier nach (Stadtname) und auf dieser Autofahrt gelingt es mir halt gut abzuschalten. Also wenn ich zu Hause bin, dann habe ich das Büro hinter mir und dann kommen die privaten Dinge ... da gelingt die Trennung ganz gut (Bach, 98).

Die Existenz eigener Interessen, die von der Rolle unabhängig sind, zeigen sich als besonders wirksam.

> Die Wochenendehe ist erträglich, aber ich möchte mich jetzt nicht bis 69 totarbeiten ..., sondern meine Frau und ich haben schon noch sehr viele Ideen, was wir miteinander machen können. Und da freu ich mich richtig drauf. Weil mein, mein Leben war geprägt durch eben doch ne sehr starke Dominanz der, der Firma. Und wir haben ... so viel Spaß miteinander und noch so viele Ideen, dass ich mich mit Sicherheit nicht totarbeiten möchte (Jung, 207).

Relevanzen und Zielen, die von der Rolle unabhängig sind, erweisen sich als Gegenpol zu einer Verschmelzung von Person und Rolle. Derartige Ziele beinhalten Aktivitäten, die außerhalb der Rolle liegen und positiv bewertet werden.

> Und wie gesagt, wir haben noch so vieles vor, dass ich mit Sicherheit nicht, mich nicht langweilen würde (Jung, 209).
> Aber das [die Verschmelzung mit der Rolle] ist jetzt nicht mehr so, weil jetzt mal, der Spaßfaktor muss sein (Mangold, 54).

Auf diese Art und Weise kann also die Angst, die Rolle zu verlieren, reduziert werden. Denn wenn die Identität einer Person nicht nur aus der Topmanagementposition und der dazu gehörenden Rolle besteht, sind die Betroffenen unabhängiger von dem Erhalt der Position. Insofern reduzieren Interessen außerhalb der Rolle in direktem Zusammenhang die Gefahr mit der Rolle zu verschmelzen und damit indirekt die Angst von Identitätsverlust.

8.4.5 Fazit Angst reduzierende Faktoren

Durch den Aufbau von Arbeitssicherheitsabteilungen, Richtlinien, Kontrollen und Gegenkontrollen wird die Verantwortung des Einzelnen auf verschiedene Abteilungen delegiert und damit letztlich minimiert. Die Einführung von Richtlinien und Kontrollprozeduren wurde schon von Menzies (1974, vgl. Chernomas, 2007, für eine kritische Stellungnahme) als soziales Angstabwehrsystem beschrieben. Dabei zeigte sich, dass die Aufteilung der Entscheidungen von Einzelnen auf mehrere dazu führt, dass der „Angstdruck" (ebd., S. 195), der mit endgültigen Entscheidungen verbunden ist, verringert wird. Ebenso wird durch den „Versuch, Entscheidungen durch ritualisierte Aufgabendurchführung aus dem Wege zu gehen" (ebd., S. 194), die Verantwortungslast für den Einzelnen reduziert. Die Richtlinien und Guidelines in Folge von Unglücken können verstanden werden als solche „ritualisierte[n] Aufgabendurchführung[en]" (ebd., S. 194). Nach Jacques (1956) hängt die erlebte berufliche Verantwortung allein vom Handeln nach eigenem Ermessen („exercising discretion", S. 83.) ab. Innerhalb des eigenen Ermessensspielraums sind Entscheidungen zu treffen, was zu tun ist. Die damit verbundene Unsicherheit der Entscheidungen macht Angst in Bezug auf das zu erwartende Ergebnis. Durch die Einführung von Richtlinien und Guidelines wird der Verantwortungsbereich und die Spanne des eigenen Ermessen erheblich reduziert. Dadurch wird auch die Angst reduziert.

Folglich müssen die zunehmenden Kontrollstrategien und Errichtung von spezialisierten Sicherheitsabteilungen (Arbeitssicherheit und –schutz) nach Unglücken als Maßnahme der Organisationsmitglieder verstanden werden, mit der sie das aus der Tätigkeit entstehende „spezifische Risiko" (Lohmer, 2000b, S. 22) und die resultierende Angst bewältigen. Das Bedürfnis der Angstbewältigung führt zur „Entwicklung sozial strukturierter Abwehrmechanismen, die als Bestandteile der Struktur, der Kultur und der Funktionsmodalität der Organisation zutagetreten" (Menzies, 1974, S. 190). Die Angstabwehr Einzelner hat also ihren Niederschlag in organisationalen Strukturen wie Kontrollmaßnahmen gefunden.

Die von Organisationen bereitgestellten Rollen reduzieren ebenfalls die Angst der Organisationsmitglieder. Die Rollen „epitomize the minimization of uncertainty and constitute the sought-after organizational shelter from the experience of anxiety (Diamond & Allcorn, 1985, S. 38). Die mit ihnen verbundene Vorhersagbarkeit wehrt damit also die Angst vor dem Unbekannten, Unvorhersehbaren ab. Denn die bereitgestellten Rollen strukturieren das Verhalten der jeweiligen Träger. In Anlehnung an Dahrendorf (1977), der schon für einen Werkmeister eine verständnisvolle Reaktion lediglich als „Kann-Erwartung" (S. 39) formuliert hat, kann die Rolle ihrem Träger auch helfen, sich auf eine übergeordnete Position zurückzuziehen. Und von dieser Position erwartet man keine emotionale Beteiligung. Dadurch entsteht Distanz zwischen den Topführungskräften und den Mitarbeitern, die die Vorstandsentscheidungen „am eigenen Leib" zu tragen haben. Diese Distanz ermöglicht es den Interviewten, sich an den Folgen ihrer Entscheidungen für die Mitarbeiter nicht emotional zu beteiligen. Zudem schützt die Distanz vor einem direkten Angriff der betroffenen Mitarbeiter. Die Rollen werden also dazu genutzt, um sich von dem emotional belastenden Kontakt mit den Organisationsmitgliedern fernzuhalten. Zugleich bieten sie größere Vorhersagbarkeit von eigenem Verhalten und dem der Anderen.

Die wachsende berufliche Erfahrung geht mit gestiegenen Kompetenzen einher. Zudem lernen die Betroffenen, ‚alle kochen mit Wasser'. Die Bemühungen der Anderen als kundiger und leistungsfähiger zu erscheinen, werden dadurch offensichtlich zugleich entkräftet. Die Masken auf der Bühne der Selbstdarstellung (Goffman, 1959/2000) durch Impression Management sind in dem Moment gefallen, indem ein Blick hinter die Selbstdarstellungsbemühungen die Anderen als Ebenbürtige offenbart.

Bei Vorständen einiger Gesellschaftsformen (AGs), die auch in dieser Untersuchung vertreten waren, besteht eine relativ konkrete Abhängigkeit von den anderen Vorständen und vor allem dem Vorstandsvorsitzenden. Diese Vorstände werden für eine Zeit von bis zu fünf Jahren durch den Aufsichtsrat gewählt und bestellt (Potthoff et al., 2003, S. 386 ff). Die Entscheidung des Aufsichtsrats wird sicherlich auch durch die Arbeitskontakte mit den anderen Vorstandsmitgliedern und dem Vorstandsvorsitzende beeinflusst. Diese Tatsache belegt die Relevanz der positiven Selbstdarstellung.

Der Aufstieg in Organisationen hängt von vielen unkontrollierbaren Bedingungen ab. „Getting ahead in an organization is uncertain and risky" (Baum, 1992, 224). Zudem bedingt der Aufstieg die Durchsetzung gegen Konkurrenten auf den Karrierepfaden. „Rivals may do whatever they can to eliminate one another" (ebd.). In diesem unsicheren Umfeld ermöglicht die Existenz eines Fürsprechers die Fantasie, vor den Kämpfen auf den Karrierepfaden geschützt zu sein, wie auch, dass die Organisation ein sicherer Ort sei (ebd., S. 227). Somit dient die Erschaffung und Aufrechterhaltung eines organisationalen Netzwerkes letztlich der Abwehr von Angst vor Unsicherheit in doppeltem Sinne. Zum einen scheint das Netzwerk vor Ungewissheit zu schützen. Zum anderen ermöglicht es scheinbar den Schutz vor Gefahren, also ein Schutz vor Unsicherheit im Sinne eines Mangels an Sicherheit.

Die Existenz eigener Interessen außerhalb der Rolle beugt der Verschmelzung der Person mit der Rolle vor. Dieser Angst verstärkende Faktor wird in Kapitel 8.5.2 beschrieben.

8.5 Verstärkende und reduzierende Faktoren

In der Analyse zeigten sich neben Angst reduzierenden und verstärkenden Faktoren auch Faktoren, die je nach Ausprägung Angst zu verstärken oder zu reduzieren vermögen.

8.5.1 Allgemeine Wirtschaftslage

Die allgemeine wirtschaftliche Lage kann je nach Ausprägung Ängste verstärken oder reduzieren.

> Also nicht nur, dass es bei einem selbst irgendwie schlecht läuft, sondern dass man sagt, vielleicht eine wirtschaftliche Lage von außen, Auftragslage was auch immer und wir müssen irgendwie mal alle den Gürtel enger schnallen, dann kommen dann natürlich solche Sorgen noch massiver (Bach, 102).

Denn durch eine Verschlechterung der allgemeinen wirtschaftlichen Lage sieht sich auch die Organisation mehr Schwierigkeiten gegenüber, ihr Fortbestehen zu sichern. Dies wirkt auch auf die Organisationsmitglieder und verstärkt deren Angst (Kaufmann, 74).

Die Lage am Arbeitsmarkt, also die Möglichkeiten im Falle eines Ausscheidens eine neue Position zu finden, ist auch für Inhaber von Topmanagementpositionen relevant.

> Ja, wenn jetzt ne Pleite kommt, kriegst du noch 3 Monate Geld vom, vom Arbeitsamt, Insolvenzausfallgeld. Und dann ist Schluss und dann musst du in 3 Monaten was anderes haben, ansonsten kannst du in ernsthafte Probleme kommen. Und der Arbeitsmarkt war zu der Zeit auch nicht so brillant (Kaufmann, 36)

Ist die allgemeine wirtschaftliche Lage angespannt, müssen viele Unternehmen ihre Aktivitäten stärker auf das eigene Fortbestehen fokussieren. Solche Zeiten sind traditionell durch einen Abschwung auf dem Arbeitsmarkt gekennzeichnet, dessen Folgen auch für die Interviewten relevant werden können. Wenn eine Position ausgelaufen ist oder das Ausscheiden vor Auslauf stattgefunden hat, sehen sich die Betroffenen der Situation gegenüber, dass sie sich um eine neue Position bemühen müssen.

> Ich fing hier an, das war die, die Phase, wo ich nen Interims-Vertrag von 6 Monaten hatte, und das nach nem Jahr Suchen (Jung, 85)

Prosperität erleichtert die Suche nach neuen Betätigungsfeldern, da die Unternehmen in diesen Zeiten vermehrt Personal suchen. Diese günstige Lage auf dem Arbeitsmarkt reduziert die Ängste der Betroffenen, da die Verfügbarkeit von Alternativen sie bei Positionsausfall in der Sicherheit wiegt, zeitnah eine Anschlussposition finden zu können. In Zeiten des wirtschaftlichen Abschwungs sind auch Topführungspositionen rarer. Daher müssen sich manche mit Interimspositionen, also Übergangsvorstandspositionen, begnügen.

8.5 Verstärkende und reduzierende Faktoren

> Es mir nicht gelungen ist, auf dem gleichen Level wieder einzusteigen, und da hatte ich als ne rollback Position das Thema Interimsmanagement für mich entdeckt (Winter, 10)

Auch wenn es teilweise gegenteilig dargestellt wird (‚für mich entdeckt'), sind Interimspositionen weniger angesehen als reguläre Vorstandsposten. Zum einen können aufgrund der Zeitbegrenzung[22] keine langfristigen Projekte verfolgt werden, es kann keine ‚Vision' (Winter, 174) verfolgt werden. Die Betroffenen sind jedoch daran interessiert, ihr Unternehmen maßgeblich und nachhaltig zu beeinflussen und zu prägen. Zudem ist die Identifikation mit einem Unternehmen, in dem man absehbar nur vorübergehend beschäftigt ist, geringer.

> In einer Interimsposition machen Sie einen Job und Sie gehören auch nicht so dazu (Winter, 147).

Diese Identifikation ist den Betroffenen offensichtlich wichtig. Bei einer Interimsposition sind die Möglichkeiten der Identifikation begrenzt.

Wenn weder eine reguläre, noch eine Interimsposition gefunden werden kann, müssen die Betroffenen die Annahme einer Position auf einer geringeren Hierarchiestufe akzeptieren.

> Da hab ich schon geschluckt, ehrlich gesagt, weil das nicht sozusagen meiner Führungsdimension entsprochen hat. Aber da das Projekt interessant war und weil es auch darum ging, einen Job zu machen, statt zuhause zu sitzen, habe ich ja gesagt (Winter, 10).

Um also beschäftigt zu sein und den Lebensstandard zu wahren, müssen dann Positionen angenommen werden, die unter dem Niveau sind, auf der sich die vorherige befand. Sich dieser Notwendigkeit zu fügen, bedeutet einen harten Einschnitt, wie die Formulierung ‚da hab ich schon geschluckt' zu erkennen gibt. Um das Ausmaß der Härte der Lage nicht zu deutlich werden zu lassen, hebt der Interviewte heraus, dass es sich dabei um ein interessantes Projekt handelte. Diese direkte Betonung verdeutlicht, wie schwer die Annahme einer Position auf geringerem Niveau ist. Zugleich ist die beschönigende Qualität der Formulierung Ausdruck einer Selbstdarstellungsstrategie (Impression Management, vgl. Kap. 8.1.5.5), mit der der eigene Eindruck beim Gegenüber (also der Interviewerin) kontrolliert werden soll.

---

22 Die Dauer von Interimsvorstandspositionen beträgt zumeist ein Jahr.

Die Organisationsmitglieder, die den Entlassungswelle der schlechten Zeiten trotzen können, sehen sich einem Konkurrenzkampf mit Gleichrangigen ausgesetzt.

> Das Beäugen ist mehr so wie wir mit Kollegen auch miteinander umgehen. Zu überlegen, ich mein, muss man ganz klar sagen, wir kämpfen um wenige Jobs (Unger, 78).

Innerhalb des Unternehmens lösen der wirtschaftliche Abschwung und die folgenden Umstrukturierungen und Entlassungen bei den verbleibenden Organisationsmitgliedern Misstrauen und Konkurrenzkampf aus.

Die dargestellten Folgen, durch die sich die schlechte allgemeine Wirtschaftslage in den Unternehmen niederschlägt, verstärken die Angst der Betroffenen. Denn dadurch wird die Fragilität ihrer Positionen deutlicher und direkter spürbar. Zeiten wirtschaftlichen Aufschwungs oder Booms sind mit der Wahrnehmung verbunden, dass das eigene Arbeitsverhältnis weniger bedroht ist bzw. im Falle eines Wegfalls der Position zeitnah eine gleichwertige Alternative gefunden werden kann. Insofern kann die wirtschaftliche Lage je nach ihrer Ausprägung bestehende Ängste reduzieren oder verstärken.

8.5.1.1 Wegfall des Orientierungsrahmens

Die Bemühungen um das Fortbestehen der Organisation, die besonders in Zeiten wirtschaftlichen Abschwungs in den Vordergrund treten, verstärken die Angst der Organisationsmitglieder auch auf eine weitere Art und Weise.

Durch die notwenigen Um- und Restrukturierungen verlieren die Mitarbeiter einen Orientierungsrahmen, denn sie führen zwangsläufig auch zu Veränderungen der Relevanzen im Unternehmen. Und diese werden folglich für die Mitarbeiter zunehmend undurchschaubar.

> Jeder neue Chef wird erst einmal die Organisation ändern. Das ist einfach so. Natürlich ist die Frage, werde ich mit diesem neuen Leiter, mit diesem neuen Chef zurechtkommen? Was wird meine eigene Rolle sein? Ich möchte in diesem Hay Grading System einen Sprung machen. Kann ich das bei dem Neuen machen? Diese Sachen gehen einem natürlich durch den Kopf und schaffen Unsicherheiten (Uhl, 131).

Die Relevanzstrukturen, die den Mitarbeitern in stabilen wirtschaftlichen Zeiten als Orientierung dienten, erweisen sich durch die Umstrukturierung der Organi-

8.5 Verstärkende und reduzierende Faktoren

sation als obsolet. Denn es ist unklar, ob die bisherigen Orientierungspunkte überdauernd Bestand haben.

Dies kann sich einerseits auf die eigene Karriere („Hay Grading System'[23]), das Verhältnis zum neuen Vorgesetzten oder auch die Qualität der eigenen Arbeit beziehen.

> Es ist unheimlich schwierig [geworden] zu zeigen, ob man jetzt gute Arbeit macht oder nicht. Weil wir sowieso Leute übrig haben, egal ob die gut sind oder nicht. Das gibt ein ganz komisches Miteinander (Unger, 34).

In den bisherigen Orientierungsrahmen galt die Qualität der eigenen Arbeit als Merkmal, mit dem man sich für weitere Positionen empfehlen konnte. Auch die Schaffung von unternehmensinternen Netzwerken dient der Bekanntmachung der eigenen Person, um sich so für etwaige Beförderungen zu empfehlen.

> Sie müssen die Verbindungen immer wieder neu definieren. Und da ist das große Problem, dass viele tierische Angst davor haben, das zu tun. Diese Herausforderung anzunehmen, auf die Leute zuzugehen, mit denen zu reden und zu sagen ich kann das und das, wenn da ne adäquat was sein sollte, ich würde das tun. Das Problem ist, dass ... leider immer wieder Führungskräfte bei den Nachbesetzungen ... hinter sich gucken, in ihre eigene Organisation. Und nie ... da mal jemand anderes mit rein [nehmen]. (Allmeier, 16).

Im alten Orientierungsgefüge erscheint somit die eigene Zukunft im Unternehmen berechenbarer und kontrollierbarer. Durch den Unternehmensumbau erweisen sich diese Orientierungspunkte als hinfällig.

> Es ist nicht mehr nachzuvollziehen in diesem Unternehmen was gute Arbeit ist (Unger, 84).

Die Organisationsmitglieder bleiben orientierungslos zurück. Die Aufstiegswege werden durch die Umstrukturierungen intransparenter. Dies erzeugt bei den Organisationsmitgliedern Unsicherheiten und führt zu einer Verstärkung von Ängsten, die gefundene Rolle zu verlieren.

---

23 Die „Hay Evaluation Method" (University of Waterloo (o.J.)) ist ein Verfahren zur Positionsbewertung, deren sich Unternehmen im Rahmen der Personalentwicklung bedienen.

8.5.2 ‚Verschmelzung' mit der Rolle

Die Identifikation mit einer Position und der damit zusammenhängenden Rolle kann verschieden starke Ausmaße annehmen. Entsprechend unterschiedlich ist auch die Wirkung auf die Angst der Betroffenen. Bei einer starken Identifikation verschmilzt der Positionsinhaber mit der Rolle. Wenn in dieser Konstellation das Unternehmen, das die Position und die Rolle bereitstellt, nicht mehr weiter existieren kann, bedeutet das auch den Untergang der Person.

> Nennen wir das mal, wie Rolle und Individuum verschmelzen, wie sie eigentlich so miteinander verbunden sind, in dem Druck, der da ist, dass sie gar nicht mehr in der Lage sind, das Eine von dem Anderen zu trennen ... dass mit dem Untergang oder mit dem befürchteten Untergang der Gesellschaft auch die eigene Person mit untergeht (Hoffmann, 24).

Denn im Falle einer ‚Verschmelzung' von Rolle und Person definiert sich die Person durch die Position. Insofern ist eine starke Verschmelzung mit der Rolle mittelbar auch ein Angst verstärkender Faktor. Denn nicht die Verschmelzung selbst, sondern die Folgen derselben, also die Aufgabe der eigenen Individualität, löst bei Gefährdung der Rolle Angst aus.

Die Konsequenzen aus einer Verschmelzung werden dann besonders auffällig, wenn die Position aufgegeben wird oder starken Veränderungen unterliegt.

> Ich hatte dann irgendwann nichts mehr zu tun. Ich hab drei Monate keine Arbeit gehabt. Und da hab ich festgestellt, da kann ich nicht mit umgehen ... weil man dann auch nicht mehr weiß wohin mit sich selber (Unger, 40)... da fehlt irgendwas, was im Leben großen Stellenwert hatte, wo man, wo ich dann überlebe, was mache ich jetzt eigentlich? Was mache ich mit mir, was mache ich mit meinem Leben, wo will ich jetzt eigentlich hin, wenn der Job nicht mehr da ist? (ebd., 62).

Wenn also die Person mit der Position eins geworden ist, wird das Leben durch die Position ausgefüllt. Fällt diese weg oder ist das Arbeitspensum gering, bleibt die Person hilflos zurück. Bei einer geringeren Identifikation mit der Position (0) ist dies nicht der Fall.

Die Formulierung ‚Was mache ich mit mir, was mache ich mit meinem Leben?' verweist auf die starke Strukturierungs- und Orientierungsfunktion, die die Arbeit in einem Leben übernehmen kann. Arbeit verleiht nicht nur eine Tages- und Wochenstruktur, sie strukturiert auch das gesellschaftliche Leben.

> Dass ich da [im Ruhestand] nicht mehr die Wirkung habe, die ich heute habe. Ich habe gar nicht mehr so viele Menschen um mich. Da überlege ich, was mache ich dann? Ich versuche es mir immer vorzustellen, was machst du dann eigentlich? Und

8.5 Verstärkende und reduzierende Faktoren

> dann frage ich mich, warum hast du eigentlich nicht dich vorbereitet auf den Ruhestand? Weil ich das Wort Ruhestand eigentlich hasse. Und dann überlege ich mir irgendwas. Was könnte ich machen? (Conradi, 102).

Durch die Einnahme einer bestimmten Position nimmt die Person auch die damit verbundenen Assoziationen ein, die letztlich durch den gesellschaftlichen Status repräsentiert werden. Die Position eines Vorstands wird in der westlichen Gesellschaft, in der diese Untersuchung angesiedelt ist, positiv bewertet und ist hoch angesehen. Folglich werden Positionsinhaber u.a. zu gesellschaftlichen Anlässen eingeladen und verfügen über eine gesteigerte sexuelle Attraktivität (‚man wird, wird angehimmelt. Es ist einfach so, Sie sind sexy', Winter, 57; vgl. Kap. 8.7.4.1). Diese Attraktivität kann auch mit durch die von den Betroffenen empfundene Macht bedingt sein. Denn die Verschmelzung mit der Rolle geht zugleich auch mit einer Illusion von Unersetzbarkeit einher.

> Und ich habe damals nicht denken können, dass diese Firma auch ohne mich funktionieren würde. Ich war damals auch in meiner eigenen Wahrnehmung als jemand, der musste das machen (Hoffmann, 122).

Denn wer unersetzbar ist, verfügt über viel Macht. Und Macht macht attraktiv. Diesem Sog, den die Illusion der Unersetzbarkeit auslöst, können Personen leichter widerstehen, wenn sie nicht oder nur wenig mit ihrer Rolle verschmolzen sind.

8.5.3 Lebensalter und das Vorhandensein finanzieller Ressourcen

Auch das Lebensalter und damit vor allem die dabei üblicherweise begleitenden Lebensumstände wie das Vorhandensein finanzieller Ressourcen können Ängste verstärken oder hemmen. In jüngeren Jahren sehen sich die Interviewten mit dem Aufbau der Karriere, eventuell einem Eigenheimbau und der Versorgung der zumeist noch jungen Kinder gegenüber verantwortlich.

> Da waren die Kinder noch im Studium und da ist man selber wahrscheinlich auch noch, ich weiß nicht, ich denke, das hat was mit der Familie zu tun. Vielleicht mit dem Alter, da macht man sich wahrscheinlich mehr Gedanken (Heinz, 116).

Diese Verantwortlichkeiten verlieren ihre Wirkungskraft mit gestiegenem Lebensalter (‚Ich hab's Kreuz frei', Allmeier, 16). Denn ein entsprechender Lebensstandard ist für alle Familienmitglieder erreicht worden.

> Man hat ein Alter erreicht und die Familie ist gesund, alle sind versorgt (Heinz, 104).

Auch die größten Karriereschritte wurden bewältigt.

> Jetzt ist das natürlich bei mir etwas einfacher. Weil ich jetzt davon ausgehe, ich hab ne Karriere hinter mir. Ich erwarte keinen, ich will kein Vorstand kann ich nicht mehr werden, Konzernvorstand (Allmeier, 14).

Zudem konnten die Interviewpartner finanzielle Rücklagen bilden, sodass sie selbst im Falle eines Verdienstausfalls nicht dazu gezwungen sind, auf ihren Lebensstandard zu verzichten.

> Also, bei mir war das so, ich hab auch schon bei Firma B gut verdient, ja. Und hab nicht alles verprasst. Sagen wir mal so, also finanziell könnten wir vier Jahre so leben, auch jetzt noch, ohne dass was in die Kasse reinkommen müsste. (Winter, 59).

Insofern wirkt das zunehmende Lebensalter und die finanziellen Ressourcen als Puffer gegen Angst. Dies gilt allerdings nur unter der Voraussetzung, dass die „Schritte" die sich der Betroffene vorgenommen hatte, erreicht wurden.

Das höhere Lebensalter und der Wegfall der finanziellen Verpflichtungen, da diese getilgt wurden, werden in den Interviews als Freiheitsgewinn beschrieben.

> Das schafft dann auch, wenn man so will, die Freiheit, die man braucht. Auch vielleicht hier und da mutige Entscheidungen zu treffen ... und das hat was mit der Erfahrung zu tun, das hat auch was mit dem Lebensalter zu tun. Insofern denke ich auch, dass viele, die über 50 sind, so ab 55, dass das der Personenkreis ist, der am meisten bewegen kann. Weil, die haben nichts mehr zu befürchten (Heinz 108-110)

Diese Entlastung von Verantwortlichkeiten bietet den Interviewten dementsprechend einen Bewegungsspielraum, über den sie in jüngeren Jahren nicht verfügten.

8.5.4 Unternehmensgröße

Die Größe des Unternehmens kann, je nach Ausprägung, Angst verstärkend oder reduzierend wirken. Bei kleinen und mittelständigen Unternehmen können schneller Personalengpässe entstehen, die die Fertigstellung von Projekten behindern können (Kaufmann, 36). Im Falle von Fachkräftemangel können größere

8.5 Verstärkende und reduzierende Faktoren 177

Unternehmen sich durch reichhaltigere Zusatzleistungen zum Gehalt für potenzielle Bewerber attraktiv machen. Kleinere Unternehmen verfügen nur in sehr eingeschränktem Maße über derartige Möglichkeiten (Kaufmann, 36). Da die Unternehmen und die in ihr tätigen Topführungskräfte auf Fachkräfte angewiesen sind, die die Arbeitsaufgaben ausführen, kann ein Fachkräftemangel die Angst um den Fortbestand des Unternehmens verstärken.

8.5.5 Vertrauen/ Misstrauen als Arbeitsgrundlage

Das Arbeitsklima unter Topführungskräften ist nicht von Vertrauen geprägt.

> Im Vorstand ist es so, dass da eigentlich das Thema Kollegialität nicht das vorherrschende ist (Winter, 39).
> Das Freundschaftsnetzwerk ist klein. Die Gruppe der Neider ist größer (Conradi, 40).

Vielmehr ist Konkurrenz das bestimmende Prinzip.

> Da geht es da drum, aufs Schwarze Peter Spiel. Es gibt 1000 Gründe warum ein Unternehmen Probleme hat, ja. Und wer sorgt nun am meisten dafür. Und da muss man aufpassen, dass man beim Schwarze Peter Spiel nicht auf dem Schwarzen Peter sitzen bleibt (Winter, 39)
> In so einem großen Unternehmen ist viel mit Macht und Spielereien verbunden. Überall, in jedem Unternehmen ist das so. Wenn man sich auf ein großes Unternehmen einlässt, muss man sich auf diese Spielchen einlassen ... Jeder spielt hier seine Spiele ... Jeder, der hier in Managementpositionen kommt, muss das machen. Weil, es ist hier nicht alles geregelt. Man hat zwar ein Organigramm, aber es ist nicht ganz klar, was verbirgt sich eigentlich hinter einer Rolle, einer Aufgabe. Also versucht man doch, seine eigene Rolle so zu gestalten, wie es einem gefällt. Meistens versucht man, die Rolle irgendwie auszudehnen. Da stößt man dann eben einen Konflikt mit einem Partner. Da will man sich dann durchsetzen (Uhl, 115-118).

Die Interviewten stellen das Verhältnis zu den Gleichrangigen als ‚Spiel' dar. Diese Wahl der Formulierung kann hier wiederum verstanden werden als Versuch, die Tatsache zu verschleiern, dass die Konkurrenz unter den Führungskräften Krieg ist (vgl. Kap. 8.2.6). In diesem Konkurrenzkampf um den eigenen Vorteil wird auch zu unlauteren Mittel gegriffen.

> Und dann nutzt man das schon aus ... wenn jemand um Rat fragt ... [wird daraus abgeleitet, er] hat mich um Rat gefragt, der sitzt in der Scheiße (Conradi, 133).

In der Folge versuchen die Interviewten, eine Distanz zu Gleichrangigen aufzubauen.

> Das muss man wissen und somit auch immer Distanz halten. Ich habe keinen geduzt aus unserer Truppe. Ich habe auch engere Beziehungen, die ich als junger Sachbearbeiter gepflegt hatte, später zur Vermeidung von Interessenkonflikten, etwas abgekühlt. (Eich, 91)
> Während der Zeit bin ich nicht in so einem Kollegenkegelclub. Das hab ich immer gemieden, ich hab auch immer klar getrennt. Klar, privat und Dienst. Bei uns Zuhause war nie ein Kollege, ich war auch nie bei einem Kollegen im Haus. Ich hab das immer klar getrennt (Eich, 147).

Diese Distanzierungsstrategie, deren Ziel es ist, sich vor Angriffen zu schützen, verstärkt jedoch gleichzeitig die Misstrauenskultur. Somit leiden die Betroffenen einerseits unter dem ihnen entgegengebrachten Misstrauen. Andererseits sind Sie zugleich aber auch selbst an der Erzeugung einer Misstrauensatmosphäre mit beteiligt, ohne sich dieser Tatsache bewusst zu sein.

Weiterhin ist eine Fehlerkultur, in der das Begehen von Fehlern verpönt ist, ein Bestandteil einer durch Misstrauen geprägten Arbeitsatmosphäre.

> Man möchte erst mal sein Gesicht wahren und Fehler zuzugeben, ist, glaube ich, eine nicht allzu starke Persönlichkeitseigenschaft im Management. Es gibt auch Kollegen, die haben, glaube ich, noch nie in ihrem Leben Fehler zugegeben (Heppner, 40).

Im Falle bevorstehender Entlassungen weiß das organisationale Umfeld vor dem Betroffenen über die geplanten Veränderungen und lässt ihn dies auch spüren gesprochen.

> Andere reden über dich schon, sagen na ja, der ist ja sowieso rausgeschmissen oder weg oder was auch immer ... Das war aber auch eine Situation wo Du über ne Woche oder 14 Tage auch selbst den Hebel nicht mehr in der Hand hattest. Wo Du dann irgendwie so einem Fluss ausgeliefert bist und die Dinge werden an dich herangetragen, z.B. xu machst irgendwas und reagiert keiner mehr (Allmeier, 26-28).
> Denn es ist nix schlimmer, wenn Sie plötzlich, Sie sind immer mitten drin und dann keine Telefonate mehr, nichts mehr (Winter, 61).

Die einzelnen Vorstände kommunizieren untereinander. Dies geschieht auch über Unternehmensgrenzen hinweg. Dies ist nicht zuletzt dadurch begründet, dass die Anzahl der Unternehmensleitungen begrenzt ist und Vorstandspositionen zudem zeitlich begrenzt sind. So wechseln die Stelleninhaber immer wieder die Unternehmen. Im Falle eines problematischen Ausscheidens aus einer Positi-

8.5 Verstärkende und reduzierende Faktoren

on bleiben die Informationen nicht innerhalb des Unternehmens, sondern werden auch darüber hinaus weiter getragen.

> Und man will es auch nicht auf nen Konflikt [ankommen lassen] ..., weil das ist ne Never-Ending-Story. Und man versaut sich damit auch den Ruf am Arbeitsmarkt. (Jung, 44)

Folglich kann ein Konflikt mit dem eigenen Unternehmen auch die weiteren Karriereschritte beeinflussen. Bei einer Neuberufung in den Vorstand können solche Informationen eine negative Wirkkraft für die Betroffenen entfalten. Diese Konstellation verstärkt die Versagensängste der Interviewten. Wenn ein Versagen nicht nur die aktuelle, sondern möglicherweise die weiteren Positionen gefährdet, sind die Betroffenen naturgemäß bestrebt, ein Versagen zu vermeiden. Demzufolge ist Versagen Angst besetzt, weil die Konsequenzen schwerwiegend und langwierig sein können.

Die Arbeitsatmosphäre, wie sie von den Interviewpartnern geschildert ist, ist gekennzeichnet von einem hohen Maß an Konkurrenz und Fehlerintoleranz. Diese durch Misstrauen geprägte Arbeitsatmosphäre verstärkt die Angst der Betroffenen, denn dadurch wird ihnen bewusst, dass sie ganz auf sich allein gestellt sind und von Feinden umgeben sind.

Im Gegenzug dazu berichten Interviewpartner auch von durch Vertrauen geprägten Arbeitsatmosphären.

> (Unternehmensname) hat ja auch dieses Gefühl, dass man sich noch als Familie fühlt. Das wurde gepflegt und kommt [mir] ... auch sehr zugegen. Das will man ja. (Uhl, 89).

In einer vertrauensvollen Atmosphäre müssen die Betroffenen nicht auf der Hut sein, müssen nicht befürchten, ‚verraten' (Conradi, 133) zu werden. Sie können sich öffnen und ihre Gefühle zeigen.

> Ich kann generell mit meinen engen Mitarbeitern über meine Gefühle reden. Das ist ein wesentlicher Bestandteil meines Lebens mit meinen ... Mitarbeitern. Ich sag denen genauso, wenn ich keine Lust habe oder wenn ich die Schnauze voll habe, wie ich, wie dass ich irgendwas gut finde. Ich finde das ist ein ganz wesentlicher Punkt in der Zusammenarbeit und in dem Augenblick sind sie nicht meine Mitarbeiter, sondern sie sind meine, meine wichtigsten Kollegen. Und das schätzen alle und das wurde noch nie missbraucht (Jung, 65).

Indem die Gefahr des Vertrauensbruchs hier gebannt ist (oder zu sein scheint), werden die Ängste der Betroffenen reduziert.

8.5.6 Fazit verstärkende und reduzierende Faktoren

In Abhängigkeit der wirtschaftlichen Lage bieten Organisationen für ihre Mitglieder Orientierung und Stabilität oder sie nehmen sie. In Zeiten des wirtschaftlichen Abschwungs sehen sich Organisationen mit der Notwendigkeit konfrontiert, verstärkt Maßnahmen zu ergreifen, die ihren Forbestand sichern. Diese Maßnahmen zeigen sich als Angst verstärkender Faktor. Denn Strukturen, die Organisationsmitglieder in der Vergangenheit als Orientierung für ihre Karriere nutzen konnten, erweisen sich als obsolet. „Zunehmend mehr Beschäftigte [sind] einer beschleunigten Dynamisierung und Ausdünnung von Orientierung gebenden Strukturen ausgesetzt" (Haubl & Voß, 2009, S. 7). Dies führt zu einer Verunsicherung der Betroffenen und verstärkt dadurch ihre Angst (Kets de Vries, 1998). „The loss of stable structures also stimulates great anxiety" (Krantz, 1995, [6]). In wirtschaftlich stabilen Zeiten vermindern die Stabilität und Orientierung, die organisationale Positionen und Rollen bieten, die Ängste der Organisationsmitglieder.

Eine Verschmelzung mit der Rolle hat für die Betroffenen positive wie negative Konsequenzen. Da die Rolle positiv bewertet wird, betrifft diese positive Bewertung im Falle einer Verschmelzung auch die Person der Betroffenen direkt. Sie werden als mächtig und attraktiv wahrgenommen.

> Erwerbsarbeit ist zum einen das Mittel, durch das die meisten Menschen ihren Lebensunterhalt verdienen; zum anderen zwingt sie bestimmte Kategorien der Erfahrung auf. Sie gibt dem Tag eine Zeitstruktur, sie erweitert die sozialen Beziehungen über Familie und Nachbarschaft hinaus und bindet die Menschen in die Ziele und Leistungen der Gemeinschaft ein ..., sie weist uns soziale Status zu und klärt die persönliche Identität (Jahoda, 1983, S. 136).

Die Position verleiht den Betroffenen Struktur, Sinn und Bedeutung für ihr Leben. So kann der Aufstieg in der Hierarchie dazu genutzt werden, um der eigenen Hilflosigkeit („Was mache ich mit mir, was mache ich mit meinem Leben', Unger, 62). zu entfliehen. Die Position mag auch dabei helfen, mit der Angst vor der eigenen Endlichkeit umzugehen. „Organizations exist, in large measure, to provide frameworks of meaning for their participants in the face of the fact that human beings cannot provide a ground of self-confident action from within their finite selves" (Schwartz, 1985, S. 40; vgl. auch Levine, 2001).

Der Verlust von Sinn und Bedeutung wird besonders im Falle eines Arbeitsplatzverlustes deutlich. Arbeitslosigkeit ist z.B. bei den Betroffenen dann besonders folgenreich für die psychische Gesundheit, wenn sie mit ihrer Position verschmolzen sind bzw. eine starke Arbeits- und Berufsorientierung (Jackson, Stafford, Banks & Warr, 1983) zeigen. Diese Folgen drücken sich in einem ver-

8.5 Verstärkende und reduzierende Faktoren

mehrten Auftreten von „Depressivität und Bitterkeit" (Frese, 1994, S. 210) aus. Auch für Personen, die unfreiwillig in Ruhestand gehen, werden negative gesundheitliche Folgen berichtet (Crowley, 1986). Personen, die mit ihrer Position verschmolzen sind, bewerten den Ruhestand nicht positiv (s. obiges Zitat Conradi, 102). „Ich bin erst 65 Jahre alt und im Ruhestand. Dabei ist die Arbeit mein Gott, mein Jesus. Ohne Arbeit kann ich nicht leben. Arbeit ist wie Wasser für mich. Wenn ich nicht trinke, sterbe ich" (J. López im Interview mit Wiek, Wiek, 2006, S. 97). Denn wenn die Position die Identität einer Person konstituiert und bestimmt, bleibt im Falle eines Wegfalls der Position kein identitätsbegründende Basis erhalten.

Das organisationale Rollenangebot kann also genutzt werden, um Ängsten, die aus der eigenen Hilflosigkeit erwachsen, zumindest scheinbar zu entfliehen. Der Preis dafür ist jedoch der Verlust der eigenen Unabhängigkeit und Freiheit (Bauer, 2005b, S. 98). Und bei einem Wegfall der Position sind die Betroffenen wieder damit konfrontiert.

Mit den Positionen, die Organisationen ihren Mitgliedern bieten, bieten sie ihnen demgemäß gleichzeitig auch ein Mittel zur Identitätsbildung. In Zeitungen, wissenschaftlicher wie praktischer Führungsliteratur und nicht zuletzt in Lehrgängen (MBA), die Führungskräfte ausbilden, werden Führungsideale vermittelt. Der Führungsdiskurs und die darin vermittelten Führungsideale können das Ausmaß einer Verherrlichung annehmen (Svenningsson & Larsson, 2006). „There are intrinsic elements of gratification, self-worth, self-esteem and self-value connected to the leader image" (ebd. S. 217). Diese Führungsideale beeinflussen die Identitätsbildung der Positionsträger von Topmanagementpositionen. „Specific leadership ideals, promoted by organizations as carrier opportunities … can fuel identity work" (ebd. S. 207). Wenn die Führungsideale in das individuelle Ichideal eingehen, können sie eine sehr starke emotionale Kraft ausüben und zwar „a form of seduction, building on fantasies of gratification connected to a certain … role" (ebd. S. 207).

Die Betroffenen konstruieren also mit dem von positiven Attributen durchwirkten Führungsideal ihre Identität und werden der Last enthoben, sich Sinn und Bedeutung in ihrem Leben zu persönlich zu erarbeiten. Die Kehrseite besteht darin, dass die Positionen einen verführerischen Sog zu Überidentifikation bieten. Die Inanspruchnahme aller Privilegien und Gratifikationen sind derart selbstwertdienlich, dass Individuen sie im Übermaß für sich beanspruchen und schließlich Rolle und Person miteinander verschwimmen bzw. verschmelzen. Wenn die Betroffenen diesem Sog nichts entgegensetzen, werden sie bei Positionsaufgabe ihrer Identität verlustig.

In Abhängigkeit vom Lebensalter ist eine mehr oder weniger große finanzielle Absicherung vorhanden, die vor der Angst um die Existenzsicherung schützen kann. Zudem sichert dies auch den Erhalt der Versorgerrolle, die ein Teil der Identität der Betroffenen ist. Dieser Zusammenhang trifft auch auf die Unternehmensgröße zu. Größere Unternehmen scheinen weniger schnell vom Untergang betroffen zu sein. Insofern scheinen auch die eigene Position und die damit verbundene Rolle sicherer.

„In God we trust, all others pay cash" (Williams & Coughlin, 1993).
„Vertrauen ist unverzichtbar, ohne es wären soziale Beziehungen wie Systeme weder denkbar noch lebensfähig" (Sievers, 2004, S.31). Insofern mutet der Zusammenhang von Vertrauen und Angst keineswegs befremdlich an. Vertrauen als Arbeitsgrundlage ist einerseits risikobehaftet, denn „Vertrauen ist eine riskante Vorleistung; wer Vertrauen schenkt(!), setzt darauf, dass implizite (relationale, interpretierte) Verträge – die nirgendwo schriftlich fixiert sind – tatsächlich auch eingehalten werden" (Neuberger, 2002, S. 725, Hervorh. d. Autors). Zum anderen vermag es auch die Berechenbarkeit der Anderen zu erhöhen. „Vertrauen soll die *Vorhersagbarkeit* des Verhaltens des Vertrauensempfänger steigern: Misstrauensbeziehungen sind weniger vorhersehbar und leichter aufkündbar" (Neuberger, 2006, S. 12, Hervorh. d. Autors). Dies führt für die Betroffenen zu einer erhöhten erlebten Sicherheit (Vollmer, Clases & Wehner, 2006, S. 178). Eine vertrauensvolle Arbeitsatmosphäre kann Ängste also reduzieren, während eine Misstrauenskultur Ängste verstärkt.

8.6 Copingstrategien

Um die zuvor dargestellten Ängste zu bewältigen, wenden die Interviewpartner verschiedene Copingstrategien an. Diese lassen sich grob in drei Bereiche einteilen[24]. Bei den intraindividuellen Copingstrategien (0) wird versucht, die Angst vornehmlich aus sich selbst heraus und ohne Hinzuziehung Anderer zu bewältigen. Die relationale Copingstrategien (0) sind Strategien, die auf Andere bezogen sind. Bei den organisationalen Copingstrategien (0) werden organisationale Strukturen genutzt, um die eigenen Ängste zu bewältigen.

8.6.1 Individuelle Copingstrategien

In der Analyse der Interviews zeigt sich, dass die Interviewpartner handlungsbezogene Strategien anwenden, um prospektiv das Auftreten von Situationen zu

---

[24] Diese Einteilung ist in ihrer Natur eine künstliche und dient ausschließlich Darstellungszwecken. Die Grenzen zwischen den einzelnen Bereichen sind fließend.

8.6 Copingstrategien

vermeiden, die für sie mit Angst assoziiert sind. Ein Mittel dazu ist die Schaffung von Strukturen[25], die für die Interviewpartner das Ausmaß an zu tragender Verantwortung reduziert.

> Die Firma läuft komplett auf Guthaben, ich brauch gar keine Kredite, also insofern habe ich auch keine externen Leute, die mir in irgend einer Art und Weise da reinreden können und ... [da] denke ich, dass ich damit ganz gut mit umgehen kann ... das ist auch der Grund, weshalb ich insofern nicht mehr, ich sage mal zwar Vorstand einer Kapitalgesellschaft bin, aber das hat rein praktische Gründe, aber eben nicht mehr 500 Mitarbeiter habe und Großprojekte realisiere eben nicht mehr Hamster im Rad bin, sondern das ich jetzt eben das mache, was mir Spaß macht (Hoffmann, 75).

Verminderte finanzielle Verantwortlichkeit durch kleinere Projekte und weniger Mitarbeiter oder die Vermeidung privater Kredite wie sie zur Errichtung eines Eigenheims (Mangold, 132) erforderlich sind, sollen das Ausmaß reduzieren, in dem sich die Interviewten finanziell verpflichten. Bei der Schilderung dieser Strategien stehen hedonistische Aspekte im Vordergrund („was mir Spaß macht'), die Funktion dieser Handlung ist jedoch auf eine Gestaltung von Situationen ausgerichtet, in denen ein geringes Ausmaß von Angst entsteht, dessen Bewältigung für die Betroffenen leistbar erscheint.

Ebenso wie die Schaffung von Strukturen ist auch die Vorbereitung eine prospektive Bewältigungsstrategie. Die Interviewten sehen sich herausfordernden Situationen gegenüber. Dies kann beispielsweise im Zusammenhang mit der Übernahme eines neuen Arbeitsgebietes oder der Konfrontation mit unberechenbaren Gegenübern (Jung, 113) stehen. Um eine Situation zu vermeiden, in denen sie sich selbst der Situation ausgeliefert erfahren bzw. für die Anderen als solche erfahrbar werden, wenden die Interviewten intensive Vorbereitung als Strategie an.

> Du musst du da rein wühlen. Also ich hatte immer, nen hohen Druck auf mir selbst in der Anfangsphase schnell zu lernen, schnell zu erfassen und die wichtigsten Themen oder die Eckpunkte rauszufinden, um den Job machen zu können ... Irgendwo zu sitzen und der erzählt dir irgendwas und du verstehst nix, kriegst dann noch ne Frage, tut mir leid, muss ich mitnehmen oder irgendwie. Das kann ich grad gar nicht leiden (Allmeier, 22).

---

25 Die Interviewten nutzen hier teilweise organisationale Strukturen, um ihre Ängste zu bewältigen. Diese Strategien werden aber nicht als den organisationalen Copingstrategien zugehörig verstanden, denn die Betroffenen erschaffen die Strukturen selbst. Im Unterschied dazu bestehen die organisationalen Strukturen, die im Sinne organisationaler Copingstrategien genutzt werden, bereits und sind von den Betroffenen unabhängig.

Der Nutzen dieser Strategie besteht in der Tatsache, dass die Interviewpartner sich in schwierigen Situationen als aktiv erleben und sich nicht ausgeliefert fühlen. Denn eine agierende Position stimmt mit dem Bestandteil der Rolle überein, der die Kontrollhoheit über die Situation innehat.

Auf der zeitlichen Ebene entgegengesetzt zu den prospektiven Copingstrategien sind die ‚Reboot-Lösungen' (Jung, 50). Diese Strategien werden retrospektiv, also reaktiv, angewandt, um die entstandenen emotionalen Belastungen, zu denen vor allem Ängste vor dem Unbekannten gehören, zu reduzieren. Damit soll ein ausgeglicheneres emotionales Ausgangsniveau wieder hergestellt und die Kontrolle über sich selbst und die eigenen Emotionen wieder erlangt werden.

> Letztendlich sprechen Sie mit sich selber und dann müssen Sie wissen … wo Sie Ihre Stärke her holen und wo Sie Ihre Reboot-Lösungen haben …Reboot, das heißt… wenn es einem schlecht geht irgendwie, holt man sich selber an den Haaren aus dem berühmten Bach oder wie man's auch immer nennen mag (Jung, 50-52)

Als handlungsbezogene Copingstrategien lassen sich auch Maßnahmen finden, die als Konformismus bezeichnet werden können.

> Es gab ein Projekt, letztes Jahr, das war, meine ich, mit das beste Projekt, das wir bewertet haben. Das ist von allen hier abgelehnt worden … Die Führungskräfte, die Vorstände sind, müssen im Endeffekt sowieso entscheiden. Also was nützt es, wenn ich eine andere Meinung habe als ein Vorstandsmitglied und dann offen sage? Das ist doch blöd. Nachher entscheidet der doch und lehnt es doch ab. Das will ich ja nicht, ich will ja noch langfristiger hier arbeiten (Uhl, 46).

Dabei wird die offene Konfrontation mit Anderen gescheut und eher eine konforme Haltung an den Tag gelegt.

> Nicht immer überall so in den Konflikt, wie andere das tun würden … sich selber zurücknehmen. Also ich muss nicht immer im Mittelpunkt stehen (Uhl, 79).

Durch diese Strategie soll die Angst vor einer negativen Bewertung durch Andere gelindert werden. Zudem hat diese Bewältigungsstrategie die Konsequenz, dass damit der Arbeitsplatz gesichert werden soll.

Mitunter erweisen sich Copingstrategien, die auf die Wahrung der Kontrolle ausgerichtet sind, nicht immer als voll wirksam. Dann kann es zu einem unkontrollierten Ausbruch von Emotionen in Form von Wutgedanken kommen.

> Und ich hab mir dann halt nur gedacht, Du Arschloch (Allmeier, 28)[26].

---

26 Das Zitat bezieht sich auf eine Situation, in der der Betroffene von einem Anderen in eine für ihn bedrohlich Situation gebracht wurde.

8.6 Copingstrategien

Oder die Ängste sind derart überwältigender Natur, dass deren Bewältigung scheitert. Der Kontrollverlust wird erlebt und die Angst findet ihren Niederschlag in körperlichen Reaktionen, die bis zu Symptomen einer Panikattacke (Dilling & Schulte-Markwort, 2010) reichen können.

> Ich war völlig machtlos in dem Moment, ich habe das als völlig machtlos empfunden und ich konnte nichts mehr an dieser Situation ändern, es gab nichts mehr zu tun. Also ich habe körperliche, in dem Moment körperliche Gefühle gekriegt, wie mir platzt gleich der Kopf, ich hatte wirklich dieses Gefühl, du kriegst gleich einen Schlag, also es war übelst, ich musste hier raus, musste raus, musste laufen, das Gefühl gehab, ich fing an zu hyperventilieren teilweise, es war ganz extrem körperliche eh, eh, hab ich noch nie erlebt, noch nie erlebt und habe mich da als sehr schwach empfunden, als sehr unfähig, ungenügend auch für den Moment (Rott, 87).

Dieses Versagen der Bewältigung geht einher mit dem Gefühl ‚ungenügend' zu sein, also der Rolle einer Führungskraft, zu deren Bestandteil auch die Kontrollhoheit über die Situationen und sich selbst gehört, nicht zu entsprechen.

Neben den eher handlungsbezogenen Copingstrategien zeigen sich in den Interviews auch kognitive Copingstrategien. Bei dieser Form von kognitiven Bewältigungsstrategien lässt sich in einem Kontinuum aufspannen. Der eine Pol ist durch die Nichtbenennung von Angst gekennzeichnet. Hier wird versucht, eine Beschäftigung und Auseinandersetzung mit der Angst, wie sie beispielsweise bei bevorstehenden beruflichen Veränderungen auftreten, zu vermeiden.

> Ich weigere mich, das als neuen Lebensabschnitt anzusehen, sondern es ist ein Übergang in eine andere Phase und ich weiß auch gar nicht, was ich da machen werde. Ich werde aber wieder gefragt, was machste denn, hast du schon was vor? Sag ich nee ... ich weiß nicht, worauf ich mich vorbereiten soll (Conradi, 66).
> Und dann frage ich mich, warum hast du eigentlich nicht dich vorbereitet auf den Ruhestand?! Weil ich das Wort Ruhestand eigentlich hasse (Conradi, 102).

Eine vollständige Ausblendung gelingt jedoch nicht, da die Thematik in den Träumen, wo die bewusste Kontrolle ausgesetzt ist, wiederkehrt (Conradi, 60).
In diesem Zusammenhang sei noch angemerkt, dass alle interviewten Ruheständler, die im Alter zwischen 57-67 Jahre waren, noch weiterhin freiberuflich arbeiten. Dies könnte auch eine Strategie sein, sich nicht mit der veränderten Lebenssituation und dem damit verbundenen Verlust der Rolle auseinanderzusetzen. Welche anderen Faktoren hier eine Rolle spielen, kann aufgrund der vorliegenden Daten nicht abschließend beantwortet werden. Da dieser Punkt auch kein Hauptinteresse der vorliegenden Untersuchung ist, wurde er nicht weiter verfolgt.

Dennoch Erwähnung finden muss die Copingstrategie der Negierung von Angst. Die betroffenen Topführungskräfte sagten zu, für ein Interview zum Thema Angst zur Verfügung zu stehen. In den Interviews finden sich zahlreiche Aussagen, die betonen, dass die Betroffenen selbst keine Angst haben.

> So richtig Angst kann ich jetzt eigentlich nicht sagen (Kaufmann, 28).
> Nee, im Job Angst? Gar nichts mehr! Überhaupt nichts mehr. Weil, warum? (Mangold, 104?).
> Ich hab kein Problem damit, über Angst nachzudenken. Aber im Geschäft, hab ich nicht soviel (Unger, 52).
> Natürlich kannte ich Angstgefühle nicht. (Walter, 34).

Eine Variante dieser Bewältigung durch Negierung ist die Thematisierung der Angst Anderer. Dabei betonen die Betroffenen, dass sie selbst keine Angst verspüren, aber erleben, dass Andere dieses Gefühl haben.

> Da gibt es also zwei Möglichkeiten. Das ist dann auch typbedingt. ... Dann ist die Frage, wie gehe ich mit der Angst um? Das heißt, wie wirkt Angst auf mich? Wie ich es beobachtet habe, gibt es eigentlich zwei Gruppen ... die Fluchtleute und die anderen ... Ich bin nicht geflüchtet ... Und so hab ich dann einzelne Sachen gemacht und sodann überzeugt... (Eich, 12-16).

Durch die Thematisierung der Angst Anderer können die Betroffenen der Aufforderung des Interviews folgen, scheinbar ohne dabei viel von sich selbst preisgeben zu müssen. Zugleich ist die Beschäftigung mit der Angst Anderer eine Form, ein emotionales Thema auf sachlicher Ebene zu behandeln.

> Das wär eigentlich ganz interessant, dass mal auseinander zu bröseln, welche Eigenschaft müssen...welche gemeinsamen Eigenschaften müssen die Ereignisse haben, die Angst auslösen? Ich glaub, das wär interessant (Eich, 31).

Die Strategie, emotionale Inhalte sachlich dazustellen, wenden die Interviewten nicht nur im Hinblick auf Andere an.

> Ich versuche mich natürlich möglichst emotional, ehm, da heraus zu halten, eh, versuche, ehm, [in Konfliktsituationen] beide Seiten zu verstehen. Auch meine eigene Seite. Wenn ich z.B. emotional vielleicht auch Schwierigkeiten habe mit dem einen oder anderen ... ich versuche möglichst eine neutrale Position einzunehmen, versuche, meine eigenen Emotionen zu begründen, auch, ehm, ehm, eine, eine Kehrseite zu betrachten (Jockmann, 153).

8.6 Copingstrategien

Aus dem Bestreben heraus, die Kontrolle zu bewahren, wird also versucht, die offensichtlich unkontrollierbaren Gefühle mittels Rationalität zu ordnen. Dabei wird deutlich, dass die Nichtbeherrschung von Emotionen offensichtlich negativ bewertet wird (‚emotional ist jeder', Heppner, 38; s.a. Kap. 8.1). Denn mangelnde Emotionskontrolle wird mit verringerter Leistungsfähigkeit assoziiert. Wer seine Emotionen unter Kontrolle hat, besondert sich dadurch und zeigt sich als angemessen leistungsfähig und –bereit (s. obiges Zitat; ‚Ich bin nicht geflüchtet … Und so hab ich dann einzelne Sachen gemacht und sodann überzeugt!', Eich, 14).

Neben der Negierung von Angst, die mit einer veränderten Realitätswahrnehmung verbunden ist, sind die Umdeutung oder Bagatellisierung der Situation als kognitive Bewältigungsstrategien zu benennen.

> Also ich will jetzt nicht irgendwas euphemistisch darstellen oder so was. Aber ich überleg jetzt, Angst (*4*) Ich hab immer gedacht, das Risiko ist für die Unternehmen größer als für mich (Winter, 39).

So wird beispielsweise die eigene Verantwortlichkeit mit der vermeintlich größeren Verantwortlichkeit der Organisation in Relation gesetzt oder die Situation als ‚Spiel' (Winter, 39) umgedeutet. Dadurch wird Brisanz der Situation verharmlost.

> Ich habe mal gelesen, dass es im Leben zwei Hauptstresssituationen gebe, die erste sei eine Ehescheidung und die zweite sei die Übernahme einer höheren Position, das würde jeweils einen, sagen wir, Existenzstress auslösen. Das habe ich so nie so empfunden, sondern ich habe mich immer darauf gefreut und gedacht, „so, das ist prima!" (Eich, 10).

Die Formulierung ‚das ist ja prima' erscheint im Zusammenhang mit einer bevorstehenden beruflichen Veränderung, die mehr Verantwortung impliziert, unangemessen. Denn sie blendet mögliche Schwierigkeiten und Unsicherheiten und die damit verbundenen Angstgefühle, von denen andere Interviewpartner berichten, komplett aus. Mit der Copingstrategie der Umdeutung der Situation geht also ebenfalls eine Reduzierung der Realitätswahrnehmung bzw. -anerkennung einher.

Mitunter greifen mehrere Copingstrategien auch ineinander.

> Das passiert ja wie in vielen Unternehmen tagtäglich … Das ist nicht immer schön, aber ja so ist das dann … Und dann muss man sich einfach, dann, dann, dann muss man es realistisch rangehen … Und es gibt Leute, die da sehr realistisch mit umgehen, und sagen, ok, das ist eben ein Job auf Zeit und ich bin hier von, von, von, von

> wessen Gnaden auch immer tätig. Und wenn die Gnaden mal nicht mehr da sind, dann ist es eben zu Ende. Und dann muss man eben weitersehen, dass man klar kommt. Ist nichts Ungewöhnliches (Kaufmann, 94).

So werden beispielsweise Inhalte rational (‚sachlich') behandelt und deren Brisanz anschließend verharmlost (‚ist nichts Ungewöhnliches').

Sind die zuvor genannten Copingstrategien oftmals durch Veränderung der Realitätswahrnehmung bestimmt, ist der andere Pol der Bewältigungsstrategien die aktive und bewusste Auseinandersetzung mit den Angst auslösenden Situationen. Dies wird beispielsweise im Zusammenhang mit einer bevorstehenden beruflichen Veränderung berichtet.

> Ich möchte mich jetzt nicht bis 69 totarbeiten ... sondern meine Frau und ich haben schon noch sehr viele Ideen, was wir miteinander machen können. Und da freu ich mich richtig drauf. (Jung, 207).

Diese Strategie beinhaltet das Entwerfen von Plänen und Vorhaben, die verwirklicht werden wollen. Die Voraussetzung für diese Strategie ist, dass die Verschmelzung von Individuum und Rolle nicht vollständig stattgefunden hat und dass die Betroffenen bereit sind, sich den Gefühlen zu stellen. Wird diese Copingstrategie erfolgreich angewandt, führt sie dazu, dass die Angst, die mit dem Rollenverlust verbunden ist, geringer ausfällt. Zugleich ist die Anerkennung der Realität hier weniger verzerrt, als dies bei einer Umdeutung der Fall ist.

Die aktive Auseinandersetzung kann auch einen hohen Grad an Bewusstheit von Ängsten bedeuten.

> Also ja, für mich wäre Automatismus und Bewusstsein von Ängsten und das Umgehen damit schon eine Verbindung, die da ist. Und ein qualitativ anderes Ergebnis, als wir eben mit actio und reactio beschrieben haben (Hoffmann, 176).

Durch die bewusste Wahrnehmung und Anerkennung der Ängste bleiben die Ängste zwar bestehen. Der Betreffende ist sich ihrer jedoch bewusst und kann von unüberlegten Handlungen (‚reactio') Abstand nehmen, sondern aus sich heraus proaktiv (‚actio') handeln.

Der Austausch mit Anderen wird von den Interviewten ebenfalls als Copingstrategie genutzt. Allerdings wird nicht mit Unternehmensmitgliedern über die eigenen Ängste gesprochen.

> Haben Sie sich da mit jemandem drüber [die Angst] ausgetauscht? (GH)
> Schwer. Schwer. Weil, ganz ehrlich, das sind ja alles coole Säue, ne. Die sind ja, die sind ja so cool. Die haben keine Angst (Mangold, 103-104)

8.6 Copingstrategien

> Über die Ängste spricht man selten. Es gibt Leute, die tun das. Aber meistens versucht man ja recht cool zu sein. (lacht) Aber bewegen tut das jeden (Uhl, 137).

In dem von Konkurrenz geprägten Umfeld entspricht das Zugeben von Angst dem das Zugeben einer Schwäche und birgt damit das Risiko, das dies von Anderen ausgenutzt wird. Daher werden unternehmensintern Ängste nur gegenüber vertrauten Mitarbeitern (Jung) oder früheren Mitarbeitern (Winter), nicht aber Gleichrangigen thematisiert. Die Tiefe dieser Gespräche scheint dabei jedoch oberflächlicher Natur zu sein.

> Allein mal angerufen, wie gehts und so (Winter, 61).

Demgegenüber ist die Thematisierung von Ängsten im privaten Umfeld durchaus möglich. Dabei wird die unterstützende Rolle der Familie besonders hervorgehoben (Jung, Winter, Jockmann, Rott, Conradi). Denn in dem familiären Umfeld finden die Betroffenen die Reflexionsflächen und den emotionalen Rückhalt, den sie in den Unternehmen nicht finden.

> Was hat der Karl Valentin gesagt? Ist es erstmal mitgeteilt, ist die Krankheit halb geheilt. Das heißt, Sie müssen drüber reden können (Winter, 61).

Die Thematisierung der eigenen Gefühle in einem vertrauensvollen Umfeld hilft also auch bei deren Bewältigung.

Als weitere Copingstrategie sind kognitive Copingstrategien zu benennen, in denen auf die Relevanz anderer Werte hingewiesen wird. Hier betonen die Betroffenen, dass ihnen andere Werte jenseits der Arbeit wichtiger sind, als die Arbeit selbst.

> Meine Freundin, die hat nen Problem mit der Leber, da mach ich mir dann lieber Sorgen drum. Weil da lohnt es sich auch drum sorgen ... "Ich liebe meine Arbeit", würde ich nie sagen. Mir macht sie Spaß, aber lieben? Nee! (Mangold, 133).

Das können einerseits soziale Beziehungen sein oder eine religiöse Beziehung.

> Ich bin sehr stak gläubig ...Und deswegen habe ich ihn permanent bei mir. Und das, wenn man dieses hat und richtig dieses verinnerlicht hat, dann hat man ne Möglichkeit, mit solchen Situationen fertig zu werden (Jung, 58).

Der Bezug auf andere, sozial oder religiös vermittelte Werte wird als relativierend und Halt gebend beschrieben. Durch die Gegenüberstellung von Arbeits- und Krankheitssituationen wird die Brisanz der Arbeitssituation relativiert und geschmälert. Zudem bieten religiöse Kontexte andere Bezugssysteme, die dem Leben Wert und Sinn vermitteln. Auch damit wird die Relevanz der Arbeit verringert. Und somit ebenfalls die damit verbundene Angst.

8.6.1.1 Fazit individuelle Copingstrategien

Eine Steigerung der Anstrengung zur Bewältigung größerer (neuer) Arbeitsmengen wird als „reaktive Anpassungssteigerung" (Düker, 1963, zitiert nach Semmer et al., 2010, S. 339) bezeichnet. Durch diesen „kompensatorischen Vorgang im Leistungsverhalten" (Rohloff & Gollwitzer, 1999, S. 305) soll auch bei erschwerten Leistungsanforderungen, wie die Interviewten sie bei der Übernahme neuer Aufgaben schildern, gute Leistungen erzielt werden.

Im Gegensatz zu dieser Form des „active coping" (Frankenhaeuser, 1986, zitiert nach Semmer et al., 2010, S. 339) kann die Nichtbenennung von Angst individuell als Abwehrmechanismus oder als eine Form von „emotion-focused coping" (Lazarus, 1999, S. 114) verstanden werden. Bei dieser Verleugnung wird das Gefühl wahrgenommen, aber nicht eingestanden. Als Folge geht der „affektive Stellenwert" (König, 2007, S. 39) des Gefühls verloren. Gleiches gilt für die Thematisierung der Angst Anderer, die als Intellektualisierung verstanden werden muss. Diese Abwehrform zeichnet sich durch „nüchtern-sachlich sprechen, wo ein Affektausdruck zu erwarten wäre" (Wöller & Kruse, 2010, S. 212) aus. Wie bei den zuvor genannten Mechanismen ist es auch bei der Umdeutung das Ziel, den Affekt zu isolieren und die Angst dadurch für die Betroffenen erträglicher zu machen.

Ein Versagen (Rott) der Copingstrategie führt dazu, dass die Aufmerksamkeit dem eigenen Versagen zugewandt wird. Somit stehen dann eher „aufgenirrelevante Kognitionen ... und ... aversive Emotionen" (Semmer et al., 2010, S. 344) im Vordergrund.

Jenseits der individuumszentrierten Perspektive muss jedoch beachtet werden, dass Gefühle nur im sozialen Kontext verstanden werden können. „Emotions cannot be fully understood outside of their social context" (Fineman, 1993c, S. 10). Dies gilt auch für Gefühle der Angst. „Untrennbar mit dem Angstgefühl verbunden ist ... der kulturelle Stellenwert von Angst, der "Angstdiskurs", der angibt, wann und wovor man Angst haben kann, darf und soll" (Tiling, 2008, Abs. 20, Hervorh. d. Autors). Ausgehend von der Annahme, dass Sprache neben ihrer rein beschreibenden Funktion auch eine „Wirklichkeit und Wahrheit stiftende soziale Praxis" (Sieben, 2007, S. 60) ist, muss zum Verständnis des Ausdrucks und der Bewältigung von Angst auch die soziale Einbettung betrachtet werden.

8.6 Copingstrategien

„Ängste [werden] vorzugsweise *tabuisiert*. Das gilt insbesondere für den beruflichen Bereich" (Brehm, 2001, S. 209, Hervorh. d. Autorin). Vor ebendiesem Hintergrund, dass Gefühle, „allemal „negative", ... in der Welt des Business traditionell nichts zu suchen" (Freimuth & Zirkler, 1999, S. 230, Hervorh. der Autoren) haben und „the pejorative view of emotion apperars to be most valid ... in the realm of very strong emotions, particularly upleasant ones like anxiety, anger, and disgust" (Ashforth & Kreiner, 2002, S. 216), kann die Nichtthematisierung von Angst auch als eine psychosozial geformte Bewältigungsstrategie verstanden werden. Wie in Kapitel 8.1 dargestellt wird Angst nicht explizit benannt, sondern Begriffe wie Stress, Druck etc. dafür verwandt. Gleiches berichten auch Greif & Kurtz (1999b, S. 41). „The feeling labels we use, and the logics we apply, will necessarily be cultural or subcultural. We would expect emotionthoughts to mirror the value and language system to which the individual belongs" (Fineman, 1993c, S. 16). Es ist also davon auszugehen, dass die Betroffenen eine organisationale Sozialisation durchlaufen haben, die sie dazu veranlasst hat, ihre Ängste in genau dieser Form zu bewältigen. So werden Emotionen in Organisationen beispielsweise umgeformt, um einen direkten Ausdruck zu unterbinden. „Reframing refers to attempts to recast an undesirable emotion or reason for its occurrence and thereby legitimate and perhaps even co-opt the emotion for organizational purposes" (Ashforth & Kreiner, 2002, S. 218). Diese Umdeutung, Verleugnung oder Verwendung anderer Begrifflichkeiten impliziert ein hohes Maß an Selbstkontrolle. „Manager [sind] hochgeübte Selbstkontrolleure ihrer eigenen Unsicherheits- und Angstgefühle" (Greif & Kurtz, 1999, 43). Diese Anforderung zur Angstunterdrückung mittels Selbstkontrolle entsteht aus den Rollenerwartungen (ebd.) an die Manager. „Der Blick des Anderen ist der Tode meiner Möglichkeiten" (Sartre, 1962; zitiert nach Ortmann, 1999, S. 77-78). Durch die Rollenerwartungen an die Topführungskräfte wird also deren Angstbewältigung dergestalt gesteuert, dass ein direkter Ausdruck von Angst verhindert wird. Denn dies entspricht nicht der rationalen Führungskraft, die über ihren Emotionen steht. Derjenige, der sich von seinen Emotionen kontrollieren lässt, wird als weniger leistungsfähig eingestuft. Da das Auftreten von Emotionen unvermeidbar ist, muss eine Form gefunden werden, diese im Rahmen organisationaler Erwartungen zu bewältigen. Dem ungeschriebenen organisationalen Erwartungen folgend, werden sie durch die Betonung von Rationalität bewältigt. „A common means of reframing emotion is to express it in the guise of rationality" (Ashforth & Humphrey 1995, S. 108).

8.6.2 Relationale Copingstrategien

Neben den individuellen Copingstrategien beschreiben die Interviewten verschiedene auf Andere bezogene Copingstrategien. Dazu zählt der Aufbau eines bestimmten ‚Image' (Uhl, 63) von sich selbst.

> Damit es mir gut geht ... Kleider machen Leute. Ich würde mich nicht vor Bänkern in einem grob rautierten Sakko stellen, sondern da trage ich dann schon nen blauen Anzug, nen weißes Hemd, einen dezenten Schlips und gute Schuhe und versuche ausgeschlafen raus zu gehen. Weil das, das ist nun mal nen wesentlicher Bestandteil in dem, was man so macht, wenn es richtig hart wird. Man guckt sich den gegenüber schon an. Und, wenn der andere müde aussieht, dann freue ich mich schon, wenn es ernst wird (Jung, 99).

Das Bild, das die Betroffenen bei ihrem Gegenüber zu erzeugen suchen, kaschiert ihre tatsächliche Emotion, bei der es sich bei der geschilderten um Angst handelt. Diese wird vor dem Gegenüber verheimlicht und ein von dem direkten Emotionsausdruck differierendes Bild dargestellt. Der Zweck dieser Mimikry ist es, bei dem Gegenüber einen Eindruck von Selbstsicherheit und Souveränität zu erzeugen. Durch die Erzeugung eines solchen ‚Image' soll erreicht werden, dem Gegenüber weniger Angriffsfläche zu bieten.

Neben der Erzeugung eines bestimmten Images beim Gegenüber wenden die Interviewten verschiedene Strategien an, die ebenfalls abzielen, die Kontrolle über Andere zu erlangen, respektive aufrecht zu erhalten. Dies kann sich im Führen eines Protokolls über die einzelnen Mitarbeiter äußern.

> In einem Projekt ... hab ich über alle Menschen, denen ich so begegnet bin, sozusagen aufgeschrieben wie ich die wahrgenommen habe, was vielleicht auch Marotten sind. Was das für Charaktere sind. Um mir irgendwo so ein soziales Gefüge, so ein Netz gemalt habe, um dann einfachen Leute auch mit ihren Motivationen zu verstehen. Und das dann auch irgendwo zu nutzen (Winter, 45).

Oder Ratgeberliteratur wird herangezogen (Uhl, 75), um mittels des dort vorgestellten Persönlichkeitsmodells das ‚soziale Gefüge' (s.o.) für sich verstehbarer und vorhersehbarer zu machen. Das Ziel dieser Art von Copingstrategien ist es, die Kontrolle über die Situation und die Anderen zu behalten.

> Das schlimmste, was einem passieren kann ist, wenn man die actio verliert, entscheidend ist, dass ein Mensch seine actio behält ... Sich zu ergeben und mit sich machen zu lassen, ist etwas das ich in meinem Leben auch vermeide. (Hoffmann, 180).

8.6 Copingstrategien

Ob dadurch die Kontrolle tatsächlich erreicht wird, ist zweitrangig. Es geht um das Gefühl, die Kontrolle zu haben. Dass es sich bei der Einschätzung, die Kontrolle zu haben, um eine Illusion handeln kann, wird mitunter erkannt.

> Bitte, man weiß Gott sei dank nie, was man gerade nicht weiß, aber darüber nachzudenken, dass da etwas sein kann, was man nicht weiß und das zuzulassen ist schon ein großer Unterschied und das finde ich einfach wichtig (Hoffmann, 180).

Ob nun die Kontrolle durch die Copingstrategien tatsächlich erhöht wird, oder ob es sich um die Illusion von Kontrolle handelt, ist für die Wirkmacht der Strategie irrelevant. Denn zur Bewältigung der Angst reicht es, sich in dem Gefühl zu wähnen, selbst aktiv und kontrollierend auf die Situation einwirken zu können (Winter, 26; Jockmann, 158; Heinz, 134; Allmeier, 26).

8.6.2.1 Fazit relationale Copingstrategien

In einem Kontext, in dem Angst als Schwäche interpretiert wird, sind die Führungskräfte bemüht, ihre Angst zu verbergen und stattdessen Selbstsicherheit und Souveränität darzustellen, eben ‚recht cool zu sein' (Uhl, 137). Eine erwartete oder tatsächliche (negative) Bewertung, in diesem Fall ist das die Bewertung schwach und ausgeliefert sein, ist der Kern sozialer Angst (Laux, 1993b, S. 121). Um diese zu vermeiden, gilt es, einen möglichst positiven Eindruck bei den Anderen zu hinterlassen. Dies schlägt sich in den Bemühungen der Interviewten nieder, ein bestimmtes Image von sich selbst aufzubauen und zu transportieren.
Im Sinne des Impression Managements kann es eine Strategie sein, die eigene Angst zu verbergen. Denn diese „Angst vergrößert die Befürchtung, den angestrebten Eindruck nicht vermitteln zu können" (Laux, 1993b, S. 130). Dies gilt insbesondere dann, wenn ohnehin Zweifel bestehen, dass der gewünschte Eindruck vermittelt werden kann (ebd.). Vor dem Hintergrund einer stark von Konkurrenz geprägten Arbeitsatmosphäre der Interviewpartner kann das Verbergen von Angst also auch als eine Strategie des Impression Managements verstanden werden. Bei den Vorstandskollegen soll nicht der Eindruck entstehen, dass die Person Ihrem Posten nicht gewachsen ist. Es wird befürchtet, dass dies zu einer negativen Bewertung der eigenen Person wie auch deren rationaler Kompetenz führt. Versteht man Führung als die Zuschreibung bestimmter Merkmale durch die Gruppe an eine Person, wird die Relevanz der Erweckung eines kompetenten Eindrucks offenkundig. Als Führungskraft ist es eine erfolgreiche Strategie, die Merkmale, durch die eine Gruppe einer Person Führungsqualitäten zuschreibt, zu identifizieren und möglichst glaubhaft zu machen, sie zu verkörpern (Mummen-

dey, 1995, S. 196). Dies ist nicht nur auf die Gruppe der Geführten reduziert, sondern ist auch auf die Vorstandskollegen zu übertragen.

In diesem Zusammenhang sind Impression Management, Emotionsarbeit und soziale Normen keine konkurrierende Erklärungsansätze, die sich gegenseitig ausschließen. Vielmehr kann das Verbergen von Angst und die Darstellung von Gelassenheit (Emotionsarbeit) als Mittel genutzt werden, um den gewünschten Eindruck der Gelassenheit und Kompetenz (Impression Management) bei dem Gegenüber zu erzeugen. Hinzu kommt, dass der Arbeitsalltag der Manager sehr stark durch leistungsorientierte Situationen geprägt ist. Diese sind zudem durch hohe Konkurrenz geprägt. In diesem Kontext ist nur die Erweckung eines Eindruckes zuträglich, der für Stärke und Leistungsfähigkeit spricht. „Führungspersonen haben dann besondere Chancen, Karriere zu machen, wenn sie es verstehen, sich selbst so zu präsentieren, dass ihnen Führungseigenschaften attribuiert werden" (Fischer & Wiswede, 2009, S. 473). Im Sinne des Impression Managements kann man das Nichtzeigen von Angst als assertive Strategie (ebd.) verstehen, die darauf ausgerichtet ist, längerfristig gültige, positive Reputation zu erwerben. Dies sichert wiederum die eigene Position.

Vor diesem Hintergrund von Emotionsarbeit, Impression Management und Leistungsorientierung können die Betroffenen der Angst keine positiven Aspekte abgewinnen können. Dies zeigt sich in den Interviews auf der expliziten Ebene dadurch, dass die positiven Aspekte erst nach Thematisierung durch die Interviewerin zur Sprache kommen (vgl. Kap. 8.1).

Auf der individuellen Ebene kann auch das Selbst Adressat der Selbstdarstellung mittels Impression Management sein (Laux, 1993a, S. 52). Der Aufbau eines Images einer selbstsicher und souverän agierenden Person kann demnach auch vor dem internen Adressaten als Strategie zur Selbstwerterhöhung (ebd., S. 58) verstanden werden. Diese Form der Emotionsbewältigung, also emotionsbezogenes bzw. palliatives Coping (Lazarus, 1991) bezieht sich in ihrer Intention vorrangig auf die Selbstregulation, die als „fundamental human motive" (Furnham, 2006, S. 357) verstanden wird und gehört damit zum intrapsychischen Coping (Schwarzer, 2000, S. 29).

Das Verbergen der eigenen Zweifel und Versagensängste und die Erzeugung eines souveränen Eindrucks haben aber auch noch einen anderen Effekt, der auf die Betroffenen zurückwirkt.

> Schwächen zuzugeben, Fehler einzugestehen, Schwierigkeiten zu haben ... sich ohnmächtig zu führen – dies schickt sich nicht für ein Mitglied der Erfolgs-, Erlebnis-, Fun-, Risiko- und Karrieregesellschaft. Wer erfolgreich sein will, der kann sich nicht damit begnügen, das negative Selbsterleben vor anderen und vor sich selbst zu verstecken; vielmehr darf er es nicht mehr fühlen und seiner auch nicht mehr gewahr sein (Funk, 2000, S. 20).

Diese sozial geformte Bewältigungsstrategie, mit Gefühlen des Zweifels und der Versagensangst in einem durch Konkurrenz geprägten Arbeitsumfeld umzugehen, wirkt also dergestalt auf die Betroffenen zurück, dass sich die Empfindungsfähigkeit für diese Emotionen verringert (vgl. Kap. 5.3).

Die auf Erlangung oder Erhaltung von Kontrolle über sich und Andere ausgerichteten Strategien spielen im Copinggeschehen eine zentrale Rolle. Aus einer Situation, in der wenig wahrgenommene Kontrollmöglichkeiten bestehen, resultiert Stress und die Person „will exhibit an emotion reaction" (Spector, 1998, S. 157; vgl. a. Ulich, 2005, S. 476 für die Relevanz der wahrgenommen Kontrolle im Stressgeschehen). Wenn also die Wahrnehmung geringer Kontrolle eine Emotion, und dabei handelt es sich zumeist um Angst, auslöst, sind die Copingintentionen auf Erhaltung oder Wiedererlangung von Kontrolle ausgerichtet.

8.6.3 Organisationale Copingstrategien

> Das ist deutlich bequemer, als wenn man immer alles für sich alleine entscheidet. Wenn Sie, sagen wir mal, alleine sind ... ist der Grad der Verantwortung, den Sie tragen für sich selbst, deutlich höher. Und dementsprechend sind Sie deutlich mehr gezwungen auch im Unternehmen Entscheidungen zu treffen, als sofort und unmittelbar in ihr Portemonnaie geht und da kommt eben so eine monetäre Komponente dazu (Bach, 64).

Das vorangestellte Interviewzitat verdeutlicht exemplarisch, wie die Interviewten bestehende[27] organisationale Strukturen nutzen, um ihre Angst zu bewältigen. In organisationalen Zusammenhängen, in denen die Verantwortung auf mehrere verteilt ist, ist die Verantwortungslast für den Einzelnen damit reduziert und dies wird von den Betroffenen auch so wahrgenommen. Sich diese Konstellation vor Augen zu halten, nutzen die Interviewten, um ihre Ängste zu bewältigen.

In einer Schilderung der Verantwortungsweitergabe in einem anderen Unternehmen wird dieser Mechanismus deutlich.

> Damit entledigt sich der ja, der entledigt sich seiner Verantwortung, der gibt die einfach dem Nächsten. Der sagt ich kann es jetzt nicht mehr machen, es ist jetzt was anderes, das System schreibt vor das, das und das folgt und dann folgt das halt, mit all den Konsequenzen, die da dran hängen ... viel systemische Abgabe von Verantwortung (Hoffmann, 176).

---

27 vgl. Kap. 8.6.1 zur Erschaffung organisationaler Strukturen zu Copingzwecken.

Durch vorhandene organisationale Strukturen (hier ‚das System schreibt das vor') wird Verantwortung an das System abgetreten. Somit wird die Verantwortungslast des Einzelnen reduziert und er ist durch die Vorgaben des Systems zudem in seiner Entscheidungsverpflichtung entlastet.

> Der Prozess, den ich gerade beschrieben habe ... Der ist beschrieben. Da gibt es bei jeder einzelnen Aktivität, wer macht was und wer ist für was verantwortlich (Uhl, 121).

Denn die organisationalen Prozeduren geben Entscheidungswege vor. Dadurch ist die Vielzahl der möglichen Entscheidungen, die die Betroffenen treffen könnten, deutlich reduziert. Die Verantwortung ist auf den gesamten vorab festgelegten Entscheidungsweg und alle involvierten Personen verteilt, was wiederum die Verantwortung des Einzelnen reduziert. Dies ist als Copingstrategie der Betroffenen zu verstehen. Denn eine Verminderung der Verantwortung und der Entscheidungslast bedeutet auch eine Verminderung der damit assoziierten Angst. Die Betroffenen machen sich also bestehende organisationale Strukturen zunutze, um ihre Verantwortung und die daraus resultierende Angst zu reduzieren.

Die Feinanalyse des Interviewmaterials zeigt zudem, dass sich die Interviewten auch auf weitere Art und Weise organisationaler Strukturen bedienen, um Ihre Angst zu bewältigen. Sehr häufig sind Distanzierungsstrategien verschiedener Art als Copingstrategien zu finden. Das bereits in Abschnitt 0 aufgeführte Interviewzitat soll hier unter dem Blick der Distanzierungsstrategien untersucht werden und wird daher nochmals angeführt.

> Das ist was, wo Sie dann nachts nicht schlafen, vor allem wenn Sie Arbeitsdirektor, Personal- und, und Finanzchef sind, weil es sagt Ihnen ja keiner was richtig ist. Und wenn Sie in den Vorstand gehen und den Vorschlag machen, dann stimmen Ihre Vorstandskollegen zu. Und dann müssen Sie es ver..., vertreten. Und wenn draußen die johlende und pfeifende Belegschaft steht und wir durchs Hintertür, durch die Hintertür rein gefahren sind (Jung, 42).

Die Wahl der Formulierung ‚johlende und pfeifende Belegschaft' dient der Distanzierung von den einzelnen Betroffenen. Zum einen werden sie als anonyme Menge (‚Belegschaft') dargestellt. Somit kann sich der Interviewte vom Schicksal des Einzelnen distanzieren. Sich mit dem Schicksal eines anonymen, verallgemeinerten Gegenübers zu befassen, ist emotional weniger berührend, als der Kontakt mit dem Einzelschicksal und dessen Spezifika. Eine Verstärkung erfährt diese Strategie dadurch, dass hier die hierarchische Position in die Argumentationsstrategie eingeführt wird. Die Mitarbeiter werden nicht nur als anonymes Ganzes, also deindividualisiert dargestellt, sie werden zudem auch abgewertet

8.6 Copingstrategien

(‚johlend', vgl. Osterwinter & Auberle, 2007). Durch den abwärts gerichteten, despektierlichen Blick aus der Führungs-, hier Machtposition auf den untergebenen Pöbel[28] kann sich der Sprecher so weit wie möglich von den Betroffenen distanzieren. Von dem Schicksal von weit entfernten, deindividualisierten Untergebenen lassen sich die Interviewten (emotional) weniger stark berühren. So kann verhindert werden, dass durch die Betroffenheit der Anderen Zweifel ausgelöst werden an der eigenen Entscheidung und dass die Angst entsteht, die falsche Entscheidung getroffen zu haben.

Hier wird also die hierarchische Position in der Organisation genutzt, um sich Zweifel und Versagensangst nicht entstehen zu lassen.

Ein weiteres Beispiel für eine Distanzierungsstrategie unter Zuhilfenahme organisationaler Strukturen ist der Verweis auf die Sekretärin. Die Interviewpartner beschreiben Situationen, in denen Andere diese Strategie ihnen gegenüber genutzt haben. Ob sie selbst diese Strategie nutzen, lässt sich aufgrund der vorliegenden nicht bestimmen. Die Strategie kann beispielsweise ihren Ausdruck finden in der Formalisierung des Kontaktes unter Vorstandsmitgliedern.

> Zu meinem Vorstandsvorsitzenden ... schneie ich rein ... unsere effizienteste Zeit war, wenn wir abends vorm Nachhausegehen noch mal kurz beim anderen reingeschaut haben, da braucht man keine Vorstandssitzung mehr. Wir haben in ner viertel Stunde alles das besprochen, was anlag ... und [in einem anderen Unternehmen] hab ich ihn [den neuen Vorstandsvorsitzenden] gefragt: "Herr Professor X Y, wie halten Sie das denn ... wenn man abends noch mal so reinschaut, wenn was ist, so nen bisschen Schwätzen oder so?" Und dann hat er gesagt: "Sie können sich jederzeit gern einen Termin bei meiner Sekretärin geben lassen!" (Jung, 155)

In dem geschilderten Fall herrscht also im ersten Unternehmen ein informeller und unkomplizierter Umgang unter den Vorstandsmitgliedern. Im zweiten Unternehmen hingegen, lehnt der angesprochene Vorstandsvorsitzende einen informellen und direkten Umgang ab mit dem Verweis auf seine Sekretärin, die für eine Terminabsprache zur Verfügung stünde. Im zweiten Fall nutzt also das Gegenüber eine organisationale Struktur, nämlich die „zwischengeschaltete" Sekretärin, um einem direkten Kontakt aus dem Wege zu gehen. Gleichzeitig ist dies ein Signal, dass ein direkter und informeller Kontakt nicht gewünscht ist, denn durch das Zwischenschalten der Sekretärinf zieht sich das Gegenüber auf eine Rolle zurück. Die Rolle wird also als Schutz vor persönlichem Kontakt genutzt und zugleich als Machtdemonstration.

---

28 Diesen Ausdruck legt die Formulierung im Interview nahe und verdeutlicht überspitzt den Wirkmechanismus der Strategie.

Ähnliches wird von einem anderen Vorstandsvorsitzenden berichtet, der die Sekretärin damit beauftragt, den Interviewpartner zum ‚Rapport' zurückzurufen.

> Dann rief seine Sekretärin an, Herr Winter, kommen Sie bitte zurück, Herr [Name des Vorstandsvorsitzenden] möchte mit Ihnen reden ... ich bin ... zurückgefahren, sozusagen zum Rapport (Winter, 95).

Der Vorstandsvorsitzende nutzt hier also die organisationale Struktur – in diesem Fall wieder die Sekretärin -, um sich auf seine Rolle zurückzuziehen und damit zugleich seine Macht zu demonstrieren. Ein direkter Anruf wäre in diesem Fall persönlicher gewesen. Durch das „Zwischenschalten" der Sekretärin, schafft der Vorstandsvorsitzende Distanz zum Interviewpartner. Die Betonung der Position und der Rückzug auf diese Rolle kann hier verstanden werden als Copingstrategie in dem Sinne, dass sie vor einem direkten und persönlichen Kontakt schützt. Betont eine ranghöhere Person in einem Gespräch ihren Rang (und damit ihre Rolle), ist weniger zu erwarten, dass die rangniedrigere Person persönlich wird oder Widerspruch leistet.

8.6.4 Fazit organisationale Copingstrategien

Durch die Nutzung bestehender organisationaler Strukturen bewältigen die Interviewten ihre Ängste. So sinkt bei der Verteilung der Verantwortung auf mehrere die erlebte Eigenverantwortung, also „bewusstes Abwägen [und] die Intention, gesetzte Ziele zu erreichen" (Bierhoff et al., 2005, S. 5). Auf diesem Wege verringert sich auch die damit assoziierte Angst. Die von den Interviewpartnern geschilderte Verantwortungsweitergabe ist ebenfalls durch ein Absinken der Eigenverantwortung gekennzeichnet. Denn hier geht es ja um die „Nutzung von Freiräumen" (ebd.), um die bestmögliche Handlungsalternative auszuwählen. Die von den Interviewten geschilderten Verhaltensweisen bewirken das Gegenteil. Dies ist der Preis für die Wirkung der Copingstrategie. Denn die Ab- oder Weitergabe von Verantwortung an Andere führt dazu, dass der Einzelne sich einem geringeren Maße an Eigenverantwortung gegenüber sieht, das er zu tragen hat. Die verminderte Verantwortungslast bedeutet auch, dass die Situationen weniger Angstpotenzial für die Betroffenen bergen[29]. Für die Organisation als Ganzes hat dies jedoch nachteilige Effekte. Denn eine Organisation ist auf innovative und risikobereite Mitarbeiter (und vor allem Führungskräfte) angewiesen. Und dieses Handeln geschieht nur bei der Ausübung von Eigenverantwortung

---

29 vgl. Diamond (1984) und Diamond & Allcorn (1985) für individualpsychologische Aspekte des Umgangs mit Verantwortung

8.6 Copingstrategien

(Bierhoff et al., 2005). Die Betroffenen bedienen sich organisationaler Strukturen zu ihrem Copingnutzen und gleichzeitig langfristig auf Kosten der Organisation.

Organisationen stellen Regeln und Prozeduren auf, um die anfallenden Arbeiten zu strukturieren und die Sicherheit organisationalen Handelns zu vergrößern. Bei dieser Form der Organisationsverwaltung geht es um Handeln aufgrund „rational diskutabler Gründe"(Weber, 1922/2002, S. 565) durch bewusst gesetzte Regeln. Diese organisationalen Regeln und Prozeduren verleihen dem Handeln des Einzelnen Orientierung und Richtung. Die Vorteile solcher Regelwerke wurden als Handeln nach allgemeinen, berechenbaren Regeln und frei von Willkür beschrieben (Weber, 1922/2002). Neben der Tatsache, dass sie für die Positionsinhaber Orientierung und Vorhersehbarkeit bieten, haben Regelwerke für die Mitarbeiter von Organisationen auch andere Funktionen bzw. einen anderen Nutzen. „Strict reliance on rules and regulations are a secure and minimally anxiety-provoking method of task accomplishment" (Diamond, 1984, S. 208). Neben der Reduktion der Verantwortungslast dienen also auch organisationale Regelwerke Organisationsmitgliedern als Angstabwehrmechanismus[30], in dem sie die Angst vor Unsicherheit reduziert (ebd., S. 209). „Pretenting that the world … can be controlled and managed helps us cope with the anxiety caused by the chaos that is threatening our lives" (Gabriel, 1998, S. 266).

Gleichermaßen wie die Berufung auf Regeln kann auch die Position dazu genutzt werden, sich darauf zu berufen. „Formal rules and regulations [und die Berufung auf die Position] often defend the bureaucrat from personal responsibility by disconnecting him from the intent of human action" (Diamond, 1984, S. 208). Aus den Interviews geht hervor, dass die Betroffenen ihre Position in ähnlicher Art und Weise wie Regeln und Vorschriften als Abwehrschild gegen Ängste nutzen. Mit einer Position sind Erwartungen und Normen verknüpft, die sich darauf beziehen, was man von dem Positionsinhaber erwarten kann bzw. darf und muss (Dahrendorf, 1977; vgl. Kap. 8.4.5). Gleichermaßen gibt es aber auch Normen, die bestimmen, welches Verhalten gegenüber den Positionsträgern angemessen ist und welches nicht. Beruft sich ein Positionsinhaber auf seine Position z.B. durch das „Zwischenschalten" der Sekretärin, treten diese Verhaltensnormen stärker in den Vordergrund. Die Position des Vorstandsvorsitzenden ist neben dem Aufsichtsrat die höchste und mächtigste Position in Organisationen. Hier wird erwartet, dass sich die Anderen konform verhalten und den Anweisungen folgen. Eine direkte Konfrontation mit den Positionsinhabern entspricht nicht den Verhaltenserwartungen. Insofern schützt die Berufung auf die

---

[30] Die Nutzung von Regeln und Vorschriften als Angstabwehrmechanismus wurde schon von Menzies (1974) beschrieben (vgl. Kap. 8.2.6)

Position und damit implizit auch die höhere soziale Stellung die Inhaber vor offenen Konflikten und wehrt damit Ängste davor ab. Abgesehen von der Position ist auch die mit der Position verbundene Rolle bereits in ihrer Abwehrfunktion beschrieben worden. „Mußte er ... die Rolle ... aufgeben, war er von Ängsten geplagt, ratlos, unterwürfig; sein Selbstgefühl lag danieder. Trat eine neue ... Pflicht an ihn heran, übernahm er die gebotene Rolle und sein seelisches Gleichgewicht stellte sich sofort wieder her" (Parin, 1977, S. 501).

Auch aus der individualpsychologischen Perspektive lässt sich die angstreduzierende Funktion von organisationalen Regeln und Positionen erklären. „In hierarchisch gegliederten Institutionen fühlt sich ein agoraphober [oder auch ein allgemein ängstlicher] Patient oft besonders wohl. Die Verhaltensvorschriften der Institution und besonders die festgelegten Kanäle der sachbezogenen und personenbezogenen Kommunikation dienen als steuerndes Agens" (König, 1993, S. 37). Das „steuernde Agens" kann hier im weitesten Sinne als Container verstanden werden, da es die Angst der Betroffenen aufnimmt und reduziert.

8.7 Aggregation der Ergebnisse

Nachdem die geäußerten Ängste, die verstärkenden und reduzierenden Faktoren sowie die Copingstrategien dargestellt wurden, werden diese Ergebnisse im Folgenden auf einer höheren Abstraktionsebene betrachtet und schließlich in ein übergeordnetes Modell eingebunden. Dieses Vorgehen entspricht dem Vorgehen der GTM, bei der im Laufe der Datenanalyse das Abstraktionsniveau stetig steigt (vgl. Kap. 7.4.2).

Die vertieften Analysen des Materials zeigen, dass die Interviewten durch die Annahme der Topführungsposition nicht nur diese Position bekleiden, sondern auch eine bestimmte, damit verknüpfte Rolle übernommen haben. Zur Einführung in das hier vorherrschende Rollenverständnis soll ebendieses im Folgenden theoretisch erläutert werden und danach die Ergebnisse der Analyse dargestellt sowie dazu in Bezug gesetzt werden. Anschließend wird die Kernkategorie, die Angst vor Bedeutungslosigkeit dargestellt. Diese Ausführungen münden schließlich in dem Gesamtfazit, in dessen Rahmen das entwickelte Modell zum Austausch von Ängsten (Kap. 8.8) darlegt wird.

8.7.1 Theoretischer Exkurs zu dem Begriff der Rolle

Jedes Individuum hat in der Gesellschaft eine bestimmte Position inne. Diese kann z.B. durch das Geschlecht, den Beruf, das Alter etc. bestimmt sein. Die

8.7 Aggregation der Ergebnisse

Positionen „stellen Dimensionen dar, die den Ort eines Menschen im sozialen System bestimmen" (Thomas, 1991, S. 80). Diese „Ortsbestimmung" (ebd.) im sozialen Gefüge ist „etwas prinzipiell unabhängig vom Einzelnen Denkbares" (Dahrendorf, 1977, S. 30). Positionen auf der sozialen Bühne bestehen also nicht in Abhängigkeit von bestimmten Personen, sie existieren losgelöst davon (vgl. Fischer & Wiswede, 2009, S. 518). Mit einer Position sind bestimmte Erwartungen verknüpft (Parin, 1977). Diese werden gebündelt als Rolle bezeichnet. „Zu jeder Stellung, die ein Mensch einnimmt, gehören gewisse Verhaltensweisen, die man von dem Träger dieser Position erwartet" (Dahrendorf, 1977, S. 33). Diesen Erwartungen kann sich der Einzelne nicht entziehen. Denn „die Tatsache der Gesellschaft ist ärgerlich, weil wir ihr nicht entweichen können" (ebd., S. 27). Die Erwartungen sind in Form von Normen verklausuliert, über deren Einhaltung die Gesellschaft wacht. Dazu stehen positive und negative Sanktionen zur Verfügung (ebd., S. 36). Diese können nicht nur durch gesellschaftliche Institutionen und Organe wie z.B. das Rechtssystem ausgeübt werden wie es bei „Muß-Erwartungen" (ebd., S. 37) der Fall ist. Auch aus Sitten und Gewohnheiten lassen sich Erwartungen ableiten, die so genannten „Soll-" und „Kann-Erwartungen" (ebd., S. 38). Deren (Nicht)Entsprechung wird durch Sympathie und Antipathie bis hin zum Ausschluss geahndet. Die mit einer sozialen Rolle verbundenen Erwartungen machen sie zu einem „Zwang, der auf den Einzelnen ausgeübt wird – mag dieser als eine Fessel seiner privaten Wünsche oder als Halt, der im Sicherheit gibt, erlebt werden" (ebd., S. 36). Soziale Rollen „vereinheitlichen Handeln, machen es somit regelmäßig, berechenbar und vorhersehbar" (Abels, 2004, S. 137). Damit haben Rollen eine das Verhalten steuernde Funktion. Durch die mit ihnen verbundenen Sanktionen wird unerwünschtes Verhalten bestraft. Es soll also vermieden werden. Zugleich haben sie für die Individuen auch eine entlastende Funktion, weil sie Orientierung bieten, welches Verhalten in der jeweiligen Situation angebracht ist und welches nicht. Rollen bringen „Verlässigkeit, Dauerhaftigkeit und Erwartbarkeit" (Schäfers, 2010, S. 34). Somit ist das Verhalten eines Rollenträgers sowohl für die Anderen als auch für die Rollenträger selbst vorhersagbarer. Insofern kann eine Rolle verstanden werden als „an attempt to structure ... external reality and thus meet ... [people's] pressing psychological needs for security and freedom from anxiety" (Diamond & Allcorn, 1985, S. 36). Somit können Rollen als Abwehr gegen Angst vor dem Unbekannten verstanden werden.

Die Vorhersagbarkeit, die eine Rolle mit sich bringt, beruht dabei auch auf dem Einsatz von „Symbolen" (Mead, 1934/1991). Diese lösen bei beiden Interaktionspartnern ähnliche Assoziationen aus und erhöhen damit die Antizipierbarkeit von Verhalten. Zusätzlich zu dem bisher dargestellten normativen Rollenansatz, also der *typischen* Rolle, gibt es auch den individuellen Aspekt der jeweiligen Ausgestaltung der Rolle. Diese setzt sich zusätzlich zu den Erwartungen der Anderen auch zusammen aus den Erwartungen, die der Rollenträger selbst an die Rolle hat (vgl. Krantz & Maltz, 1997, die das für den organisatorischen Rollenkontext beschreiben). Die eigenen Erwartungen und Erfahrungen (Sievers, 1989) des Rollenträgers beeinflussen die Art und Weise, wie der Einzelne seine Rolle konkret ausgestaltet (vgl. auch Lawrence, 1998a). Turner spricht hier von „role making" (1976, S. 117). Bei diesem Prozess wird die „objektive" zu einer „subjektiven" Rolle (Parin, 1977, S. 500). Die Rolle ist dann die „*typical* response of individuals in a particular position" (Goffman, 1972, S. 93, Hervorh. des Autors).

Eine Rolle wird also einerseits durch die Erwartungen, die die Interaktionspartner haben, als auch durch das individuelle Verhalten der Rollenträger in einer spezifischen Situation konstituiert. Die Rolle entsteht also in einem reziproken Prozess. Das Individuum entwirft eine Rolle, bekommt jedoch von seiner Umgebung auch eine Rolle zugewiesen. Die vom Individuum erschaffene Rolle kommt nur dann zur Bedeutung, wenn sein Umfeld diese auch akzeptiert. Dazu muss die erschaffene Rolle glaubhaft vermittelt werden. Hier kommt die „*kalkulierte ... Wirkung*" (Abels, 2004, S. 376, Hervorh. d. Autors) ins Spiel. Menschen versetzen sich vor ihrem Tun in die Rolle des Anderen („taking the role of the other", Mead, 1934/1991, S. 113). Durch diese Rollenübernahme kann der Betroffene die Reaktion des Anderen aus dessen Rolle heraus versuchen zu verstehen und vorherzusagen (Abels, 2006, S. 258). Dadurch kann das Verhalten an den erwarteten Reaktionen ausgerichtet werden. Die Rollen verschränken sich also miteinander.

8.7.2 Mit der Topmanagementposition verbundene Rolle

Die Zusammenführung der Ergebnisse aus den Interviews zeigt, dass mit der Topmanagementposition eine bestimmte Rolle verbunden ist. Diese Rolle ist nicht nur mit Erwartungen verknüpft (s.o.), sondern sie wird von den Inhabern als auch von Anderen positiv bewertet. Ein möglicher Verlust dieser Rolle löst Angst aus. Diese Angst ist nicht nur auf die positive Bewertung zurückzuführen, sondern auch darauf, dass diese Rolle eine identitätstiftende Qualität hat. Sie gibt den Rollenträgern nicht nur Orientierung im sozialen Gefüge, sondern auch eine Bedeutung, einen Sinn in ihrem Leben und konstituiert ihre Identität (vgl. Kap. 8.3.7).

Diese Rolle setzt sich aus verschiedenen Bestandteilen zusammen. Zum einen gehört dazu, dass der Rolleninhaber die ‚Definitionsmacht' (Rott, 79) in Situationen innehat. Er besitzt also die Kontrollhoheit. Ein weiterer Bestandteil

8.7 Aggregation der Ergebnisse

der Rolle ist eine hohe Leistungs- und Erfolgsorientierung. Als dritter Bestandteil dieser Rolle ist die Versorgerrolle zu benennen. Hier geht es darum, sich selbst und die Familie finanziell zu versorgen, abzusichern und einen angemessenen Lebensstandard zu sichern.

Die beschriebenen Rollenbestandteile resultieren sowohl aus den einen Ansprüchen und der individuellen Ausgestaltung der Rolle als auch aus den Erwartungen des sozialen Umfeldes, die diese an die Rollenträger heranträgt (vgl. Kap. 8.7.1).

Die folgende Abbildung stellt die Rolle mit ihren einzelnen Facetten graphisch dar.

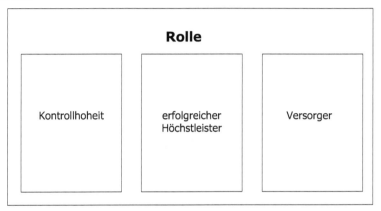

Abbildung 8: Mit Topmanagementposition verbundene Rolle mit ihren Facetten
Eigene Darstellung

8.7.3 Angst vor Bedeutungslosigkeit

Führt man nun die geschilderten Ängste zusammen, lässt sich als Kern dieser die Angst vor Bedeutungslosigkeit benennen. Diese Angst ist zugleich auch die Kernkategorie.

Die Angst vor Bedeutungslosigkeit hängt eng mit der zuvor beschriebenen Rolle zusammen. Wird die Rolle nun bedroht, löst dies Angst aus. Es ist die Angst, den Sinn und die Bedeutung des eigenen Lebens zu verlieren. Hat die Rolle zuvor Richtung, Orientierung und Bedeutung im Leben gegeben, bedeutet der Wegfall der Rolle nicht nur Orientierungslosigkeit. Es bedeutet Identitätsbedrohung, da die Rolle einen identitätsstiftenden Charakter hat.

8.7.3.1 Theoretischer Exkurs zum Identitätsbegriff

Menschen füllen in ihrem Leben nicht nur eine, sondern viele Rollen aus. Diese können sich auch in Teilen widersprechen (Seiler, 1989, S. 100; Fischer & Wiswede, 2009, S. 527f). Die Gesamtheit der Rollen, die der Einzelne innehat, ist eine Dimension der sozialen Identität (Deaux, Reid, Mizrahi &. Ethier, 1995), eine „*Teilmenge eines umfassenden Selbstbilds*" (Fischer & Wiswede, 2009, S. 731, Hervorh. d. Autoren) und ist ein „zentraler Aspekt der Persönlichkeit" (Thomas, 1991, S. 70). Soziale Rollen sind also identitätskonstituierend. Denn ein Individuum entwirft seine Identität als Prozess der phasenspezifischen Krisenbewältigung zwischen Triebimpulsen und sozialen Repressionen (Erikson, 1950/1990) und „indem es auf Erwartungen der anderen, der Menschen in engeren und weiteren Bezugskreisen, antwortet" (Krappmann, 1997, S. 67). Diese Erwartungen sind unter anderem in sozialen Rollen gebündelt.

Menschen streben nach einer positiven Selbsteinschätzung. Durch Selbstkategorisierungsprozesse (Selbstkategorisierungstheorie, Turner, Hogg, Oakes, Reicher & et al., 1987) gruppieren sie sich aufgrund von Ähnlichkeiten und Unähnlichkeiten kognitiv im sozialen Gefüge ein. Einen Teil ihrer Selbsteinschätzung leiten sie aus ihrer Zugehörigkeit zu Gruppen und deren Bewertung ab. Dies geschieht anhand sozialer Vergleiche mit anderen relevanten Gruppen. Dadurch wird ihre soziale Identität konstituiert. Diese ist jener Teil des Selbstkonzepts, der sich aus dem Wissen um die Zugehörigkeit zu sozialen Gruppen und aus dem Wert und der emotionalen Bedeutung ableitet, die mit der Mitgliedschaft verbunden sind. Auf der Ebene der sozialen Identität werden auch die Übereinstimmung und Nichtübereinstimmung mit sozialen Rollen zur Kategorisierungszwecken genutzt. Ein Individuum ist dann daran interessiert, an einer Rolle festzuhalten, wenn die „Rollenbilanz" (Wiswede, 1991, S. 196; 2009, S. 533) für sie positiv ausfüllt, wenn also der Selbstkategorisierungsprozess zu einer positiven Bilanz gekommen ist. In diesem Fall kann auch das Selbstkonzept der Rolle angepasst werden (Wiswede, 2009, S 533). Dabei bestimmen die Rollen, die ein Individuum innehat, nicht komplett seine Identität, sie tragen aber dazu bei. Denn diese bildet sich „durch die Erfahrungen, Gewohnheitsbildungen, Entscheidungs- und Gestaltungsleistungen des Subjekts in seiner historischen Einmaligkeit heraus" (Neuberger, 1983, S. 24) und zu diesen „Entscheidungs- und Gestaltungsleistungen" gehört auch die Annahme und individuelle Ausgestaltung der jeweiligen Rollen. Bei einer hohen „Rollenidentifikation" (Wiswede, 1991, S. 197) jedoch neigen Personen dazu, ganz in ihrer Rolle „aufzugehen", hier verschmelzen Persönlichkeit und Rolle (Fischer & Wiswede, 2009, S. 535; Seiler, 1989, S. 102; vgl. auch Kap. 8.5.2).

8.7.3.2 Die Rolle und die Angst vor Bedeutungslosigkeit

Aus dem vorliegendem Datenmaterial geht hervor, dass die Interviewten die mit der Topmanagementposition verbundene Rolle dazu nutzen, um damit ihre Identität zu konstituieren. Es „definieren sich die Inhaber von Führungsrollen in ihrer Identität über die institutionellen Kokons, in die sie sich nicht selten gleichsam hineinweben und nahezu eins mit ihnen werden" (Freimuth, 1999b, S. 109). Dazu nutzen sie die Erwartungen, die bei Übernahme der Rolle an sie herangetragen werden. Diese dienen den Betroffenen als Gerüst bzw. Vorlage, die sie ausfüllen durch ihre individuelle Ausgestaltung der Rolle („role making", Turner, 1976, S. 117; „subjektive Rolle", Parin, 1977, S. 500). Damit entwerfen sie ihre soziale Identität. Dieser Prozess wird zudem noch dadurch befördert, dass die betreffende Rolle eine in der westlichen Gesellschaft sehr positiv bewertete ist. Es ist also zu erwarten, dass die Interviewten zu einer positiven Rollenbilanz (Wiswede, 1991) kommen und entsprechend an ihrer Rolle festhalten.

Bei Bedrohung der Rolle tritt die Angst vor Bedeutungslosigkeit zutage, denn mit dem Verlust der Rolle ist auch ein Identitätsverlust verbunden. Dementsprechend ist die Angst vor Bedeutungslosigkeit im individuellen Falle dann besonders stark, wenn eine hohe Identifikation mit der Rolle stattgefunden hat und Persönlichkeit und Rolle miteinander verschmolzen sind (Fischer & Wiswede, 2009), wenn also die Rolle die Identität größtenteils bestimmt. In diesem Zusammenhang kann auch von einer „symbiotischen Verschmelzung mit der institutionellen Rolle" (Freimuth, 1999b, S. 109) gesprochen werden.

In Korrespondenz zu der Rolle und ihren Bestandteilen setzt sich auch die Angst vor Bedeutungslosigkeit aus verschiedenen Komponenten zusammen. Dies sind die bereits dargestellte Angst vor dem Unbekannten (Kap. 8.1.4), die Versagensängste (Kap. 8.1.5) und Existenzängste (Kap. 8.1.6). Es sind also alle Bestandteile der Rolle auch mit der Angst vor dem Verlust derselben assoziiert. Die folgende Graphik fasst die Rollenbestandteile und die damit verbundenen Ängste zusammen.

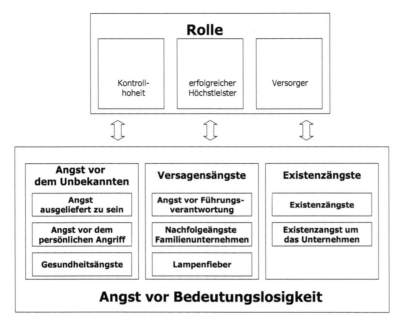

Abbildung 9: Rolle mit den damit verbundenen Ängsten
Eigene Darstellung

8.7.4 Weitere Kosten und Nutzen der Rolle

Mit dem Innehaben dieser Rolle sind Kosten wie auch unterschiedliche Arten von Nutzen verbunden. Das Ausfüllen der Position, die das Innehaben der Rolle ermöglicht, geht für die Inhaber aufgrund des gesteigerten Arbeitspensums und der hohen Verantwortung mit einer hohen psychischen Belastung einher. Die Anforderungen sind so groß und andauernd, dass sie auch in physischen Beanspruchungsfolgen ihren Ausdruck finden (vgl. Kap. 8.1.4.3). Auch die Verteidigung der Position gegen die zahlreichen Widersacher trägt ihren Teil zu dieser Belastung bei (vgl. Kap. 8.2.2). Vordergründig scheint organisationsseitig der Lohn für diese Mühen die entsprechende monetäre Vergütung und ein Zuwachs an Gestaltungsspielraum (Winter, 37) zu sein. Durch die vertiefte Analyse der Interviewdaten können jedoch zwei ganz andere Formen von Lohn bzw. Nutzen als weitaus relevanter und gewichtiger benannt werden. Als wirkmächtig zeigte sich hier weniger der organisationsseitig gezahlte Lohn, sondern zum einen die

8.7 Aggregation der Ergebnisse

zahlreichen Angstabwehrfunktionen der Rolle. Als eine bedeutende Funktion der Rolle ist hier der bereits dargelegte Schutz vor der Angst vor Bedeutungslosigkeit zu bezeichnen[31]. Dabei nutzen die Betroffenen die Rolle, den „institutionellen Kokon ..., der letztlich die Bedingungen liefert, um sich in einer Rolle zu definieren" (Freimuth, 1999b, S. 126). Mit dieser Rolle konstruieren sie ihre Identität. Durch die Übernahme der Position und der damit verbundenen Rolle wird Ihnen die Angst vor Bedeutungs- und Identitätslosigkeit genommen.

> Die Rahmenbedingungen und systemischen Kontexte von Institutionen, ... könnte man bis zu einem gewissen Grad gleichsam als Drehbücher interpretieren, mit einem Angebot an Handlungen und Rollen, einem Ensemble und Kulissen, mit denen Individuen ihre persönlichen Dramen zur Beschwichtigung ihrer individuellen Ängste immer wieder neu inszenieren können (Freimuth, 1999a, S. 23).

Neben dem Angstschutz bietet die Rolle noch einen weiteren Nutzen und zwar den sozial mit der Rolle verbundenen Lohn. Es ist dies der gesellschaftliche Status. Träger dieser Rolle genießen hohes Ansehen. Ihnen wird gesellschaftlich viel Relevanz zugesprochen, sie erhalten viel Aufmerksamkeit und verfügen über ein hohes und auch sexuell gesteigertes Attraktionsniveau. Diese durch das Umfeld zugesprochene gesteigerte Relevanz ist ein positiver Faktor in der Rollenbilanz und führt neben den Angstabwehrfunktionen dazu, dass die Betroffenen an der Rolle festhalten.

Die folgende Graphik illustriert die Rolle mit ihren Kosten und Nutzen, wie sie sich nach der Analyse der Interviews darstellt.

---

31 Weitere Angstabwehrfunktionen der Rolle wurden bereits in Kapitel 0 beschrieben.

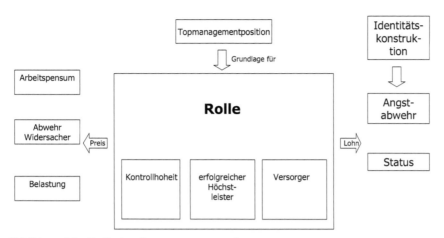

Abbildung 10: Rolle im Gesamtzusammenhang
Eigene Darstellung

8.7.4.1 Angst vor Statusverlust

Den mit ihrer Position und ihrer Rolle verbundenen Status beschreiben die Interviewten als wichtiges Gut. Die Möglichkeit, diesen Status zu verlieren, zeigte sich als ein Angst auslösender Faktor.

> Und insofern spielt dann Angst dann eben doch ne Rolle, weil in diesen Dimensionen zu leben ... das ist ja auch ein Kick. Man verdient auch sehr viel Geld. Obwohl das Geld ist eigentlich, würde ich fast mal behaupten, was man dafür bekommt, die geringe Motivation. Das andere ist, man wird, wird angehimmelt. Es ist einfach so, Sie sind sexy ... Sie bekommen Einladungen hier und da zu gesellschaftlichen Ereignissen und das ist so eine Art Scheinwelt in der Sie dann leben. In der man sich wohl fühlt und in der man gerne bleiben möchte (Winter, 57).

Es geht also weniger um die Angst vor dem Verlust der Aufgabe oder einen Einbruch des Verdienstes, sondern um den möglichen Verlust des mit dieser Rolle verbundenen Status. Der ‚Relevanzverlust' (Conradi, 114), das ‚gefragt zu sein' (Heinz, 106), steht im Mittelpunkt. Der Status und die damit verbundenen Privilegien wie die durch die anderen zugeschriebene Wichtigkeit und Attraktivität für das andere Geschlecht bewerten die Interviewten als positiv. Es ist letztlich ein Teil des Lohns, den sie von Anderen aufgrund des Tragens der Rolle erhalten.

Der Begriff Status bezieht sich auf „die Position in einer hierarchischen Skala des soziale Prestiges" (Dahrendorf, 1977, S. 68). Somit ist mit einer sozialen Rolle auch immer ein wertender Aspekt verbunden. Der Status, der mit einer Rolle verbunden ist, spielt auch in Selbstkategorisierungsprozessen eine Rolle, bestimmt er doch über die Bewertung der Gruppen in die sich das Individuum einordnet. Der mögliche Verlust des Status löst Ängste bei den Interviewten aus, was nicht nur mit dem „Verdienstausfall" zusammenhängt. Der mit der Rolle verbundene Status stützt auch die auf die Rolle aufgebaute Identitätskonstruktion. Durch die Anerkennung des Status' durch andere werden die Betroffenen in ihrer Identitätskonstruktion bestätigt (vgl. Schlenker & Leary, 1982, S. 648). Der Status ist also ein von außen entgegengebrachtes sich wiederholendes Versichern, dass die Betroffenen besonders und beachtenswert sind.

8.8 Gesamtfazit: Modell zum Austausch von Ängsten

Die Tiefenanalyse der Interviews brachte zutage, dass sich die Interviewten tief verwurzelten Lebensängsten gegenüber sehen. Diese betreffen die Suche nach Bedeutung. Sie suchen eine Bedeutung und einen Sinn für ihr Leben. Es geht um einen „*Rahmen der Orientierung* und ein *Objekt der Hingabe*, um überleben zu können" (Fromm, 1976/2001, S. 132f., Hervorh. d. Autors). Die Organisation bietet eine Position an, mit der eine bestimmte soziale Rolle verbunden ist. Diese Rolle wiederum bietet „Kompensationsmöglichkeiten durch Ansehen, Größe und Macht" (Mertens & Lang, 1991, S. 164). Die Interviewten nehmen die Position an, und ihnen wird dadurch auch die damit verbundene Rolle zugeschrieben. Dadurch erlangen sie einen Sinn, ein „Objekt der Hingabe" für ihr Leben. Dies wird durch die mit der Rolle verbundene soziale Bedeutung und Relevanz vermittelt. Damit bekommt die Rolle für die Betroffenen einen identitätsstiftenden Charakter, sie wird zum „Identitätslieferanten" (Dihsmeier & Paschen, 2006, S. 23).

> Wovor haben Manager denn Angst? Vor dem Verlust ihrer Funktion, ihrer Macht, weil da ihre ganze Existenz dranhängt. Nicht finanziell, da gibt's ja Abfindungen. Der Manager auf dieser Ebene ist nicht mehr der Mensch XY, er ist die Firma... Wenn er abgesägt wird, dann ist das nicht nur ein Imageverlust, das wäre ja nicht so schlimm, sondern ein Identitätsverlust. Das ursprüngliche Ich ist so stark in der Position aufgegangen, daß seine Partnerin ihn manchmal nicht mehr erkennt, wenn er plötzlich wieder ohne Position dasteht (Goeudevert, 1998, S. 22).

Durch ihr Rollenangebot und die damit oftmals verbundene Verschmelzung damit nimmt die Organisation den Topmanagern also die Angst vor Bedeutungs-

und Identitätslosigkeit. Auf die Tatasache, dass diese Suche nach Bedeutung und Identität auch stark durch die individuelle Entwicklung mit beeinflusst ist, ist vielfach hingewiesen worden (Mertens & Lang, 1991; Kets de Vries, 2004; Schmidbauer, 2007).

Vor dem gesellschaftlichen Hintergrund wird die Relevanz, die die durch den Beruf vermittelte Identität hat, in dem Zusammenhang mit dem „Gesellschafts-Charakter" (Fromm, 1976/2001, S. 129) der „Marketing-Orientierung" (ebd.) deutlich. Neben dem individuellen Charakter, der sich in der persönlichen Lebensgeschichte formt, wird der Gesellschafts-Charakter unterschieden, der durch die „Erfordernisse des Wirtschaftens sowie des gesellschaftlichen und des kulturellen Zusammenlebens" (Funk, 2009, S. 32) geformt wird. Die beiden Charakterformen stehen in stetiger Interaktion und „das Verhältnis … ist niemals statisch" (Fromm, 1976/2001, S. 129).

Bei der Marketing-Orientierung bestimmt das „Denken, Fühlen und Handeln immer die Frage nach der besten Verkaufsstrategie, um sich und die eigenen Produkte erfolgreich vermarkten zu können" (Funk, 2009, S. 33). Es geht also um eine „vollständige Anpassung, um unter allen Bedingungen des Persönlichkeitsmarktes begehrenswert zu sein" (Fromm, 1976/2001, S. 142). Dieser gesellschaftlich geformte und bedingte Charakter hat für die Individuen schwerwiegende Folgen. „Die »Identitätskrise« der modernen Gesellschaft ist darauf zurückzuführen, dass ihre Mitglieder zu selbst-losen Werkzeugen geworden sind, deren Identität auf ihre Zugehörigkeit zu Großkonzernen … beruht. Wo kein echtes Selbst existiert, kann es auch keine Identität geben" (Fromm, 1976/2001, S. 143, Hervorh. d. Autors). Die Betroffenen führen also ein emotional armes Leben, das auf der Illusion einer Identität aufgebaut ist. Sie haben also eine Identität, statt sie zu sein (ebd.).

Die Aussage „Natürlich die Hose voll, ja, du kleiner Scheißer hast ja gar keine Ahnung, die hohen Herren" (Allmeier, 11) steht hier exemplarisch als Beleg dafür, dass die Betroffenen durch die Ergreifung der Position auch einen anderen Status zu erlangen anstreben. Sie wollen das Gefühl, sich klein und unbedeutend zu fühlen, durch das Innehaben der Position überwinden. Dabei erweist sich diese Strategie jedoch nicht als voll wirksam, denn der Betroffene fühlt sich noch immer klein und unbedeutend, wie die Formulierung ‚kleiner Scheißer' nahelegt. Durch die Position wurde also erreicht, eine Identität zu haben, nicht aber, sie zu sein.

Diese Tatsache wird für die Betroffenen vor allem dann erlebbar, wenn die organisationale Rolle beispielsweise durch Stellenverlust oder Eintritt in den Ruhestand wegfällt. In dieser Konstellation werden sie im ursprünglichen Sinne des Wortes ent-täuscht. Das heißt, sie werden sich der Tatsache bewusst, dass die Identität, die sie mittels der Rolle hatten, eine Täuschung war und dass die Iden-

8.8 Gesamtfazit: Modell zum Austausch von Ängsten

tität nur mit der Rolle verbunden war, sie selbst jedoch identitätslos geblieben sind. Es handelt sich bei der Bewältigung der Angst vor Bedeutungslosigkeit mithilfe der Topmanagementposition und der damit verbundenen Rolle also, den Abwehrmechanismen vergleichbar, um eine Pseudolösung (vgl. Kap. 3.4). Denn bei Wegfall der Rolle bleiben die Betroffenen identitätslos zurück. Der „Rollenverlust ... [führt] immer häufiger zu massiven depressiven Störungen und narzisstischen Krisen ..., weil damit immer ein Selbstverlust impliziert ist" (Dihsmeier & Paschen, 2006, S. 23). Zudem werden die Betroffenen sich der Tatsache bewusst, dass sie sich in eine starke Abhängigkeit begeben haben (Kaul, Vater & Schütz, 2007). Denn mit der Verschmelzung der Person mit der Rolle sind die Betroffenen eine symbiotische Beziehung zu der Organisation eingegangen. Die

> Symbiosen zwischen Individualitäten und Organisationen [sind für] die beiden Seiten jeweils gewissermaßen ihr Lebenselixier, die Bedingungen der Möglichkeit ihrer Existenz ... Organisationen kompensieren damit tendenziell neurotische Bedürfnisse, etwa die Beschwichtigung individueller Angst ... Weil diese tiefliegenden biographisch bedingten Sehnsüchte nie wirklich endgültig befriedigt werden können, versiegen die individuellen Quellen ihre Antriebes auch nicht (Freimuth, 1999a, S. 20).

Die Individuen halten sich also in ständiger Abhängigkeit von der Organisation. Denn nur durch sie und die von ihr angebotene Rolle haben sie eine Identität, sind sich aber zugleich „insgeheim immer ihrer Vorläufigkeit und Verletzlichkeit bewußt" (Freimuth, 1999a, S. 23).

Das Rollenangebot der Organisation hat darüber hinaus noch eine weitere Schattenseite. Nicht nur im Falle eines Wegfalls der Position sehen sich die Betroffenen mit Ängsten konfrontiert. Die Organisation selbst und die mit der Rolle verbundenen Erwartungen lösen ebenfalls Ängste aus (Kap. 8.2.1; Bauer, 2005c, S. 131). Die Betroffenen stehen also, einer griechischen Tragödie verwandt, vor einem „ungelöst bleibenden tragischen Konflikt" (Wilpert, 1979, S. 850). Angesichts der eigenen Ängste und auf der Suche nach einem Sinn und einer Bedeutung wenden sich Menschen einer Organisation und dem Aufstieg in derselben zu. Mittels der dort angebotenen Rolle können sie eine Bedeutung und eine Identität erhalten und so ihre Angst vor der Bedeutungslosigkeit bewältigen. Zugleich sehen sie sich jedoch mit neuen, aus der Position resultierenden Ängsten konfrontiert. „Da sich die großen Ängste unseres Daseins, die so wichtig für unsere reifende Entwicklung sind, nicht umgehen lassen, bezahlen wir den Versuch, vor ihnen auszuweichen, mit vielen kleinen banalen Ängsten" (Riemann, 1961/1997, S. 199). Es handelt sich also um einen klassischen tragischen Konflikt mit einer ausweglosen Situation, bei der der Handelnde durch jegliches Handeln zu keiner Lösung kommen kann: Organisationen nehmen Angst und erzeugen gleichzeitig neue (vgl. auch Pühl, 2008). „Organisationen sind Orte der Angstbindung, aber auch der Angstproduktion (Bauer, 2005c, S. 131).

Die Ausweglosigkeit der Situation wird noch dadurch verstärkt, dass die Identität, die die Betroffenen durch die Rolle erhalten, nur eine geliehene Identität ist. Bei Wegfall der Position fällt diese auch weg und die Betroffenen sehen sich wiederum mit der Angst vor Bedeutungslosigkeit konfrontiert; einer Angst, die sie mit der Annahme der Position zu bewältigen versuchten. „Gelingt es uns ... bestimmte Ängste auszuschalten, zu beseitigen, tauschen wir dafür andere Ängste ein. An der Tatsache, dass Angst unvermeidlich zum Leben gehört, ändert sich dadurch nichts" (Riemann, 1961/1997, S. 8).

Aus diesem Grunde handelt es sich bei dem in dieser Arbeit entwickelten und vorgestellten Modell um das Modell zum Austausch von Ängsten.

Die folgende Graphik verdeutlicht diesen Zusammenhang.

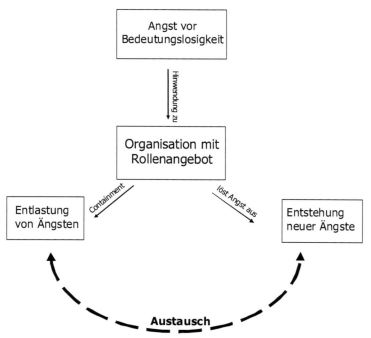

Abbildung 11: Modell zum Austausch von Ängsten
Eigene Darstellung

9 Ergebnisdiskussion

In diesem Kapitel sollen zunächst die Angemessenheit und Anwendung der Methode vor dem Hintergrund der Fragestellung der Untersuchung kritisch reflektiert werden. Im Weiteren wird der Zusammenhang des entwickelten Modells mit dem theoretischen Rahmen kritisch reflektiert. Anschließend wird zu überprüfen sein, inwieweit die gestellten Forschungsfragen ausreichend beantwortet wurden. Eine Diskussion des Geltungsbereichs des entwickelten Modells zum Austausch von Ängsten sowie eine Auslotung des weiteren Forschungsbedarfs schließen sich an. Ein Ausblick bildet den Abschluss.

9.1 Reflexion der Methodenwahl und deren Anwendung

Aus der quantitativen Forschung sind Kriterien bekannt, anhand derer die Güte und Qualität wissenschaftlicher Untersuchungen eingeschätzt und bewertet werden. Als Hauptgütekriterien sind hier die Objektivität, Reliabilität und Validität zu benennen (Lienert & Raatz, 1998; Bühner, 2010; Amelang & Schmidt-Atzert, 2006). Bei der Beurteilung qualitativer Studien kann es ein Ansatz sein, diese Kriterien in abgewandelter Form auch hier für die Einschätzung anzuwenden (Steinke, 2005, S. 319; Yardley, 2008). Der zweifelhaften Übertragbarkeit dieser Kriterien Rechnung tragend, sollen hier jedoch eigene Kriterien für die Beurteilung qualitativer Untersuchungen herangezogen werden.

Der in dieser Studie gewählte qualitative Forschungsansatz zeichnet sich unter anderem durch eine offene und weniger strukturierende Herangehensweise aus, als dies bei der quantitativen Forschung der Fall ist. Dieses Vorgehen ermöglicht es unter anderem auch, Forschungsfelder zu erkunden, von denen bisher wenige Vorkenntnisse bestehen. Zudem kann sich der Forschende durch die geringe Vorabstrukturierung so offen wie möglich auf den Forschungsgegenstand zubewegen und diesen mit möglichst wenigen Wahrnehmungsfiltern aufzunehmen versuchen. Eine vollkommene Ausklammerung des Forschenden mit seinen Relevanzstrukturen und Wahrnehmungsgewohnheiten und -präferenzen ist unmöglich. „Jegliche Wahrnehmung von sozialer Realität verläuft ... über – zumindest unbewusst ablaufende – Vergleiche mit Bekanntem" (Truschkat et al., 2005, [16], Hervor. d. Autoren). Diese Unmöglichkeit der theoretischen und konzeptionellen Unvoreingenommenheit stellt jedoch kein Problem dar (vgl. Kap. 7). Auch das unvermeidbare Auftreten von Gefühlen im Forschungsprozess, wird in diesem Ansatz nicht negativ bewertet, sondern vielmehr als Erkenntnisquelle genutzt.

> Die Reduktion des Entdeckungsprozesses auf logisch-rationale Operationen ist zu eng ... Gefühle ... bedrohen Forschungsabläufe und bringen manche zum Erliegen. Aber sie helfen auch und steuern. Ahnungen, vage Ideen und Gefühle sind oft das erste, aber wichtige Signal, das den Forschungs- und gegebenenfalls Entdeckungsprozess in Gang setzt, das ihn lenken, in Gang halten, wenn nötig neu orientieren und zum Abschluss bringen kann (Kleining, 2003, S. 57).

Im Bezug auf den theoretischen Hintergrund lässt sich sagen, dass zum Themenbereich der Ängste und deren Bewältigung eine lange Forschungstradition besteht. Die Erkenntnisse daraus konnten in dieser Studie als Aufmerksamkeitsausrichter genutzt werden. „Die Verwendung theoretischer Vorannahmen, die die theoretische Sensibilität des Forschers anregen und es ihm ermöglichen, Strukturen im empirischen Material aufzufinden, hat im gesamten Prozeß der Datenerhebung und -analyse eine zentrale Bedeutung" (Kelle, 1997, S. 342). Im Gegensatz zu Angst in anderen Kontexten sind die Ängste von Topführungskräften hingegen bisher kaum untersucht worden. Durch eine offene Hinwendung zum Forschungsfeld und eine ebensolche Haltung in der Datenanalyse konnten auch neue, zum Teil überraschende Erkenntnisse gewonnen werden (vgl. Kap. 7.4.4). So war beispielsweise die Bedeutung eines religiösen Bezugs bei der Bewältigung von Ängsten vor Eintritt in das Untersuchungsfeld nicht erwartet worden. Vor allem aber war zu Beginn unbekannt, dass die mit der Topmanagementposition verbundene Rolle von den Betroffenen genutzt wird, um ihre Identität zu konstruieren. Die Ent- und Aufdeckung dieses Zusammenhangs wäre ohne die Form des abduktiven Schlussfolgerns nicht möglich gewesen.

Ängste und deren Bewältigung laufen in großen Teilen auch vor- und unbewusst ab.

> Bei tabuisierten bzw. gesellschaftlich stark sanktionierten Themenbereichen [wie es die Ängste von Topführungskräften sind] ist damit zu rechnen, daß subjektive Äußerungen hierzu auf einer 'manifesten' Ebene nur die 'halbe Wahrheit' darstellen, dass es zu Rationalisierungen, Verdrängungen und anderer Wirkungen von Abwehrmechanismen kommt, die es erfordern, durch die Analyse bestimmter Hinweise und Widersprüche in den Äußerungen und Texten den 'latenten' subjektiven Sinn freizulegen (Heckmann, 1992, S. 143. Hervor. d. Autors).

9.1 Reflexion der Methodenwahl und deren Anwendung 215

Um auch diese Aspekte untersuchen zu können, wurde mit dem themenzentrierten Interview (Schorn, 2004) ein Interviewverfahren angewandt, das auch Zugang zu diesen latenten Anteilen ermöglicht. Dabei ist die emotionale Reaktion des Forschenden auf das Interview wichtiger Bestandteil der Erhebung und Analyse.

Die offene Herangehensweise des qualitativen Forschungsansatzes, die zudem auch die Gefühle des Forschenden nicht aus dem Forschungsprozess zu verbannen sucht, hat die Erkenntnisse dieser Studie erst ermöglicht. Die stärker strukturierende Herangehensweise der quantitativen Forschung mit ihrer Ausklammerung emotionaler Reaktionen des Forschenden hätte die Entdeckung dieser Zusammenhänge nicht möglich gemacht. Insofern war die Wahl des qualitativen Forschungsansatzes für die Fragestellung dieser Untersuchung die geeignete Methodenwahl und dem Gegenstand angemessen.

Die Erkundung der subjektiven Wirklichkeit von Topmanagern mit ihren Ängsten und deren Bewältigung war ein zentrales Anliegen dieser Untersuchung. Die GTM bot sich hierzu an. Sie ist nicht nur eine prominente Erhebungs- und Auswertungsmethode, sondern vielmehr von ihrem Anspruch her geeignet, aus dieser subjektiven Wirklichkeit heraus ein Modell mittlerer Reichweite zu entwickeln. Darüber hinaus sollten die wenigen bestehenden Kenntnisse des Untersuchungsobjektes erweitert und überwunden werden. Denn nur so kann ein neuer Zugang zu Angst und deren Bewältigung im Topmanagement gewonnen werden. Durch die Anwendung der GTM ist es in dieser Untersuchung gelungen, mehr Erkenntnisse über die Ängste von Topführungskräften und deren Bewältigungsstrategien zu erlangen. Ferner konnte ein Modell mittlerer Reichweite entwickelt werden, das die Identitätskonstruktion mittels der organisational zur Verfügung gestellten Rolle darstellt und die in Verbindung stehenden Ängste abbildet. Auf die Bedeutung des entwickelten Modells für die Praxis wird in der Folge eingegangen (Kap. 10).

Das im Rahmen der GTM verwandte Kodierparadigma (Strauss & Corbin, 1996) konnte genutzt werden, um das Phänomen Angst und seine Bewältigung bei Topführungskräften ausreichend zu untersuchen und möglichst viele relevante Faktoren dabei mit zu berücksichtigen. Denn es „erinnert ... immer wieder daran, daß Daten nach der Relevanz für die Phänomene, auf die durch die gegebene Kategorie verwiesen wird, kodiert werden und zwar nach: den Bedingungen der Interaktion zwischen den Akteuren, den Strategien und Taktiken den Konsequenzen" (Strauss, 1994, S. 57).

Die theoretische Sensibilität resultierte in einer intensiven Beschäftigung mit dem Thema Angst und deren Bewältigung. „Die eigenen Fragen des Forschers, ihr Vorverständnis und damit zusammenhängend auch die eigenen Vorurteile zum Gegenstandsbereich können beispielsweise mit Brainstorming und

Gruppendiskussionen herausgearbeitet werden. Hierher gehört auch das Lesen einschlägiger Literatur (Fachpublikationen, aber auch: journalistische Arbeiten, Romane und Erzählungen)" (Böhm, 2005, S. 476, Hervorh. d. Autors). Dabei flossen auch die beruflichen Vorerfahrungen der Autorin in Profit-Organisationen sowie die Vorstudie mit den Coaches ein. Diese Bestandteile erwiesen sich bei der Erstellung des Leitfadens, der Führung der Interviews und der Datenanalyse als relevant und hilfreich. Dies trägt auch dem Gütekriterium der Gegenstandsangemessenheit (Breuer & Reichertz, 2001) Rechnung. Denn es wird davon ausgegangen, dass „das Objekt als Erkenntnisgegenstand durch seine Darstellung grundsätzlich erst konstituiert wird" (ebd., [18]). Die Beforschten und die Forscherin interagieren also miteinander und durch diese Interaktion entsteht das interessierende Objekt. Vorkenntnisse und Erfahrungen im Untersuchungsfeld können dabei helfen, die Interaktion zwischen Forscherin und Beforschten zu erleichtern (Steinke, 2005, S. 327).

Der Existenz von Vorkenntnissen zum Trotz wurde zugleich jedoch Wert darauf gelegt, den Daten keine Konzepte aufzuzwingen, sondern das Modell aus den Daten heraus zu entwickeln (vgl. Kap. 7.4.5; Kelle, 2007).

Bei Anwendung der GTM werden zumeist ausgewählte Textstellen kodiert. „The collected data ... are not coded extensively enough to yield provisional tests ... The data are coded only enough to generate, hence, to suggest, theory" (Glaser, 1965, S. 438). Im Gegensatz dazu wurden in dieser Untersuchung die Interviews vollständig kodiert. Dadurch sollte erreicht werden, dass das zu entwickelnde Modell auf einer möglichst breiten Datenbasis fundiert ist. Rückblickend hat sich diese Vorgehensweise als sehr nützlich erwiesen. Denn zu Beginn des Kodierens war die Relevanz von Identitätskonstruktionsprozessen für das Angstgeschehen noch nicht offensichtlich. Dadurch, dass das gesamte Datenmaterial kodiert wurde, wurden auch schon die Hinweise auf diesen Aspekt kodiert. Bei einer selektiven Kodierweise wären diese Aspekte sicherlich außen vor geblieben. Zudem hat die vollständige Kodierung den Vorteil, dass der Forschende auch zurückliegende Interviews besser memorieren kann und so auch Querverbindungen innerhalb und zwischen Interviews besser erkennt. Dies erwies sich als Erleichterung für die Methode des ständigen Vergleichens (Kap. 7.4.2.1), welche „die wichtigste intellektuelle Tätigkeit im Auswertungsprozess" (Böhm, 2005, S. 476) ist. Nicht zuletzt erhöht die komplette Kodierung des Materials die Handhabbarkeit des Datensatzes.

Die „Grounded Theory ... schließt sich ... der pragmatistischen Position an, ... problemlösende Erkenntnis sei anders als auf dem Weg über die innere Beteiligung der problemlösenden Subjekte grundsätzlich nicht zu gewinnen" (Strübing, 2008, S. 16). So ist dem „Prozesscharakter" (Lamnek, 2005, S. 23; vgl. Kap. 7) qualitativer Forschung entsprechend in dieser Untersuchung davon

9.1 Reflexion der Methodenwahl und deren Anwendung

ausgegangen worden, dass die Anwesenheit der Autorin in der Interviewsituation den Forschungsgegenstand mit konstruiert. So wurde der Interviewverlauf sicherlich von der Tatsache beeinflusst, dass alle Interviews mit den größtenteils männlichen Interviewpartnern von der Autorin selbst geführt wurden. Es kann erwartet werden, dass die Interviewten in anderer Weise motiviert waren, vor einer Interviewerin ein Bild ihrer Person zu entwerfen, als dies bei einem Interviewer der Fall gewesen wäre.

Die Persönlichkeit der Autorin wirkt sich auch auf den Analyseprozess aus. „Aus der eigenen Perspektive rekonstruiert der Interpret die subjektiven Perspektiven, die Lebenswelten der Anderen" (Berg & Milmeister, 2007, S. 190). Diese Tatsache ist jedoch kein Hindernis, sondern fester und selbstverständlicher Bestandteil des Verfahrens. Denn im Rahmen der GTM stehen „Gegen-stand und sich damit forschend befassende Akteure ... in einer Wechselbeziehung, in der beide einander verändern" (Strübing, 2008, S. 15; vgl. auch Breuer, 2003, [24]).

Am Ende der Interviews wurden die Interviewpartner um eine Rückmeldung gebeten, wie sie die Interviewsituation erlebt hatten.

> Ich benutze so etwas auch wieder, um teilweise mit mir selbst wieder ins Klare zu kommen, zu reflektieren ... Solche Gespräche helfen mir zweifelsohne ... Weil man automatisch sich, wenn man es ernst betrachtet und sich ernsthaft nimmt und nicht nur dahin quatscht, man automatisch sich selbst wieder mit den Problemen auseinander setzt und manche Zusammenhänge erkennt, die man sonst gar nicht erkannt hätte. Insofern war es für mich auch fruchtbar (Walter, 78).

Wie das vorangestellte Interviewzitat belegt, konnten auch die Interviewten das Gespräch für sich nutzen und davon profitierten. Denn durch die Interviewsituation wurden sie dazu angeregt, sich mit ihren Angsterfahrungen im beruflichen Kontext erneut zu beschäftigen. Diese Reflexion durchbricht einerseits das Tabu, dass besagt, dass über Angst nicht gesprochen werden kann. Zugleich kann es ermöglichen, dass die Betroffenen die Erlebnisse und Erfahrungen verarbeiten und somit zu einem offeneren und freieren Umgang damit finden.

Die Rückmeldung sollte darüber hinaus dazu genutzt werden, um eine Fremdeinschätzung der eigenen Interviewtechnik zu erhalten und diese dann entsprechend zu überarbeiten. Zugleich konnten diese Aussagen zu einem Abgleich genutzt werden, inwieweit die durch die Interviewsituation ausgelösten Gefühle mit denen der Interviewerin korrespondieren. Dies kann einerseits zur Validierung der Interviewsituation verwandt werden (Steinke, 2005, S. 320) und andererseits als Erkenntnisquelle genutzt werden. So konnte diese Rückmeldung beispielsweise auch dazu genutzt werden, den Eindruck der Interviewerin zu untermauern, inwieweit der Interviewpartner bereit war, sich zu öffnen.

Die vorliegende Untersuchung wurde von der Autorin selbst durchgeführt und ausgewertet. Grundsätzlich sollte der Analyseprozess stets begleitet sein von einem Hinzuziehen von Anderen, um einen „Abgleich möglicherweise verschiedener Lesarten" (Mey & Mruck, 2009, S. 143) zu ermöglichen. „Um möglichst unterschiedliche Interpretationen zu erhalten, um die Sachverhalte aus verschiedenen Perspektive zu beleuchten und damit auch konkurrierende "Codes" für einen empirischen Sachverhalt zu bekommen, sind Diskussionen in Forschergruppen für den Prozeß der Theoriegenerierung bei qualitativen Studien sehr hilfreich" (Hermanns, 1992, S. 115, Hervor. d. Autors). Dadurch können Interpretationen auf Konsens überprüft werden und Licht in die Dunkelheit eigener blinder Flecken gebracht werden. Dennoch ist die Anwendung der GTM auch als allein Forschender möglich und sinnvoll. „Even when a researcher is working alone on a project, he or she is engaged in continual internal dialogue – for that is, after all, what thinking is" (Strauss, 1987, zitiert nach Corbin & Strauss, 2008, S. 118). In dieser Untersuchung wurde ein Mittelweg verfolgt. Die Auswertung wurde von der Autorin selbst durchgeführt. In regelmäßigen Abständen wurden Interviewausschnitte und erstellte Interpretationen anderen Personen (männliche und weibliche Psychologen, Sozialwissenschaftler und Soziologen) vorgelegt und mit ihnen diskutiert. Kontinuierliche Auswertungssitzungen hätten diese Diskussionen sicherlich noch vertieft. Teile der Auswertungsarbeit wurden zudem auch in einer online Auswertungsgruppe („NetzWerkstatt"; vgl. Mey, Ottmann & Mruck, 2006) begleitet. Diese „Interpretation in Gruppen" (Steinke, 2005, S. 326) zur „Herstellung von Intersubjektivität und Nachvollziehbarkeit" (ebd.) ist ein Kerngütekriterium qualitativer Forschung.

Bei der Untersuchung von Ängsten und deren Bewältigung im Kontext von Topmanagementpositionen lag der Schwerpunkt weniger auf den einzelnen Individuen, sondern vielmehr auf den sozialen Prozessen bei der Bewältigung. Die GTM ist nicht nur zur „Deskription sozialen Handelns" (Mruck & Mey, 2005, S. 7) geeignet. Neben sozial konstruierten Bewältigungsstrategien sollten auch unbewusste Aspekte, die bei Angst und deren Bewältigung eine Rolle spielen, erhoben und analysiert werden. Zu dieser „Analyse der "Tiefenstruktur" menschlicher Äußerungen" (ebd., S. 8, Hervorh. d. Autoren) kann die GTM ebenfalls genutzt werden, denn sie ist das einzige Verfahren, mit dem die Bearbeitung beider Forschungsperspektiven möglich ist (vgl. Kap. 7.2). Die Tatsache, dass eine „Subjekthaftigkeit" (Breuer, 2003; Legewie, 2004) in diesem Verfahren nicht als Begrenzung, sondern Bereicherung verstanden wird, ermöglicht einen Zugang zu diesen unbewussten Aspekten des Phänomens. Denn diese können nur unter Bezug auf theoretische Konzepte und unter Einbeziehung der Eigenresonanzen des Forschenden erschlossen werden. Folglich ist die Wahl und die Anwendung der GTM für die Fragestellung dieser Untersuchung geeignet und gegenstandsangemessen.

9.2 Geltungsbereich des Modells zum Austausch von Ängsten

Das im Rahmen dieser Untersuchung entwickelte Modell zum Austausch von Ängsten ist als Theorieskizze mittlerer Reichweite zu verstehen. Das Modell wurde im Kontext von Topmanagementpositionen in Profit-Organisationen entwickelt und hat nicht den Anspruch, ohne weiteres auf andere Kontexte übertragbar zu sein. Vielmehr dient es dazu, Ängste und deren Bewältigung in dieser speziellen Gruppe zu beschreiben und zu erklären. Von daher ist es nicht beliebig auf andere Kontexte verallgemeinerbar.

Bei der Auswahl der Fälle wurde darauf geachtet, mehrheitlich ältere und erfahrenere Führungskräfte in die Studie aufzunehmen. Denn den Vorannahmen entsprechend (Kap. 7.3) stellte sich im Laufe der Untersuchung heraus, dass diese Personengruppe aussagekräftigere Interviews lieferte. Auf diesen Zusammenhang wurde bereits an anderer Stelle hingewiesen: „The more senior the manager the more useful the interivew data" (Partington, 2002, S. 144). Eine mögliche Erklärung ist hier, dass die jüngeren Führungskräfte sich noch mehr beweisen müssen und, zumindest im Gegensatz zu pensionierten Managern, noch stärker in den aktuellen Bezügen stecken. Diese Faktoren behindern offenere Antworten zu einem tabuisierten Thema wie Angst.

Zudem entstammen alle Interviewpartner aus Arbeitskontexten, in denen sie auch gemeinsam mit anderen, gleichrangigen zu handeln und entscheiden haben. Diese Personengruppe wurde speziell vor dem Hintergrund ausgewählt, weil sich nur hier kollektive Angstabwehrmechanismen untersuchen lassen. Bei Alleinunternehmern ist dies nicht der Fall. Aufgrund dieser speziellen Stichprobe ist die entwickelte Theorieskizze nicht auf jede beliebige Personengruppe verallgemeinerbar, sondern beansprucht nur für die untersuchte Gruppe Gültigkeit.

Eingang in die Studie fanden ausschließlich Führungskräfte, die in Profit-Organisationen tätig sind oder waren. Die entwickelte Theorieskizze erhebt von daher nicht den Anspruch, ohne weiteres auf den non-Profit Bereich übertragbar zu sein. Zugleich ist die Untersuchung auch in den gesamtwirtschaftlichen, weltpolitischen und kulturellen Kontext seiner Entstehung eingebettet. In anderen Kontexten können andere, hier nicht berücksichtigte Faktoren wirkmächtig sein.

Wie an anderer Stelle (Kap. 7.4.1) bereits ausgeführt, ist in dieser Untersuchung keine Theorie, sondern eine Theorieskizze entwickelt worden. Von daher ist es nicht notwendig, diese in den gesamten theoretischen Rahmen einzugliedern und von anderen Modellen abzugrenzen. Hinzu kommt, dass zu Angst und deren Bewältigung im Kontext von Topmanagementpositionen bisher keine theoretischen Modelle vorliegen.

Hinsichtlich des theoretischen Rahmens von Angst und deren Bewältigung im Allgemeinen muss festgehalten werden, dass auch in dem hier behandelten Kontext viele Entsprechungen zu bestehenden Konzepten gefunden wurden. Als Beispiel ist die geschilderte Janusköpfigkeit von Angst zu benennen. Weitere Entsprechungen wurden bereits dargestellt.

Die Praxisrelevanz des entwickelten Modells zum Austausch von Ängsten ist im Allgemeinen als sehr hoch einzuschätzen. Da Angst als Grundemotion menschliches Leben stetig begleitet, kann auch das Modell häufig zur Anwendung kommen. Einschränkend muss hier allerdings aufgeführt werden, dass Angst, vor allem im Kontext von Topmanagementpositionen, mit einem Tabu belegt ist. Insofern muss formuliert werden, dass das Modell eine potenziell sehr hohe Praxisrelevanz hat. Inwieweit es tatsächlich zum Einsatz kommt, hängt davon ab, inwieweit sich Praktiker wie auch Wissenschaftler durch das Tabu vom Einsatz abhalten lassen.

9.3 Beantwortung der Fragestellung

Wie bereits in Kapitel 1.2 dargestellt war die Fragestellung zu Beginn der Studie noch sehr offen. Im Laufe der Untersuchung und der fortschreitenden Datenanalyse hat sich der Fokus genauer herausgeschält. „Die Fragestellung erfährt dann erst über eine sukzessive Erforschung des Gegenstandes mittels der Methode des permanenten Vergleichs ... eine Zuspitzung" (Truschkat et al., 2005, [9]). Dabei haben sich einige Aspekte als relevanter, andere als weniger relevant für die Themenstellung herausgestellt.

Die verschiedenen Arten von Ängsten und deren individuelle und kollektive Bewältigungsformen waren und sind ein wichtiger Bestandteil der Studie. Es stellte sich heraus, dass die Gender-Perspektive hier weniger relevant war. Nicht zuletzt aus forschungspraktischen Gründen wurde dieser Aspekt von daher nicht weiter verfolgt. Denn zur Analyse dieses Aspektes hätte es eine Vielzahl weiterer Interviews mit Frauen sowie eine weitere Überarbeitung des Leitfadens erfordert. Weitere Frauen in Topführungspositionen wären aufgrund ihrer geringeren Anzahl in dieser Hierarchieebene schwer zu rekrutieren gewesen. Zudem hätte die Auswertung einen weiteren zeitlichen Aufwand bedeutet. Vor dem Hintergrund, dass dieser Aspekt das wesentliche Erkenntnisziel nur am Rande berührt, erschien dieser Aufwand ungerechtfertigt. Folglich wurde diesem Aspekt nicht weiter nachgegangen.

9.4 Weiterer Forschungsbedarf

Die Tatsache, dass nur Personen der obersten Hierarchieebenen ausgewählt wurden, hat sich als relevanter Faktor erwiesen. Denn vor allem die ranghöchsten Führungskräfte erhalten die entsprechende öffentliche Aufmerksamkeit und ihnen wird der damit verbundene Status zugeschrieben. Dieser Faktor stellte sich als bedeutsamer Lohn für die Aufrechterhaltung der Rolle dar.

Der Einfluss der aktuellen wirtschaftlichen Entwicklungen auf die Ängste und deren Bewältigung wurde weniger explizit erfragt. Die Analyse der Daten brachte hier jedoch einige Erkenntnisse zutage. Hier ist beispielsweise der Einfluss der wirtschaftlichen Lage (Kap. 8.5.1) auf die Ängste zu benennen. Die aktuellen Veränderungen, wie sie die weltweite Finanzkrise mit sich brachte und bringt, sind nicht Gegenstand dieser Untersuchung.

Die Frage nach der Organisation als Angstauslöser stand schon zu Beginn der Untersuchung fest. Im Verlauf der Datenanalyse zeigte sich, dass Organisationen sowohl Angst auslösende als auch reduzierende Funktionen haben. Diesem Aspekt wurde im Verlauf der Datenanalyse verstärkt Aufmerksamkeit geschenkt. Die dargestellten Änderungen und Anpassungen der Fragestellung im Verlauf der Untersuchung entsprechen dem Grundprinzip der Flexibilität (vgl. Kap. 7) in dem qualitativen Forschungsansatz und dem Vorgehen bei der GTM.

9.4 Weiterer Forschungsbedarf

Das entwickelte Modell ist eine Theorieskizze mittlerer Reichweite. Es kann Ängste und deren Bewältigung im Kontext von Topmanagementpositionen in Profit-Organisationen beschreiben und erklären. Für zukünftige Forschungsvorhaben ist eine Ausweitung des Geltungsbereichs von Interesse. So wäre die Frage zu klären, ob das Modell für eine Anwendung in anderen Kontexten, wie sie beispielsweise in non-Profit Organisationen oder der Politik anzutreffen sind, erweitert oder modifiziert werden muss. Da in diese Studie nur Personen aus den beiden höchsten Führungsebenen eingegangen sind, wäre auch zu untersuchen, wie sich Angst und ihre Bewältigung auf anderen Führungsebenen darstellt. Hier ist eine deutlich andere Ausgangslage vorhanden. So sind Bewertung, Statuszuschreibung und Aufmerksamkeit bei Führungspositionen auf geringeren Hierarchieebenen weit weniger herausragend als bei Topmanagementpositionen. Der sozial zugesprochene Lohn für die Rolle ist also sehr viel geringer. Da das entwickelte Modell jedoch stark auf diesem Faktor aufbaut, ist zu erwarten, dass es für den Kontext anderer Führungspositionen einer deutlichen Modifizierung bedarf.

Zugleich von Interesse ist auch die Perspektive der Mitarbeiter. In dieser Studie sind nur die Topführungskräfte selbst befragt worden. Aufschlussreich könnte auch die Befragung von Führungskräften und den Mitarbeitern sein, mit denen sie eng zusammenarbeiten. Augrund des Tabus, mit dem Angst in diesem Kontext belegt ist, konnte dieser Aspekt ebenso wenig realisiert werden wie eine gleichzeitige Befragung der gleichrangigen Führungskräfte, mit denen die Betroffenen zusammenarbeiten. Die Einbeziehung dieser Personengruppen würde das Selbstbild der Betroffenen durch ein Fremdbild ergänzen. Durch diese Perspektiverweiterung könnte die Wirkung der Angst der Betroffenen und der von ihnen angewandten Bewältigungsstrategien auf Andere beleuchtet werden. Neben Befragungen könnten auch andere Verfahren zu Erfassung eingesetzt werden. So könnten Beobachtungen der Interaktionen in (Vorstands)sitzungen beispielsweise weitere Aufschlüsse über die interaktionellen Prozesse geben.

In dieser Studie konnte nicht untersucht werden, ob es geschlechtsspezifische Unterschiede im Auftreten und vor allem bei der Bewältigung von Angst gibt. Auch wenn das Geschlechterverhältnis in Topmanagementpositionen bei weitem nicht ausgeglichen ist, so ist eine Untersuchung dieses Aspektes von Interesse. Ebenso wenig konnte der Einfluss der weltweiten Wirtschaftskrise auf die Ängste und Bewältigungsformen der Topmanager berücksichtigt werden. Auch dieses Thema bietet sich für zukünftige Forschungsvorhaben an.

10 Ausblick

Das Modell zum Austausch von Ängsten, das im Rahmen dieser Untersuchung entwickelt wurde, beschreibt und erklärt, wie Topmanagementpositionen dazu genutzt werden können, um tief verwurzelte Lebensängste scheinbar zu bewältigen. Menschen wenden sich Organisationen zu und bewältigen damit ihre Ängste. Im Gegenzug löst die Organisation wiederum neue Ängste aus. Es werden also Ängste bewältigt um den Preis neuer Ängste.

Es kann also nur von einer scheinbaren Bewältigung der Ängste gesprochen werden. Denn die Ängste, die aus der Suche nach Sinn und Bedeutung, also letztlich nach einer Identität entstehen, können durch die Annahme einer Rolle nicht wirklich bewältigt werden (Mertens & Lang, 1991, S. 158). Eine tatsächliche Bewältigung der Ängste kann nicht durch etwas von außen Aufgenommenes geschehen. „Niemand und nichts außer uns selbst [gibt] dem Leben Sinn" (Fromm, 1976/2001, S. 163). Vielmehr bedarf es einer Veränderung der Person selbst. Dies kann nur geschehen, wenn die Betroffenen sich der Situation und den Ursachen dafür bewusst sind und unter ihr leiden (ebd., S. 161; vgl. a. Dihsmaier & Paschen, 2006; Kaul et al., 2007). Zudem muss die Einsicht zugleich von einer Veränderung des Verhaltens begleitet sein. Denn eine tief greifende Veränderung ist nicht möglich, „falls die angestrebte Charakteränderung nicht von einer entsprechenden Änderung der Lebenspraxis begleitet wird" (Fromm, 1976/2001, S. 162).

Wie sich in den Interviews gezeigt hat, sind Personen, die nicht gänzlich mit ihrer Rolle verschmolzen sind, sondern eigene Interessen außerhalb der Rolle verfolgen, von der Rolle weit unabhängiger. Ihr Leben und ihre Identität werden nicht ausschließlich durch die Rolle bestimmt. Die Identität ist also eher auf einer Sein-Existenzweise aufgebaut, als auf einer Existenzweise des Habens. Eine Veränderung von einer Haben- zu einer Sein-Existenzweise bedeutet für die Betroffenen eine stärkere Unabhängigkeit von der Organisation und den eigenen Ängsten. Eine solche Veränderung einzuläuten, ist eine ganz persönliche Entscheidung des Einzelnen.

Neben Veränderungen auf der individuellen Ebene, gibt es auch gesellschaftliche Faktoren, die die Charakterausprägungen beeinflussen und als Gesellschafts- (s.o.) oder Sozialcharakter (Haubl, 2008) die individuelle Identität mit bestimmen (vgl. a. Sievers, 1994). So wird „die Identität in der Industriegesellschaft ... durch die Qualität des Menschen als Berufsarbeiter erworben" (Schmidbauer, 2005, S. 44). Welche Veränderungen hier den Wandel von der Existenzweise des Habens zu der des Seins bewirken, wurde hinreichend beschrieben (Fromm, 1976/2001) und ist nicht Thema dieser Arbeit.

Demgegenüber sollen hier jedoch mögliche Veränderungen auf organisationaler Ebene nicht unerwähnt bleiben. So erscheint es lohnenswert, den Umgang mit Angst im organisationalen Umfeld zu verändern. Emotionen und vor allem Angst sind im Management noch immer ein Tabu. Vor dem Hintergrund der Tatsache, dass menschliches Handeln immer von Emotionen begleitet ist und dass auch die Angst ein ständiger Begleiter menschlichen Lebens ist, ist der Ausschluss von Emotionalität im tiefsten Sinne unmenschlich. Zum einen hat nicht zuletzt diese Untersuchung gezeigt, dass Angst zwar eine negativ bewertete Emotion ist, sie aber zugleich ein wichtiger Warn- und Schutzmechanismus ist. Damit kann sie dem Einzelnen, aber auch der Organisation von Nutzen sein.

Zu anderen erscheint eine Lockerung des Tabus für die beteiligten Organisationsmitglieder persönlich erstrebenswert. Eine Ausklammerung und Verleugnung eines so zentralen Gefühls bewirkt Abhängigkeiten und eine Verfremdung von Teilen des eigenen Selbst. Über die eigenen Gefühle und Unsicherheiten hingegen sprechen zu können, ohne dass dies als Schwäche ausgelegt wird, bedeutet einen Wechsel zu einem weit menschlicheren Umgang der Betroffenen untereinander und mit ihren Mitarbeitern. Hochrangige Führungskräfte können ihr Unternehmen auch dergestalt prägen, dass Sie damit beginnen, für einen offeneren Umgang mit Emotionen und speziell Angst einzustehen.

„Es ist ja geradezu Ausdruck einer kollektiven Neurose, eine psychische Tatsache von so enormer sozialer Bedeutung mit einem törichten Tabu zu belegen, statt sie in ihren Wurzeln und ihren Auswirkungen zu untersuchen" (Richter, 1992, S. 24) und ihr Auftreten zuzulassen.

Literaturverzeichnis

Abels, H. (2004). *Einführung in die Soziologie* (2., überarb. Aufl.). Wiesbaden: VS Verl. für Sozialwiss.
Abels, H. (2006). *Identität: Über die Entstehung des Gedankens, dass der Mensch ein Individuum ist, den nicht leicht zu verwirklichenden Anspruch auf Individualität und die Tatsache, dass Identität in Zeiten der Individualisierung von der Hand in den Mund lebt* (1. Aufl.). Lehrbuch. Wiesbaden: VS Verl. für Sozialwiss.
Abraham, K. (1911). Über die determinierende Kraft des Namens. *Zentralblatt, II* (3), 133-134.
Ahlers-Niemann, A. (2007). *Auf der Spur der Sphinx. Sozioanalyse als erweiterter Rahmen zur Erforschung von Organisationskulturen*. Norderstedt: Books on Demand.
Ahrens, H. J. (1999). Messung und Skalierung. In: R. Asanger & G. Wenninger: *Handwörterbuch Psychologie* (S. 445-454). Weinheim: Psychologische Verlags Union.
Altmeyer, M. & Thomä, H. (Hrsg.). (2006). *Die vernetzte Seele: Die intersubjektive Wende in der Psychoanalyse*. Stuttgart: Klett-Cotta.
Amelang, M., Bartussek, D., Stemmler, G. & Hagemann, D. (2006). *Differentielle Psychologie und Persönlichkeitsforschung*. 6., vollst. überarb. Aufl. Stuttgart: Kohlhammer.
Amelang, M. & Schmidt-Atzert, L. (2006). *Psychologische Diagnostik und Intervention* (4., vollständig überarbeitete und erweiterte Auflage.). Springer-Lehrbuch. Berlin, Heidelberg: Springer Medizin Verlag Heidelberg.
Andresen, B. (1995). Risikobereitschaft (R) – der sechste Basisfaktor der Persönlichkeit: Konvergenz multivariater Studien und Konstruktexplikation. *Zeitschrift für Differentielle und Diagnostische Psychologie*, 16 (4), 210-236.
Andresen, B. (2000). Six Basic Dimensions of Personality and a Seventh of Generalized Dysfunctional Personality: A Diathesis Sytem Covering all Personality Disorders. *Neuropsychobiology*. 4 (1), 5-23.
Arbeitskreis OPD (Hrsg.) (2001). *Operationalisierte psychodynamische Diagnostik*. Grundlagen und Manual. 3, aktualisierte und korrigierte Auflage. Bern: Huber.
Armstrong, D. (1997). The "institution in the mind": reflections on the relation of psychoanalysis to work with institutions. In: D. Armstrong, W. G. Lawrence & R. M. Young (Eds.). *Group Relations: An Introduction*. Zugriff am 16.04.2010. Verfügbar unter http://www.human-nature.com/rmyoung/papers/paper99.html
Armstrong, D. (2005). *Organization in the Mind: Psychoanalysis, Group Relations and Organizational Consultancy*. The Tavistock Clinic Series. London: Karnac Books.
Aschenbach, G. (1999). Forschungsmethoden. In: R. Asanger & G. Wenninger: *Handwörterbuch Psychologie* (S. 184-194). Weinheim: Psychologische Verlags Union.

Ashforth, B. E. (1993). Emotional labor in service roles: the influence of identity. *Academy of Management Review, 18* (1), 88-115.
Ashforth, B. E. & Humphrey, R. H. (1995). Emotions in the Workplace: A Reappraisal. *Human Relations*, 48 (2), 97-124.
Ashforth, B. E. & Kreiner, G. E. (2002). Normalizing emotion in organizations: Making the extraordinary seem ordinary. *Human Resource Management Review, 12* (2), 215-235.
Baecker, D. (2003). Plädoyer für eine Fehlerkultur. *OrganisationsEntwicklung*, 2, 24-29.
Bain, A. (2003). Einige Bemerkungen zur Sozioanalyse. In: B. Sievers, D. Ohlmeier, B. Oberhoff & U. Beumer (Hrsg.), *Das Unbewusste in Organisationen. Freie Assoziationen zur psychozialen Dynamik von Organisationen* (S. 17–35).
Bandura, A. (1994). Self-efficacy. In: V. S. Ramachandran (Ed.), *Encyclopedia of human behavior: Vol. 4.* (S. 71–81). San Diego, CA: Academic Press.
Bandura, A. (1997). *Self-efficacy: The exercise of control.* New York, NY: Freeman.
Banse, R. (2000). Soziale Interaktion und Emotion. In: J. H. Otto (Hrsg.), *Emotionspsychologie. Ein Handbuch* (S. 360–369). Weinheim: Beltz Psychologie-Verl.-Union.
Bartels, H. & Bartels, R. (1995). *Physiologie.* Lehrbuch und Atlas. 5. überarb. Auf. München: Urban & Schwarzenberg.
Bartl, G. (2000). Extremsportarten. In: S. Poppelreuther & W. Gross (Hrsg.). *Nicht nur Drogen machen süchtig. Entstehung und Behandlung von stoffungebundenen Süchten.* (S. 207-231). Weinheim: PVU.
Bass, B. M. (1985). *Leadership and performance beyond expectations.* New York, NY: Free Press [u.a.].
Battegay, R. (1996). *Psychoanalytische Neurosenlehre. Eine Einführung.* Frankfurt am Main: Fischer.
Bauer, A. (2005a). Institutionen und Organisationen zwischen Angstbindung und Angstproduktion. Überlegungen aus psychoanalytischer Sicht. In: M. W. Fröse (Hrsg.), *Management sozialer Organisationen. Beiträge aus Theorie, Forschung und Praxis; das Darmstädter Management-Modell.* 1. Aufl .(S. 181–202). Bern: Haupt.
Bauer, A. (2005b). Institutionen und Organisationen: zweckrationale Konstruktionen. In: A. Bauer & W. Schmidbauer (Hrsg.): *Im Bauch des Wals. Über das Innenleben von Institutionen.* Orig.-Ausg., 1. Aufl. Organisation, Beratung, Mediation (S. 65-112). Berlin: Leutner.
Bauer, A. (2005c). Institutionen und Organisationen: verborgene Konstruktionen. In: A. Bauer & W. Schmidbauer (Hrsg.): *Im Bauch des Wals. Über das Innenleben von Institutionen.* Orig.-Ausg., 1. Aufl. Organisation, Beratung, Mediation (S. 113-134). Berlin: Leutner.
Baum, H. S. (1992). Mentoring: Narcissistic Fantasies and Oedipal Realities. *Human Relations*, 45 (3), 223-245.
Becker, H. (1998). Psychoanalyse und Organisation. Zur Bedeutung unbewußter Sozialisationen in Organisationen. *Freie Assoziation*, 1, 172, 81-100.
Becker, H. (2000). Angst und Wandel in Organisationen. Eine supervisorisch-psychoanalytische Perspektive. *Freie Assoziation*, 3, 3, 311-328.

Bellak, L., Hurvich, M. & Gediman, H. K. (1973). *Ego Functions in Schizophrenics, Neurotics, and Normals.* A Systematic Study of Conceptual, Diagnostic, and Therapeutic Aspects. New York: Wiley.
Berg, C. & Milmeister, M. (2007). Im Dialog mit den Daten das eigene Erzählen der Geschichte finden. Über die Kodierverfahren der Grounded Theory Methodologie. In: G. Mey & K. Mruck (Eds.), *Grounded Theory Reader.* Historical social research: HSR; the official journal of QUANTUM and INTERQUANT = Historische Sozialforschung / Zentrum für Historische Sozialforschung e.V. (HSR-Supplement, S. 182-210). Köln: Zentrum für Historische Sozialforschung.
Bergsteig, M. (2003). Verdi's Rigoletto: The dialectic interplay of the psychic positions in seemingly 'mindless' violence. *International Journal of Psychoanalysis, 84* (5), 1295-1313.
Berufsverband Deutscher Psychologinnen und Psychologen e.V. (o.J.): *Ethische Richtlinien der Deutschen Gesellschaft für Psychologie e.V. und des Berufsverbands Deutscher Psychologinnen und Psychologen e.V.* Zugriff am 14.07.2009. Verfügbar unter http://www.bdp-verband.de/bdp/verband/ethik.shtml
Bierhoff, H. W. (2002). *Einführung in die Sozialpsychologie.* Beltz-Studium. Weinheim: Beltz.
Bierhoff, H.-W., Wegge, J., Bipp, T., Kleinbeck, U., Attig-Grabosch, C. & Schulz, S. (2005). Entwicklung eines Fragebogens zur Messung von Eigenverantwortung oder: "Es gibt nichts Gutes, außer man tut es". *Zeitschrift für Arbeits- und Organisationspsychologie, 4* (1), 4-18.
Bion, W. Ruprecht. (1962/1990a). Eine Theorie des Denkens. In: E. Bott Spillius (Hrsg.), *Melanie Klein heute. Entwicklungen in Theorie und Praxis* (Bd.1: Beiträge zur Theorie, S. 225–235). München, Wien: Verl. Internat. Psychoanalyse. (Original erschienen 1962: A Theory of Thinking, International Journal of Psycho-Analysis, 43, 306-310).
Bion, W. R. (1962/1990b). *Lernen durch Erfahrung* (2. Aufl.). Suhrkamp-Taschenbuch Wissenschaft: Bd. 1021. Frankfurt am Main: Suhrkamp. (Original erschienen 1962: Learning from experience, London: William Heinemann).
Blake, R. R. & Mouton, J. S. (1968). *Verhaltenspsychologie im Betrieb.* Düsseldorf: ECON.
Böhm, A. (2005). Theoretisches Codieren: Textanalyse in der Grounded Theory. In: U. Flick, E. von Kardorff & I. Steinke (Hrsg.), *Qualitative Forschung. Ein Handbuch.*, 4. Aufl. (S. 475–485). Reinbek bei Hamburg: Rowohlt-Taschenbuch-Verl.
Bollas, C. (1994). *Forces of destiny: Psychoanalysis and human idiom* (4. pr.). London: Free Assoc. Books.
Bollas, C. (1997). *Der Schatten des Objekts: Das ungedachte Bekannte; zur Psychoanalyse der frühen Entwicklung.* Stuttgart: Klett-Cotta.
Bolle, F. (2006). Gefühle in der ökonomischen Theorie. In: R. Schützeichel (Hrsg.). *Emotionen und Sozialtheorie. Disziplinäre Ansätze* (S. 48–65). Frankfurt/Main: Campus-Verl.
Brehm, M. (2001). Emotionen in der Arbeitswelt: Theoretische Hintergründe und praktische Einflussnahme. *Arbeit,* 10 (3), 205-218.

Breuer, F. (1991). *Wissenschaftstheorie für Psychologen*. Eine Einführung. 5., verb. Aufl., Münster: Aschendoff.
Breuer, F. (1996a). Vorbemerkung. In: F. Breuer (Hrsg.). *Qualitative Psychologie. Grundlagen, Methoden und Anwendungen* (S. 9-11). Opladen: Westdeutscher Verlag.
Breuer, F. (1996b). Theoretische und methodologische Grundlinien unseres Forschungsstils. In: F. Breuer (Hrsg.). *Qualitative Psychologie. Grundlagen, Methoden und Anwendungen* (S. 14-40). Opladen: Westdeutscher Verlag.
Breuer, F. (1999). Marginale Positionen, prekäre Identitäten. In: F. Breuer (Hrsg.). *Abseits!? Marginale Personen – prekäre Identitäten* (Psychologische Erkundungen, S. 3–6). Münster: Lit.
Breuer, F. (2003). Subjekthaftigkeit der sozial-/wissenschaftlichen Erkenntnistätigkeit und ihre Reflexion: Epistemologische Fenster, methodische Umsetzungen. *Forum Qualitative Sozialforschung / Forum: Qualitative Research [On-line Journal], 4* (2), Art. 25. Zugriff am 25.09.2009. Verfügbar unter http://www.qualitative-research.net/index.php/fqs/article/view/698/1509
Breuer, F. (2005). Konstruktion des Forschungsobjekts durch methodischen Zugriff. In: G. Mey (Hrsg.). *Handbuch Qualitative Entwicklungspsychologie*. (S. 57-102). Köln: Kölner Studien Verlag.
Breuer, F. (2009). *Reflexive Grounded Theory: Eine Einführung in die Forschungspraxis* (1. Aufl.). Wiesbaden: VS Verl. für Sozialwissenschaften.
Breuer, F. & Reichertz, J. (2001). Wissenschafts-Kriterien: Eine Moderation. *Forum Qualitative Sozialforschung / Forum: Qualitative Research* [On-line Journal], 2 (3), Art. 24. Zugriff am 01.07.2009. Verfügbar unter http://www.qualitative-research.net/index.php/fqs/article/view/919/2007
Breuer, F. & Schreier, M. (2007). Zur Frage des Lehrens und Lernens von qualitativ-sozialwissenschaftlicher Forschungsmethodik [46 Absätze]. *Forum Qualitative Sozialforschung / Forum: Qualitative Social Research* [On-line Journal], 8 (1), Art. 30. Zugriff am 30.05.2007. Verfügbar unter http://www.qualitative-research.net/fqs-texte/1-07/07-1-30.d.htm
Bröckermann, R. (1989). *Führung und Angst*. Kölner Arbeiten zur Wirtschaftspsychologie: Bd. 3. Frankfurt am Main: Lang.
Bruns, G. (2000). Realitätsprinzip, Realitätsprüfung. In: W. Mertens & B. Waldvogel (Hrsg.). *Handbuch Psychoanalytischer Grundbegriffe*. (S. 599-603). Stuttgart: Kohlhammer.
Brüsemeister, T. (1999). *Qualitative Sozialforschung: Ein Überblick*. Studienbrief 03702. Hagen: FernUniversität.
Bryman, A. (1992). *Charisma and leadership in organizations*. London: Sage Publ.
Bühner, M. (2010). *Einführung in die Test- und Fragebogenkonstruktion* (2., aktualisierte und erw. Aufl., psMethoden/Diagnostik. München: Pearson Studium.
Bungard, W. (1984). *Sozialpsychologische Forschung im Labor*. Göttingen: Hogrefe.
Bungard, W., Holling, H. & Schultz-Gambard, J. (1996). *Methoden der Arbeits- und Organisationspsychologie*. Weinheim: PVU.
Burns, J. M. (1978). *Leadership*. New York, NY: Perennial.

Chernomas, R. (2007). Containing Anxieties in Institutions or Creating Anxiety in Institutions: A Critique of the Menzies Lyth Hypothesis. *Psychoanalysis, Culture & Society, 12* (4), 369-384.

Conger, J. A. & Kanungo, R. N. (1987). Towards a behavioral theory of charismatic leadership in organizational settings. *Academy of Management Review, 12* (4), 637-647.

Corbin, J. M. & Strauss, A. L. (1990). Grounded Theory Research: Procedures, Canons and Evaluative Criteria. *Zeitschrift für Soziologie, 19* (6), 418-427.

Corbin, J. M. & Strauss, A. L. (2008). *Basics of qualitative research: Techniques and procedures for developing grounded theory* (3. ed.). Los Angeles: Sage Publ.

Costa, P. T. & McCrae, R. R. (1992). Four ways five factors are basic. *Personality and Individual Differences, 13*, 653-665.

Coyne, J. C. & Racioppo, M. W. (2000). Never the twain shall meet? Closing the gap between coping research and clinical intervention research. *American Psychologist, 55* (6), 655-664.

Cramer, P. (2000). Defense Mechanisms in Psychology Today: Further Processes for Adaptation. *American Psychologist, 55* (6), 637-646.

Crowley, J. E. (1986). Longitudinal effects of retirement on men's well-being and health. *Journal of Business and Psychology, 1* (2), 95-112.

Dahrendorf, R. (1977). *Homo sociologicus: Ein Versuch zur Geschichte, Bedeutung und Kritik der Kategorie der sozialen Rolle* (15. Aufl.). Studienbücher zur Sozialwissenschaft: Bd. 20. Opladen: Westdt. Verl.

Damasio, A. R. (2004). *Descartes' Irrtum: Fühlen, Denken und das menschliche Gehirn* (1. Aufl.). List-Taschenbuch: Bd. 60443. München: List.

Darnstädt, T. (2008). Der Mann der Stunde: Die unheimliche Wiederkehr von Carl Schmitt. *Der Spiegel* (39).

Davison, G. C. & Neale, J. M. (1998). *Klinische Psychologie*. 5. aktualisierte Auflage, Weinheim: Psychologische Verlags Union.

De Masi, F. (2003). Das Unbewußte und die Psychosen. Einige Überlegungen zur psychoanalytischen Theorie der Psychosen. *Psyche, 57*, 1-34.

Deaux, K., Reid A., Mizrahi K. &. Ethier K. A. (1995). Parameters of social identity. *Journal of Personality and Social Psychology* (68), 280-291.

Devereux, G. (1976). *Angst und Methode in den Verhaltenswissenschaften*. Frankfurt/M: Ullstein.

Diamond, M. A. (1984). Bureaucracy as Externalized Self-System. *Administration & Society, 16* (2), 195-214.

Diamond, M. A. (1985). The Social Character of Bureaucracy: Anxiety and Ritualistic Defense. *Political Psychology, 6* (4), 663-679.

Diamond, M. A. & Allcorn, S. (1985). Psychological Dimensions of Role Use in Bureaucratic Organizations. *Organizational Dynamics, 14* (1), 35-59.

Dihsmaier, E. & Paschen, M. (2006). Wenn das Selbst ungewiss wird – Psychische Störungen bei Managern und ihre Behandlung. *Wirtschaftspsychologie aktuell* (4), 22-26.

Dilling, H., Mombour, W. & Schmidt, M. H. (2004). *Internationale Klassifikation psychischer Störungen. ICD-10 Kapitel V (F)*. Klinisch-diagnostische Leitlinien. 5., durchges. u. erg. Auflage, Bern: Huber.

Dilling, H. & Schulte-Markwort, E. (2010). *Internationale Klassifikation psychischer Störungen: ICD-10 Kapitel V (F) ; klinisch-diagnostische Leitlinien* (7., überarb. Aufl. unter Berücksichtigung der Änderungen entsprechend ICD-10-GM.). Bern: Huber.

Domagalski, T. A. (1999). Emotion in Organizations: Main Currents. *Human Relations*, 2 (6), 833-852.

Ehlers, W. (2000). Abwehrmechanismen. In: W. Mertens & B. Waldvogel (Hrsg.). *Handbuch Psychoanalytischer Grundbegriffe*. (S. 12-24). Stuttgart: Kohlhammer.

Ehlers, W. (2008). Abwehrmechanismen. In: W. Mertens & B. Waldvogel (Hrsg.). *Handbuch Psychoanalytischer Grundbegriffe*. (S. 13-25). Stuttgart: Kohlhammer.

Eiselen, T. & Sichler, R. (2001). Reflexive Emotionalität – Konzepte zum professionellen Umgang mit Emotionen im Management. In: G. Schreyögg & J. Sydow (Hrsg.). *Emotionen und Management*. 1. Aufl., Nachdr. (Managementforschung, S. 47–73). Wiesbaden: Gabler.

Eishold, K. (2004). Korrupte Gruppen in heutigen Unternehmen: Aufsichtsräte außen und Insidergruppen innen. *Freie Assoziation, 7* (2), 9-20.

Ekman, P. (1993). Facial Expression and Emotion. *American Psychologist*. 48 (4), 384-392.

Epstein. (1972). The nature of anxiety with emphasis upon its relationship to expentancy. In: C. D. Spielberger (Ed.), *Anxiety: current trends in theory and research.* : Vol. 2. (S. 292-338). New York: Acad. Press.

Erikson, E. H. (1950/1990). *Kindheit und Gesellschaft:* Klett-Cotta. (Originalarbeit erschienen 1950).

Etzioni, A. (1971). *Soziologie der Organisationen*. München: Juventa.

Felfe, J. (2006). Transformationale und charismatische Führung – Stand der Forschung und aktuelle Entwicklungen. *Zeitschrift für Personalpsychologie*, 5 (4), 163-176.

Fiedler, F. E. (1967). *A theory of leadership effectiveness*. New York: McGraw Hill.

Fineman, S. (1993a). *Emotion in organizations*. London: SAGE.

Fineman, S. (1993b). Introduction. In: S. Fineman (Ed.). Emotion in organizations (S. 1–8). London: SAGE.

Fineman, S. (1993c). Organizations as emotional arenas. In: S. Fineman (Ed.). *Emotion in organizations* (S. 9–35). London: SAGE

Fineman, S. (2000). Emotional arenas revisited. In: S. Fineman (Ed.). *Emotion in organizations*. 2. ed. (S. 1–24). London: SAGE.

Fineman, S. (2006). Emotion and Organizing. In: S. R. Clegg (Ed.). *The Sage handbook of organization studies*. 2. ed. (S. 675–692). London: Sage Publ.

Fischer, L. & Wiswede, G. (2009). *Grundlagen der Sozialpsychologie* (3., völlig neu bearb. Aufl.). München: Oldenbourg.

Flett, G. L., Blankstein, K. R., Pliner, P. & Bator C. (1988). Impression Management and Self-deception Components of Appraised Emotional Experience. *British Journal of Social Psychology, 27,* 67-77.

Literaturverzeichnis 231

Flick, U. (1998). *Qualitative Forschung.* Theorie, Methoden, Anwendung in Psychologie und Sozialwissenschaften. 3. Aufl., Reinbek: Rowohlt.
Flick, U. & Niewiarra, S. (1994). *Bericht zum Studienprojekt "Alltag, Lebensweisen und Gesundheit". Forschungsbericht Nr. 5/1994.* TU Berlin, Institut für Psychologie.
Flick, U., Kardoff, E. von & Steinke, I. (2005): Was ist qualitative Forschung? Einleitung und Überblick. In: U. Flick, E. von Kardoff & I. Steinke (Hrsg.): *Qualitative Forschung.* Ein Handbuch. (S. 13-29). Reinbeck: Rowohlt-Taschenbuch-Verl.
Floßdorf, B. (1999). Angst. In: R. Asanger & G. Wenninger: *Handwörterbuch Psychologie* (S. 34-37). Weinheim: Psychologische Verlags Union.
Fonagy, P. & Target, M. (2007). *Psychoanalyse und die Psychopathologie der Entwicklung.* Stuttgart: Klett-Cotta.
Fotopoulou, A., Solms, M. & Turnbull, O.H. (2004). Wishful reality distortions in confabulation. *Neuropsychologia, 42,* 727-744.
Franke-Diel, I. (2010). *Arbeitspsychologie.* Studienbrief 03424. Hagen: FernUniversität.
Freimuth, J. (1999a). Die Angst der Manager. In: J. Freimuth (Hrsg.), *Die Angst der Manager* (Schriftenreihe Psychologie und innovatives Management, S. 13–29). Göttingen: Verl. für Angewandte Psychologie.
Freimuth, J. (1999b). Management – Zur Verkörperung und Entkörperlichung einer Führungsrolle: Die Bedeutung und Veränderung visueller Formen und Metaphern zur Ver-Sinn-Bildlichung von Führung. In: J. Freimuth (Hrsg.), *Die Angst der Manager* (Schriftenreihe Psychologie und innovatives Management, S. 99–135). Göttingen: Verl. für Angewandte Psychologie.
Freimuth, J. & Stoltefaut, M. (1997). „Mein Körper und ich sind nicht mehr per Du". Die Angst der Manager – auf der Suche nach einer neuen Identität und Professionalität in sich selbststeuernden Organisationen. In: J. Freimuth, J. Haritz & B.-U. Kiefer (Hrsg.). *Auf dem Wege zum Wissensmanagement. Personalentwicklung in lernenden Organisationen.* Reihe: Psychologie für das Personalmanagement – Band 14 (S. 111-124). Göttingen: Verlag für Angewandte Psychologie.
Freimuth, J. & Zirkler, M. (1999). Emotionalität und körperliche Präsenz als Dimensionen postmodernen Führungshandelns – Veränderte Anforderungen an Coaching und Management-Lernen. In: J. Freimuth (Hrsg.), *Die Angst der Manager* (Schriftenreihe Psychologie und innovatives Management, S. 227–253). Göttingen: Verl. für Angewandte Psychologie.
Frese, M. (1985). Stress at work and psychosomatic complaints: a causal interpretation. *Journal of Applied Psychology, 70* (2), 314-328.
Frese, M. (1994). Psychische Folgen von Arbeitslosigkeit in den fünf neuen Bundesländern: Ergebnisse einer Längsschnittstudie. In: L. Montada (Hrsg.), *Arbeitslosigkeit und soziale Gerechtigkeit* (S. 193–213). Frankfurt: Campus-Verl.
Freud, A. (1936/1964). *Das Ich und die Abwehrmechanismen.* München: Kindler. (Originalarbeit erschienen 1936).
Freud, S. (1904/1954). Zur Psychopathologie des Alltagslebens. Frankfurt am Main: Fischer. (Originalarbeit erschienen 1904).
Freud, S. (1912/2000). Einige Bemerkungen über den Begriff des Unbewußten in der Psychoanalyse. In: *Psychologie des Unbewußten,* Studienausgabe, Bd. III. (S. 27-36). Frankfurt am Main: Fischer. (Originalarbeit erschienen 1912).

Freud, S. (1914/2000). Zur Einführung des Narzißmus. In: *Psychologie des Unbewußten*, Studienausgabe, Bd. III. (S. 37-68). Frankfurt am Main: Fischer. (Originalarbeit erschienen 1914).

Freud, S. (1916-1917/2000). *Vorlesungen zur Einführung in die Psychoanalyse und neue Folge*. Studienausgabe: Bd. I. Frankfurt am Main: Fischer. (Originalarbeit erschienen 1916).

Freud, S. (1923/2000). Das Ich und das Es. In: *Psychologie des Unbewußten*, Studienausgabe, Bd. III. (S. 273-330). Frankfurt am Main: Fischer. (Originalarbeit erschienen 1923).

Freud, S. (1926/2000). Hemmung, Symptom, Angst. In: *Hysterie und Angst*, Studienausgabe, Bd. VI. (S. 227-308). Frankfurt am Main: Fischer. (Originalarbeit erschienen 1926).

Freud, S. (1930/2000). Das Unbehagen in der Kultur. In: *Fragen der Gesellschaft/ Ursprünge der Religion*, Studienausgabe, Bd. IX (S. 191-286). Frankfurt am Main: Fischer. (Originalarbeit erschienen 1930).

Freud, S. (1933/2000). Neue Folge der Vorlesungen zur Einführung in die Psychoanalyse. In: *Vorlesungen*, Studienausgabe, Bd. I. (S. 448-608). Frankfurt am Main: Fischer. (Originalarbeit erschienen 1933)

Fröhlich, W. D. (1982). *Angst. Gefahrensignale und ihre psychologische Bedeutung*. München: Deutscher Taschenbuch Verlag.

Fromm, E. (1976/2001). *Haben oder Sein: Die seelischen Grundlagen einer neuen Gesellschaft*. München: Deutscher Taschenbuch-Verlag.

Fujiwara, E. & Markowitsch, H. J. (2003). Das mnestische Blockadesyndrom: durch Stress und Trauma bedingte Gedächtnisstörungen und deren neurale Korrelate. In: G. Roth & U. Opolka (Hrsg.). *Angst, Furcht und ihre Bewältigung*. (S. 49-83). Hanse-Studien, Band 2. Oldenburg: Bibliotheks- und Informationssystem der Universität.

Funk, R. (2000). Psychoanalyse der Gesellschaft: Der Ansatz Erich Fromms und seine Bedeutung für die Gegenwart. In: R. Funk, G. Meyer & H. Johach (Hrsg.), *Erich Fromm heute. Zur Aktualität seines Denkens*. Orig.-Ausg., 2. Aufl. (S. 20–45). München: Dt. Taschenbuch-Verl.

Funk, R. (2009). Das kulturelle und das soziale Unbewusste: Zur Aktualität des psychoanalytischen Ansatzes von Erich Fromm. *Forum der Psychoanalyse, 25* (1), 32-42.

Furedi, F. (2007). Das Einzige, vor dem wir uns fürchten sollten, ist die Kultur der Angst selbst. *novo* (89), 42-47.

Furnham, A. (2006). *The psychology of behaviour at work: The individual in the organization* (2. ed.). Hove: Psychology Press.

Gabriel, Y. (1997). Meeting God: When Organizational Members Come Face to Face with the Supreme Leader. *Human Relations, 50* (4), 315-342.

Gabriel, Y. (1998). The Hubris of Management. *Administrative Theory & Praxis, 20* (3), 257-273.

Garsombke, D. J. (1988). Organizational culture dons the mantle of militarism. *Organizational Dynamics, 17* (1), 46-56.

Gehlen, A. (1940/2004). *Der Mensch: Seine Natur und seine Stellung in der Welt* (14. Aufl.). Wiebelsheim: AULA-Verl. (Originalarbeit erschienen 1940).

Gehlen, A. (1969/1981). *Moral und Hypermoral: Eine pluralistische Ethik* (4. Aufl.). Wiesbaden: Akad. Verl.Ges. Athenaion. (Originalarbeit erschienen 1969).

Girmendonk, P. (2001). Emotionale Kompetenz – nur etwas für „Weicheier"? Zur Bedeutung von Emotionaler Kompetenz im beruflichen Handeln in heutigen Arbeitsorganisationen. *berufsbildung, 67*, 9-11.

Glaser, B. G. (1965). The Constant Comparative Method of Qualitative Analysis. *Social Problems*, Vol. 12, No. 4, 436–445.

Glaser, B. G. with the assistance of Judith Holton. (2004). Remodeling Grounded Theory [80 paragraphs]. *Forum Qualitative Sozialforschung / Forum: Qualitative Social Research, 5* (2), Art. 4. Verfügbar unter http://nbn-resolving.de/urn:nbn:de:0114-fqs040245 [20.12.2009].

Glaser, B. G. & Strauss, A. L. (1967). *The Discovery of the Grounded Theory. Strategies for Qualitative Research.* New York: Aldine de Gruyter.

Glaser, B. G. &. Strauss A. L. (1998). *Grounded theory: Strategien qualitativer Forschung.* Hans Huber Programmbereich Pflege. Bern: Huber.

Goeudevert, D. (1998). Manager kennen nur eine Angst: die vor Machtverlust. *Die Frau in unserer Zeit / konrad-Adenauer-Stiftung e.V., 27* (2), 22-23.

Goffman, E. (1959/2000). *Wir alle spielen Theater: Die Selbstdarstellung im Alltag* (8. Aufl., unveränd. Taschenbuchausg.). Serie Piper: Bd. 312. München: Piper.

Goffman, E. (1972). *Encounters: Two studies in the sociology of interaction.* Penguin University books. Harmondsworth: Penguin.

Greif, S. & Kurtz, H.-J. (1999a): Vorwort. In: J. Freimuth (Hrsg.) *Die Angst der Manager* (S. 7-9) Göttingen: Verlag Für Angewandte Psychologie.

Greif, S. & Kurtz, H.-J. (1999b). Angstkontrolle in turbulenten Innovationsprozessen. In: J. Freimuth (Hrsg.), *Die Angst der Manager* (Schriftenreihe Psychologie und innovatives Management, S. 33–68). Göttingen: Verl. für Angewandte Psychologie.

Gros, E. & Etzioni, A. (1985). *Orgqnzations in Society.* New Jersey: Prentice-Hall.

Güntürkün, O. (2000a). Die Evolution der Angst. In: G. Lazarus-Mainka & S. Siebeneick. *Angst und Ängstlichkeit.* (S. 90-106). Göttingen: Hogrefe.

Güntürkün, O. (2000b). Die Neurobiologie der Angst. In: G. Lazarus-Mainka & S. Siebeneick. *Angst und Ängstlichkeit.* (S. 73-89). Göttingen: Hogrefe.

Gutmann, D. (1993). Reduction in the effectiveness of social systems as a defense against anxiety. *Journal of Career Development*, 20 (1), 85-89.

Hank, R. (2006, 30. Juli). Macht macht bitter und krank: Der Psychoanalytiker Mario Erdheim beschreibt im Interview die schönen und unschönen Seiten der Macht. *Frankfurter Allgemeine Zeitung*, 30, S. 27. Zugriff am 07.08.2006. Verfügbar unter http://www.faz.net/s/RubEC1ACFE1EE274C81BCD3621EF555C83C/Doc~E0B3D 1FF361264EA7A1D886B071AF5970~ATpl~Ecommon~Scontent.html

Hartmann, H. (1950). Bemerkungen zur psychoanalytischen Theorie des Ichs. In: H. Hartmann (1972). *Ich-Psychologie. Studien zur psychoanalytischen Theorie.* (S. 119-144). Stuttgart: Klett.

Hartmann, H. (1956). Die Entwicklung des Ich-Begriffes bei Freud. In: H. Hartmann (1972). *Ich-Psychologie. Studien zur psychoanalytischen Theorie.* (S. 261-287). Stuttgart: Klett.

Haubl, R. (2008). Die Angst, persönlich zu versagen oder sogar nutzlos zu sein: Leistungsethos und Biopolitik. *Forum der Psychoanalyse,* Vol. 24 (4), 317-329.

Haubl, R. & Voß, G. Günter. (2009). *Psychosoziale Kosten turbulenter Veränderungen: Arbeit und Leben in Organisationen 2008:* kassel university press (S. 1–8).

Hebb, D. O. (1955). Drives and the C.N.S. (Conceptual Nervous System). *Psychological Review, 62* (4), 243-254.

Heckmann, F. (1992). Interpretationsregeln zur Auswertung qualitativer Interviews und sozialwissenschaftlich relevanter „Texte". In: J. H. P. Hoffmeyer-Zlotnik (Hrsg.), *Analyse verbaler Daten. Über den Umgang mit qualitativen Daten* (ZUMA-Publikationen, S. 142–167). Opladen: Westdt. Verl.

Hein, M. & Sewz, G. (2005). *Wissenschaftstheorie und Ethik.* Studienbrief 77354. Hagen: FernUniversität.

Hellmann-Brosé, R. (2000). Reizschutz. In: W. Mertens & B. Waldvogel (Hrsg.). *Handbuch Psychoanalytischer Grundbegriffe.* (S. 609-611). Stuttgart: Kohlhammer.

Hermanns, H. (1992). die Auswertung narrativer Interviews. Ein Beispiel für qualitative Verfahren. In: J. H. P. Hoffmeyer-Zlotnik (Hrsg.), *Analyse verbaler Daten. Über den Umgang mit qualitativen Daten* (ZUMA-Publikationen, S. 110–141). Opladen: Westdt. Verl.

Hersey, P. & Blanchard, K. (1977). *Management of Organizational Behaviour: Utilizing Human Resources.* Upper Saddle River, NJ: Prentice-Hall.

Hesse, M. (2010, 04. Mai). Das Missverständnis: Im Namen des Shareholder Value haben Manager und Investoren Fehler über Fehler begangen. Die Finanzkrise könnte zu einem Umdenken führen. *Süddeutsche Zeitung,* Nr. 101, S. 26.

Hildenbrandt, B. (2005). Anselm Strauss. In: U. Flick, E. von Kardorff & I. Steinke (Hrsg.), *Qualitative Forschung. Ein Handbuch.* 4. Aufl. (S. 32–42). Reinbek bei Hamburg: Rowohlt-Taschenbuch-Verl.

Hinshelwood, R. D. (1993). *Wörterbuch der kleinianischen Psychoanalyse.* Stuttgart: Verl. Internat. Psychoanalyse.

Hinshelwood, R. D. (1997). *Die Praxis der kleinianischen Psychoanalyse.* Stuttgart: Verl. Internat. Psychoanalyse.

Hirschhorn, L. (2000). Das primäre Risiko. In: M. Lohmer (Hrsg.). *Psychodynamische Organisationsberatung. Konflikte und Potentiale in Veränderungsprozessen* (S. 98–118). Stuttgart: Klett-Cotta.

Hochschild, A. (1990). *Das gekaufte Herz: Zur Kommerzialisierung der Gefühle.* Theorie und Gesellschaft: Bd. 13. Frankfurt/Main: Campus-Verl.

Holodynski, M. & Oerter, R. (2002). Kapitel 16: Motivation, Emotion und Handlungsregulation. In: R. Oerter & L. Montada. *Entwicklungspsychologie.* 5. vollst. überarb. Aufl. (S. 572-580). Weinheim: Psychologische Verlags Union.

Hopf, C. (2005). Qualitative Interviews. Ein Überblick. In: U. Flick, E. von Kardoff & I. Steinke (Hrsg.): *Qualitative Forschung. Ein Handbuch.* (S. 349-360). Reinbeck: Rowohlt-Taschenbuch-Verl.

House, R. J. (1977). A 1976 Theory of Charismatic Leadership. In: J. G. Hunt (Eds.), *Leadership. The cutting edge; a symposium held at Southern Illinois Universiy, Carbondale, October 27 - 28, 1976* (S. 189–207). Carbondale: Southern Illinois Univ. Pr. u.a.

Hüther, G. (1998). *Biologie der Angst.* Wie aus Streß Gefühle werden. Göttingen: Vandenhoeck & Ruprecht.
Izard, C. E. (1991). *The Psychology of Emotions.* New York: Plenum Press.
Jackson, P. R., Stafford E. M., Banks M. H. &. Warr P. B. (1983). Unemployment and psychological distress in young people: The moderating role of employment commitment. *Journal of Applied Psychology, 68* (3), 525-535.
Jacques, E. (1953). On the dynamics of a social structure: a contribution to the psychoanalytical study of social phenomena. *Human Relations, 6* (3), 3-24.
Jacques, E. (1956). *Measurement of Responsibility.* London: Tavistock Publications.
Jahoda, M. (1983). *Wieviel Arbeit braucht der Mensch? Arbeit und Arbeitslosigkeit im 20. Jahrhundert.* Weinheim: Beltz.
James, W. (1890/1981). *The Principles of Psychology* (Vol. 2) Cambridge: Harvard University Press.
Kächele, H. (Hrsg.). (1988). *Bewältigung und Abwehr.* Beiträge zur Psychologie und Psychotherapie schwerer körperlicher Krankheiten: mit 12 Tabellen. Berlin: Springer
Kanter, R. M. (1977). *Men and women of the corporation.* New York: Basic Books.
Kapfhammer, H.-P. (1995). *Entwicklung der Emotionalität.* Stuttgart: Kohlhammer.
Kaplan-Solms, K. & Solms, M. (2003). *Neuropsychoanalyse.* Eine Einführung mit Fallstudien. Stuttgart: Klett-Cotta.
Kaul, C., Vater, A. & Schütz, A. (2007). Selbstüberschätzung und Gefühle der Unzulänglichkeit im Management. Narzisstische Verhaltensmuster und Ansätze für Coachingprozesse anhand eines Fallbeispiels. *Wirtschaftspsychologie* (3), 22-32.
Kelle, U. (1997). *Empirisch begründete Theoriebildung: Zur Logik und Methodologie interpretativer Sozialforschung* (2. Aufl., Vol. 6). Status passages and the life course, 6. Weinheim: Dt. Studien-Verl.
Kelle, U. (2007). "Emergence" vs. "Forcing" of Empirical Data? A Crucial Problem of "Grounded Theory" Reconsidered. In: G. Mey & K. Mruck (Eds.), *Grounded Theory Reader. Historical social research: HSR; the official journal of QUANTUM and INTERQUANT = Historische Sozialforschung / Zentrum für Historische Sozialforschung e.V.* (HSR-Supplement, S. 133–156). Köln: Zentrum für Historische Sozialforschung.
Kernberg, O. (1994). *Innere Welt und äußere Realität.* 2. Aufl. Stuttgart: Verl. Internationale Psychoanalyse.
Kets de Vries, M. F. R. (1996). *Leben und sterben im Business.* Düsseldorf: ECON.
Kets de Vries, M. F. R. (1998). Charisma in action: the transformational abilities of Virgins's Richard Branson and ABB's Percy Barnevik. *Organizational Dynamics* (Winter), 7-20.
Kets de Vries, M. F. R. (2004). *Führer, Narren und Hochstapler: Die Psychologie der Führung* / (2., aktualisierte Aufl). Stuttgart: Klett-Cotta.
Kets de Vries, M. F. R. (2007). Executive "complexes". *Organizational Dynamics, Vol. 36* (4), 377-391.
Kets de Vries, M. F. R. & Balazs, K. (2000). Die Psychodynamik des Organisationswandels. In: M. Lohmer (Hrsg.), *Psychodynamische Organisationsberatung. Konflikte und Potentiale in Veränderungsprozessen* (S. 161–197). Stuttgart: Klett-Cotta.

Kets de Vries, M. F. R. & Miller, D. (1986). Personality, culture and organizations. *Academy of Management Review, 11* (2), 266-279.
Kets de Vries, M. F. R. & Miller, D. (1991). Leadership styles and organizational cultures: the shaping of neurotic organizations. In: M. F. R. Kets de Vries (Ed.), *Organizations on the couch. Clinical perspectives on organizational behavior and change*. 1. ed. (The Jossey-Bass management series, S. 243–261). San Francisco, Calif.: Jossey-Bass.
Kierkegaard, S. (1844/1991). Der Begriff Angst. Vorworte. 3. Aufl. Gütersloh: Gütersloher Taschenbücher Siebenstern.
Kieser, A. (1998). Über die allmähliche Verfertigung der Organisation beim Reden. Organisieren als Kommunizieren. *Industrielle Beziehungen*, 5 (1), 45-75.
Kieser, A. & Kubicek, H. (1992). *Organisation*. 3., völlig neu bearb. Aufl. Berlin: de Gruyter.
Kinzel, C. (2002). *Arbeit und Psyche. Konzepte und Perspektiven einer psychodynamischen Organisationspsychologie*. Stuttgart: Kohlhammer.
Klein, M. (1946/1983). *Das Seelenleben des Kleinkindes und andere Beiträge zur Psychoanalyse* (2. Aufl.). Standardwerke der Psychoanalyse. Stuttgart: Klett-Cotta.
Kleinginna, P. R. & Kleinginna, A. M. (1981). A Categorized List of Emotion Definitions, with Suggestions for a Consensual Definition. *Motivation and Emotion*, 5 (4), 345-379.
Kleining, G. (1982). Umriß zu einer Methodologie qualitativer Sozialforschung. *Kölner Zeitschrift für Soziologie und Sozialpsychologie, 34,* 224-253.
Kleining, G. (2003). Ahnung und Gefühl im Entdeckungsprozess. In: C. Kumbruck, M. Dick, H. Schulze, C. Kumbruck & H. Witt (Hrsg.), *Arbeit – Alltag – Psychologie. Über den Bootsrand geschaut. Festschrift für Harald Witt* (S. 45–59). Heidelberg: Asanger.
Kleining, G. & Witt, H. (2001). Entdeckung als Basismethodologie für qualitative und quantitative Forschung. *Forum Qualitative Sozialforschung / Forum: Qualitative Research [On-line Journal], 2* (1). Zugriff am 01.11.2008. Verfügbar unter http://www.qualitative-research.net/index.php/fqs/article/view/977
Kleist, H. von. (o.J.) Über die allmähliche Verfertigung der Gedanken beim Reden., *Kleist. Sämtliche Werke* (S. 1044–1051). Leipzig: Spamer.
Klenke, K. (2008). *Qualitative research in the study of leadership* (1. ed.). Bingley: Emerald.
Knobloch, J., Allmer, H. & Schack, T. (2000). Ausdauer- und Risikosportarten. In: S. Poppelreuther & W. Gross (Hrsg.). *Nicht nur Drogen machen süchtig. Entstehung und Behandlung von stoffungebundenen Süchten*. (S. 181-208). Weinheim: PVU.
Koch, M. (2003). Neuronale Grundlagen von Furcht und Angst: vergleichende Untersuchungen bei Menschen und Tieren. In: G. Roth & U. Opolka (Hrsg.). *Angst, Furcht und ihre Bewältigung*. (S. 31-38). Hanse-Studien, Band 2. Oldenburg: Bibliotheks- und Informationssystem der Universität.
Kögler, M. (2004). *Winnicotts Übergangsobjekt im Lichte der Säuglingsbeobachtung und der Intersubjektivismus*. Zugriff am 15.09.2010. Verfügbar unter http://www.winnicott-institut.de/cms1/download/Vortrag20040401_SemStart.pdf
Kohut, H. (1981). *Die Heilung des Selbst*. Frankfurt: Suhrkamp.

König, K. (1993). *Angst und Persönlichkeit: das Konzept vom steuernden Objekt und seine Anwendungen.* 4., durchges. Aufl. Göttingen: Vandenhoeck und Ruprecht.
König, K. (2007). *Abwehrmechanismen.* Göttingen: Vandenhoeck und Ruprecht.
Korte, N. (2007). *Krieg der Köpfe: Ingenieure sind in Deutschland Mangelware.* Ebenfalls gesucht: Informatiker, Ärzte, Naturwissenschaftler, Facharbeiter. Der fehlende Nachwuchs führt inzwischen zu Problemen bei der Stellenbesetzung und steigenden Löhnen. Deswegen greifen Unternehmen im Kampf um Talente zu ungewöhnlichen Methoden. Zugriff am 04.06.2010. Verfügbar unter http://www.manager-magazin.de/unternehmen/karriere/0,2828,506161,00.html
Krantz, J. (1995, 30. November). *Anxiety and the New Order.* New York: ISPSO Annual Meeting.f Organization 2000: Psychoanalytic Perspectives. Zugriff am 09.09.2010. Verfügbar unter http://www.ispso.org/Symposia/NewYork/96krantz.htm
Krantz, J. & Maltz, M. (1997). A Framework for Consulting to Organizational Role. *Consulting Psychology Journal, Practice and Research, 49* (2), 137-151. Verfügbar unter: http://triadllc.com/pdf/ConsultingPsyc-Role.pdf [3.3.2010].
Krappmann, L. (1997). Die Identitätsproblematik nach Erikson aus einer interaktionistischen Sicht. In: H. Keupp & R. Höfer (Hrsg.), *Identitätsarbeit heute. Klassische und aktuelle Perspektiven der Identitätsforschung.* (S. 66–92). Frankfurt am Main: Suhrkamp.
Krause, R. (1998). *Allgemeine psychoanalytische Krankheitslehre.* Bd. 2. Modelle. Stuttgart: Kohlhammer.
Kriz, J. (1999). Methodenkritik. In: R. Asanger & G. Wenninger: *Handwörterbuch Psychologie* (S. 455-458). Weinheim: Psychologische Verlags Union.
Kromrey, H. (2005). *„Qualitativ" versus „quantitativ" – Ideologie oder Realität?* Symposium: Qualitative und quantitative Methoden in der Sozialforschung: Differenz und/oder Einheit.: 1. Berliner Methodentreffen Qualitative Forschung. Zugriff am 20.10.2009. Verfügbar unter http://www.berliner-methodentreffen.de/material/2005/kromrey.pdf
Küchenhoff, J. (2008). Abwehr. In: W. Mertens & B. Waldvogel (Hrsg.), *Handbuch psychoanalytischer Grundbegriffe.* 3., überarb. und erw. Aufl. (S. 6–12). Stuttgart: Kohlhammer.
Kühl, S. & Strodtholz, P. (2002). *Methoden der Organisationsforschung: Ein Handbuch.* Reinbek bei Hamburg: Rowohlt-Taschenbuch-Verl.
Küpers, W. & Weibler, J. (2005). *Emotionen in Organisationen.* Organisation und Führung. Stuttgart: Kohlhammer.
Küpers, W. & Weibler, J. (2008). Emotions in organisation: an integral perspective. *International Journal of Work Organisation and Emotion, 2* (3), 256-287.
Kuhlmann, M. (2002). Beobachtungsinterview. In: S. Kühl & P. Strodtholz (Hrsg.). *Methoden der Organisationsforschung.* (S. 103-138). Reinbeck: Rowohlt-Taschenbuch-Verl.
Kutter, P. (2000). *Moderne Psychoanalyse*: eine Einführung in die Psychologie unbewußter Prozesse. 3. völlig überarb. Aufl. Stuttgart: Klett- Cotta.
Lamnek, S. (2005). *Qualitative Sozialforschung.* Lehrbuch, 4., vollst. überarb. Auflage. Weinheim: Psychologie Verlags Union.

Laux, L. (1993a). Selbstdarstellung bei der Bewältigung von Emotionen. In: L. Laux & H. Weber (Hrsg.), *Emotionsbewältigung und Selbstdarstellung* (S. 37–69). Stuttgart: Kohlhammer.

Laux, L. (1993b). Angst, Selbstwert und Selbstdarstellung. In: L. Laux & H. Weber (Hrsg.), *Emotionsbewältigung und Selbstdarstellung* (S. 121–141). Stuttgart: Kohlhammer.

Lawrence, W. G. (1998a). Selbstmanagent-in-Rollen: Ein aktuelles Konzept. *Freie Assoziation*, 1 (1/2), 37-57.

Lawrence, W. G. (1998b). Unconscious social pressures on leaders. In: E. B. Klein, F. G. Gabelnick & P. Herr (Eds.), *The psychodynamics of leadership* (S. 53–75). Madison Conn.: Psychosocial Press.

Lazar, R. A. (1990). Supervision ist unmöglich: Bions Modell des „Container und Containd". In: H. Pühl (Hrsg.), *Handbuch der Supervision. Beratung und Reflexion in Ausbildung, Beruf und Organisation.* (371-394). Berlin: Ed. Marhold im Wissenschaftsverlag Volker Spiess.

Lazar, R. A. (1998). Das Individuum, das Unbewußte und die Organisation: Ein Bion-Tavistock Modell von Beratung und Supervision von Personen und Institutionen. In: R. Eckes-Lapp & J. Körner (Hrsg.), *Psychoanalyse im sozialen Feld. Prävention – Supervision* (Bibliothek der Psychoanalyse, S. 263–291). Gießen: Psychosozial-Verl.

Lazar, R. A. (2000). Psychoanalyse, Group Relations und Organisation: Konfliktbearbeitung nach dem Tavistock-Arbeitskonferenz-Modell. In: M. Lohmer (Hrsg). *Psychodynamische Organisationsberatung. Konflikte und Potentiale in Veränderungsprozessen* (S. 40-78). Stuttgart: Klett-Cotta.

Lazar, R. A. (2008). Container – Contained. In: W. Mertens & B. Waldvogel (Hrsg.), *Handbuch psychoanalytischer Grundbegriffe.* 3., überarb. und erw. Aufl. (S. 118–122). Stuttgart: Kohlhammer.

Lazarus, R. S. (1991). *Emotion and adaptation.* New York: Oxford Univ. Press.

Lazarus, R. S. (1999). *Stress and emotion: A new synthesis.* London: Free Assoc. Books.

Lazarus, R. S. (2006). *Stress and emotion: A new synthesis.* New York, NY: Springer.

Lazarus, R. S. & Folkman, S. (1984). *Stress, appraisal, and coping.* New York: Springer.

Lazarus, R. S. &. Launier R. (1981). Streßbezogene Transaktionen zwischen Person und Umwelt. In: J. R. Nitsch (Hrsg.). *Streß. Theorien, Untersuchungen, Maßnahmen.* (S. 213–259). Bern, Stuttgart, Wien Huber.

Lazarus-Mainka, G. & Siebeneick, S. (2000): Angst und Ängstlichkeit. Göttingen: Hogrefe.

LeDoux, J. E. & Phelps, E. A. (2004). Emotional Networks in the Brain. In: M. Lewis & J. M. Haviland-Jones (Eds.). *Handbook of Emotions.* 2nd ed. (pp. 157-172). New York: Guilford.

Legewie, H. &. Paetzold-Teske E. (1996). *Transkriptionsempfehlungen und Formatierungsangaben für Interviews.* Unveröffentlichtes Arbeitspapier, TU Berlin, Institut für Psychologie.

Legewie, H. (2004). *11. Vorlesung: Qualitative Forschung und der Ansatz der Grounded Theory.* Vorlesungen zur qualitativen Diagnostik und Forschung. (Vorlesungsreihe im Studiengang Psychologie der Technischen Universität Berlin). Zugriff am

27.05.2009. Verfügbar unter http://www.ztg.tu-berlin.de/download/legewie/Dokumente/Vorlesung_11.pdf
Lettau, A. & Breuer, F. (o.J.). *Kurze Einführung in den qualitativ-sozialwissenschaftlichen Forschungsstil.* Zugriff am 01.07.2009. Verfügbar unter http://www.psy.uni-muenster.de/imperia/md/content/psychologie_institut_3/ae_breuer/publikationen/alfb.pdf
Levine, D. P. (2001). The fantasy of inevitability in organizations. *Human Relations, 54* (10), 1251-1265.
Levitt, E. E. (1987). *Die Psychologie der Angst.* 5., völlig neu bearb. u. erw. Aufl. Stuttgart: Kohlhammer.
Lewin, K. (1982). *Feldtheorie.* Kurt-Lewin-Werkausgabe / hrsg. von Carl Friedrich Graumann: Bd. 4. Bern: Huber.
Lewin, K., Lippitt, R. & White, R. K. (1939). Patterns of aggressive behavior in experimetally created social climates. *Journal of Social Psychology, 10,* 271-299.
Lienert, G. A. & Raatz, U. (1998). *Testaufbau und Testanalyse* (6. Aufl., Studienausg.). Weinheim: Beltz Psychologie-Verl.-Union.
Lohmer, M. (2000a). Einführung. In: M. Lohmer (Hrsg). *Psychodynamische Organisationsberatung. Konflikte und Potentiale in Veränderungsprozessen* (S. 7-16). Stuttgart: Klett-Cotta.
Lohmer, M. (2000b). Das Unbewusste im Unternehmen: Konzepte und Praxis psychodynamischer Organisationsberatung. In: M. Lohmer (Hrsg). *Psychodynamische Organisationsberatung. Konflikte und Potentiale in Veränderungsprozessen* (S. 18-39). Stuttgart: Klett-Cotta.
Lück, H. & Sewz, G. (2007). In Vielfalt vereint. *Gehirn & Geist,* 4, 62-68.
Lüders, C. & Reichertz, J. (1986). Wissenschaftliche Praxis ist, wenn alles funktioniert und keiner weiß warum – Bemerkungen zur Entwicklung qualitativer Sozialforschung. *Sozialwissenschaftliche Literatur-Rundschau* (12), 90-102.
Maccoby, M. (1977). *Gewinner um jeden Preis. Der neue Führungstyp in den Großunternehmen der Zukunftstechnologie.* Reinbek: Rowohlt-Taschenbuch-Verl.
Maccoby, M. (1989). *Warum wir arbeiten: Motivation als Führungsaufgabe.* Frankfurt am Main: Campus.
Maccoby, M. (2000). Narzisstische Unternehmensführer im Kommen. *Harvard Business manager,* 4, 9-21.
Mahler, M. S., Pine, F. & Bermann, A. (1980). *Die psychische Geburt des Menschen. Symbiose und Individuation.* Frankfurt am Main: Fischer.
Mandl, H. & Reiserer, M. (2000). Kognitionstheoretische Ansätze. In: J. H. Otto (Hrsg.), *Emotionspsychologie.* Ein Handbuch (S. 95–105). Weinheim: Beltz Psychologie-Verl.-Union.
Manstead, A. S. R. (2007). Forschungsmethoden in der Sozialpsychologie. In: K. Jonas, W. Stroebe & M. Hewstone (Hrsg.), *Sozialpsychologie. Eine Einführung; mit 17 Tabellen.* 5., vollst. überarb. Aufl. (S. 33–68). Heidelberg: Springer.
May, R. (1977). *The meaning of anxiety.* New York: Norton.
Mayntz, R. (1963). *Soziologie der Organisation.* Reinbek: Rowolt.

Mayring, P. (2002): *Einführung in die qualitative Sozialforschung. Eine Anleitung zu qualitativem Denken.* 5., überarb. und neu ausgestattete Aufl. Weinheim: Beltz-Verlag.
Mead, G. H. (1934/1991). *Geist, Identität und Gesellschaft: Aus der Sicht des Sozialbehaviorismus* (8. Aufl.). Frankfurt am Main: Suhrkamp.
Mees, U. (2006). Zum Forschungsstand der Emotionspsychologie – eine Skizze. In: R. Schützeichel (Hrsg.). *Emotionen und Sozialtheorie. Disziplinäre Ansätze.* (S. 104-123). Frankfurt: Campus.
Mentzos, S. (1988). *Interpersonale und institutionalisierte Abwehr.* Erw. Neuausgabe. Frankfurt: Suhrkamp.
Mentzos, S. (2005). *Neurotische Konfliktverarbeitung.* Einführung in die psychoanalytische Neurosenlehre unter Berücksichtigung neuer Perspektiven. 19. Auf. Frankfurt: Fischer.
Mentzos, S. (2009). *Lehrbuch der Psychodynamik: Die Funktion der Dysfunktionalität psychischer Störungen,* mit 3 Tabellen (3. Aufl.). Göttingen: Vandenhoeck & Ruprecht.
Menzies, I. E. P. (1974). Die Angstabwehr-Funktion sozialer Systeme – ein Fallbericht. *Gruppendynamik* (5), 183-216. (Originalarbeit erschienen 1960: A case study in the functioning of social systems as a defence against anxiety. *Human Relations, 13* (2), 95-121.
Merkens, H. (2005). Auswahlverfahren, Sampling, Fallkonstruktion. In: U. Flick, E. von Kardorff & I. Steinke (Hrsg.), *Qualitative Forschung. Ein Handbuch.* 4. Aufl. (S. 286–299). Reinbek bei Hamburg: Rowohlt-Taschenbuch-Verl.
Merten, J. (2003). *Einführung in die Emotionspsychologie.* Stuttgart: Kohlhammer.
Mertens, W. (1998). *Psychoanalytische Grundbegriffe. Ein Kompendium.* 2., überarb. Auf. Weinheim: Psychologische Verlags Union.
Mertens, W. (2000). Ich-Ideal. In: W. Mertens & B. Waldvogel (Hrsg.). *Handbuch Psychoanalytischer Grundbegriffe.* (S. 310-319). Stuttgart: Kohlhammer.
Mertens, W. (2002). Der Mensch, das abwehrbegabte Wesen. Abwehrvorgänge aus psychodynamischer und kognitionspsychologischer Sicht. *Erwägen Wissen Ethik, 13* (4), 509-520.
Mertens, W. (2005). *Psychoanalyse.* Grundlagen, Behandlungstechnik und Angewandte Psychoanalyse. 6., vollständig überarbeitete Neuauflage. Stuttgart: Kohlhammer.
Mertens, W. & Lang, H.-J. (1991). *Die Seele im Unternehmen. Psychoanalytische Aspekte zur Führung und Organisation im Unternehmen.* Berlin: Springer.
Mey, G. & Mruck, K. (2007). Qualitative Interviews. In: G. Naderer & E. Balzer (Hrsg.). *Qualitative Marktforschung in Theorie und Praxis.* Grundlagen, Methoden und Anwendungen. (S. 247-278). Wiesbaden: Gabler.
Mey, G. & Mruck, K. (2009). Methodologie und Methodik der Grounded Theory. In: W. Kempf & M. Kieger (Hrsg.), *Natur und Kultur.* 1. Aufl. (Forschungsmethoden der Psychologie. (S. 100–152). Berlin: Regener.
Mey, G., Ottmann, K. & Mruck, K. (2006) NetzWerkstatt – Pilotprojekt zur internetbasierten Beratung und Begleitung qualitativer Forschungsarbeiten in den Sozialwissenschaften. In: K.-S. Rehberg (Hrsg.). *Soziale Ungleichheit – Kulturelle Unterschiede.* Verhandlungen des 32. Kongresses der Deutschen Gesellschaft für Sozio-

logie in München 2004, Teil 2 (S.4794-4805). Frankfurt/M.: Campus. (CD Rom). Zugriff am 25.02.2010. Verfügbar unter http://www.qualitative-forschung.de/ netzwerkstatt/konzept/Mey_et_al_NetzWerkstatt.pdf

Meyer, G. (2005). *Konzepte der Angst in der Psychoanalyse.* Band 1: 1895 - 1950 (1. Aufl). Wissen & Praxis: Bd. 131. Frankfurt am Main: Brandes & Apsel.

Milch, W. & Hartmann, H.-P. (2000). Selbstpsychologie. In: W. Mertens & B. Waldvogel (Hrsg.). *Handbuch Psychoanalytischer Grundbegriffe.* (S. 658-660). Stuttgart: Kohlhammer.

Miller, A. (1983). *Das Drama des begabten Kindes und die Suche nach dem wahren Selbst.* Suhrkamp Taschenbuch: Bd. 950. Frankfurt a.M.: Suhrkamp.

Mitscherlich, A., Richards, A. & Strachey, J. (2000). Editorische Einleitung. In: Freud, S. (1923/2000). Das Ich und das Es. In: *Psychologie des Unbewußten*, Studienausgabe, Bd. III. (S. 273-330). Frankfurt am Main: Fischer.

Mruck, K. & Mey, G. (1997). Selbstreflexivität und Subjektivität im Auswertungsprozeß biographischer Materialien. Zum Konzept einer „Projektwerkstatt qualitativen Arbeitens" zwischen Colloqium, Supervision und Interpretationsgemeinschaft. In: G. Jüttemann & H. Thomae. *Biographische Methoden in den Humanwissenschaften.* (S. 284-306). Weinheim: Psychologische Verlags Union.

Mruck, K. unter Mitarbeit von Günter Mey (2000, Januar). Qualitative Sozialforschung in Deutschland [54 Absätze]. Forum Qualitative Sozialforschung / Forum: *Forum: Qualitative Social Research* [On-line Journal], *1*(1). Zugriff am 30.05.2007. Verfügbar unter http://www.qualitative-research.net/fqs-texte/1-00/1-00mruckmey-d

Mruck, K. & Mey, G. (2005). Qualitative Forschung: Zur Einführung in einen prosperierenden Wissenschaftszweig. *Historical Social Research/Historische Sozialforschung*, 30 (1), 5-27. Verfügbar unter: http://hsr-trans.zhsf.uni-koeln.de/hsrretro/ docs/artikel/hsr/hsr2005_640.pdf [Zugriff: 19.1.2009].

Mruck, K. & Mey, G. (2007). Gounded Theory and Reflexivity. In: A. Bryant & K. Charmaz (Eds.), *The SAGE handbook of grounded theory* (S. 515–538). Los Angeles, Calif.: Sage Publ.

Müller-Jentsch, W. (2003). *Organisationssoziologie: Eine Einführung.* CampusStudium: Bd. 1. Frankfurt am Main: Campus-Verl.

Mummendey, H. D. (1995). *Psychologie der Selbstdarstellung* (2., überarb. und erw. Aufl.). Göttingen: Hogrefe Verl. für Psychologie.

Muschalla, B. (2008). *Workplace-related anxieties and workplace phobia. A concept of domain-specific mental disorders.* Verfügbar unter: http://opus.kobv.de/ubp/ volltexte/2008/2004/pdf/muschalla_diss.pdf [9.10.2009].

Nachreiner, F. (1980). Zur Artefaktproduktion in der Arbeits- und Betriebspsychologie. In: W. Bungard (Hrsg.). *Die „gute" Versuchsperson denkt nicht: Artefakte in der Sozialpsychologie* (S. 167-190). München, Wien: Urban und Schwarzenberg.

Nagera, H. (1998). *Psychoanalytische Grundbegriffe. Eine Einführung in Sigmund Freuds Terminologie und Theoriebildung.* Frankfurt am Main: Fischer.

Neuberger, O. (1983). Führen als widersprüchliches Handeln. Psychologie und Praxis. *Zeitschrift für Arbeits- und Organisationspsychologie, 27* (1), 22-32. Psychologie und Praxis.

Neuberger, O. (2002). *Führen und führen lassen*. 6. völlig neu bearb. und erw. Aufl. Stuttgart: Lucius und Lucius.

Neuberger, O. (2006). Vertrauen vertrauen? Misstrauen als Sozialkapital. In: K. Götz (Hrsg.), *Vertrauen in Organisationen*. 1. Aufl. (Managementkonzepte, S. 11–55). München: Hampp.

Newman, L. S. (2001). Coping and Defense: No Clear Distinction. *American Psychologist, 56* (9), 760-761.

Newton, T. (1995a). Introduction: Agency, Subjectivity and the Stress Discourse. In: T. Newton, J. Handy & S. Fineman (Eds.), *'Managing' stress. Emotion and power at work* (S. 1–17). London: SAGE.

Newton, T. (1995b). Retheorizing Stress and Emotion: Labour Process Theory, Foucault and Elias. In: T. Newton, J. Handy & S. Fineman (Eds.), *'Managing' stress. Emotion and power at work* (S. 58–84). London: SAGE.

Nitzschke, B. (2000). Es. In: W. Mertens & B. Waldvogel (Hrsg.). *Handbuch Psychoanalytischer Grundbegriffe*. (S. 175-178). Stuttgart: Kohlhammer.

Obholzer, A. (1997). Das Unbewußte bei der Arbeit. In: I. Eisenbach-Stangl (Hrsg.), *Unbewußtes in Organisationen. Zur Psychoanalyse von sozialen Systemen*. (S. 17–38). Wien: Facultas-Univ.-Verl.

Oevermann, U. (2004). Die elementare Problematik der Datenlagen in der quantifizierenden Bildungs- und Sozialforschung. *sozialersinn, 3*, 413-476.

Ogden, T. H. (2006). Das analytische Dritte, das intersubjektive Subjekt der Analyse und das Konzept der projektiven Identifizierung. In: M. Altmeyer & H. Thomä (Hrsg.), *Die vernetzte Seele. Die intersubjektive Wende in der Psychoanalyse* (S. 35–64). Stuttgart: Klett-Cotta.

Öhman, A. (2004). Fear and Anxiety: Evolutionary, Cognitive, and Clinical Perspectives. In: M. Lewis & J. M. Haviland-Jones (Ed.). *Handbook of Emotions*. 2nd ed. (573-593). New York: Guilford.

Ortmann, G. (1999): Kalte Füße. Neun Facetten der Entstehung und Beschwichtigung von Angst in Organisationen. In: J. Freimuth (Hrsg.) *Die Angst der Manager* (S. 69-96) Göttingen: Verlag Für Angewandte Psychologie.

Ortmann, G.; Sydow, J. & Türk, K. (1997). Organisation, Strukturation, Gesellschaft. Die Rückkehr der Gesellschaft in die Organisationstheorie. In: G. Ortmann, J. Sydow & K. Türk (Hrsg.). *Theorien der Organisation: Die Rückkehr der Gesellschaft* (S. 15-34). Opladen: Westdeutscher Verlag.

Osterwinter, R. & Auberle, A. (2007). *Duden, Deutsches Universalwörterbuch. [das umfassende Bedeutungswörterbuch der deutschen Gegenwartssprache mit mehr als 500000 Anwendungsbeispielen sowie Angaben zu Rechtschreibung, Aussprache, Herkunft, Grammatik und Stil]* (6., überarb. und erw. Aufl. /). Mannheim: Dudenverl.

Ottomeyer, K. (1989). Zur Sozialisation der Sinnlichkeit. In: Psychoanalytisches Seminar Zürich (Hrsg.). *Die Gesellschaft auf der Couch. Psychoanalyse als sozialwissenschaftliche Methode* (Athenäums Taschenbücher, S. 71–106). Frankfurt am Main: Athenäum.

Ottomeyer, K. (2000). Über Arbeit, Identität und eine paranoide Tendenz in den Zeiten der Globalisierung. In: M. Hirsch (Hrsg.). *Psychoanalyse und Arbeit. Kreativität,*

Leistung, Arbeitsstörungen, Arbeitslosigkeit (Psychoanalytische Blätter, S. 27–50). Göttingen: Vandenhoeck & Ruprecht.
Panse, W. & Stegmann, W. (1998). *Kostenfaktor Angst* (2. Aufl.). Landsberg/Lech: Verl. Moderne Industrie.
Parin, P. (1977). Das Ich und die Anpassungs-Mechanismen. *Psyche, 31* (6), 481-515.
Parin, P. & Grosz, P. (1979). Anpassungsmechanismen – ergänzende Gedanken und klinische Beiträge. *Acta paedopsychiatrica, 45,* 193-208.
Partington, D. (2002). Grounded Theory. In: D. Partington (Ed.). *Essential Skills for Management Research.* (136-157). London: Sage.
Paul, A. (2003). Angst: eine evolutionsbiologische Perspektive. In: G. Roth & U. Opolka (Hrsg.). *Angst, Furcht und ihre Bewältigung.* (S. 11-29). Hanse-Studien, Band 2. Oldenburg: Bibliotheks- und Informationssystem der Universität.
Pekrun, R. (1988). *Emotion, Motivation, Persönlichkeit.* Weinheim: Psychologische-Verl.-Union.
Potthoff, E., Trescher, K. & Theisen, M. R. (2003). *Das Aufsichtsratsmitglied: Ein Handbuch der Aufgaben, Rechte und Pflichten* (6., neu bearb. Aufl.). Handelsblatt-Bücher. Stuttgart: Schäffer-PoeschelVerl. für Wirtschaft Steuern Recht.
Pühl, H. (2008). *Angst in Gruppen und Institutionen* (4. Aufl.). Organisation, Beratung, Mediation. Berlin, Heidelberg: Leutner.
Putnam, L. L. & Mumby, D. K. (1993). Organizations, emotion and the myth of rationality. In: S. Fineman (Ed.). *Emotion in organizations* (S. 36–57). London: SAGE.
Raguse, H. (2000). Paranoid-schizoide Position – depressive Position. In: W. Mertens & B. Waldvogel (Hrsg.). *Handbuch Psychoanalytischer Grundbegriffe.* (S. 536-542). Stuttgart: Kohlhammer.
Reichertz, J. (2003). *Die Abduktion in der qualitativen Sozialforschung.* Opladen: Leske + Budrich.
Reichertz, J. (2005). Aduktion, Deduktion und Induktion in der qualitativen Forschung. In: U. Flick, E. von Kardorff & I. Steinke (Hrsg.). *Qualitative Forschung. Ein Handbuch.* 4. Aufl. (S. 276–286). Reinbek bei Hamburg: Rowohlt-Taschenbuch-Verl.
Reichertz, J. (2007). Qualitative Sozialforschung – Ansprüche, Prämissen, Probleme. *Erwägen Wissen Ethik,* 18, 195-208.
Richter, H.-E. (1992). Umgang mit Angst. Hamburg: Hoffmann und Campe.
Richter, P. & Hacker, W. (1997). *Belastung und Beanspruchung.* Studienbrief 04765. Haagen: FernUniversität.
Riemann, F. (1961/1997). Grundformen der Angst. Eine tiefenpsychologische Studie. München: Ernst Reinhard Verlag.
Riesenberg-Malcolm, R. (2001). Bion's theory of containment. In: Catalina Bronstein (Ed.), *Kleinian theory. A contemporary perspective* (165-180). London: Whurr Publishers.
Rohloff, U. B. & Gollwitzer, P. M. (1999). Reaktive Anspannungssteigerung und Geschwindigkeit in der Zielverfolgung. In: L. Tent (Hrsg.). *Heinrich Düker: ein Leben für die Psychologie und für eine gerechte Gesellschaft* (S. 305–327). Lengerich: Pabst Science Publ.

Rosenstiel, L. von. (1999). Führung und Macht. In: C. Graf Hoyos & D. Frey (Hrsg.). *Arbeits- und Organisationspsychologie. Ein Lehrbuch* (Angewandte Psychologie, S. 412–428). Weinheim: Beltz PsychologieVerlagsUnion.

Rosenstiel, L. von. (2003). *Grundlagen der Organisationspsychologie*. Stuttgart: Schäffer-Poeschel Verlag.

Rosenstiel, L. von. (2006). Führung. In: H. Schuler (Hrsg.). *Lehrbuch der Personalpsychologie*. 2., überarb. und erw. Aufl. (S. 353–384). Göttingen: Hogrefe.

Rosenstiel, L. von. & Neumann, P. (1999). Organisationspsychologie. In: R. Asanger & G. Wenninger: *Handwörterbuch Psychologie* (S. 507-512). Weinheim: Psychologische Verlags Union.

Rosenthal, G. (2005). *Interpretative Sozialforschung: Eine Einführung*. Grundlagentexte Soziologie. Weinheim: Juventa-Verl.

Roskies, E. & Louis-Guerin, C. (1990). Job insecurity in managers: Antecedents and consequences. *Journal of Organizational Behavior, 11* (5), 345-359.

Rost, J. (2003). Zeitgeist und Moden empirischer Analysemethoden [45 Absätze]. *Forum Qualitative Sozialforschung / Forum: Qualitative Research* [On-line Journal], 4 (2). Zugriff am 01.07.2009. Verfügbar unter http://www.qualitative-research.net/fqs-texte/2-03/2-03rost-d.htm

Roth, G. (1999). Entstehen und Funktion von Bewußtsein. *Deutsches Ärzteblatt*, 96 (30), 29-33.

Sandler, J. & Sandler, A.-M. (1985). Vergangenheits-Unbewußtes, Gegenwarts-Unbewußtes und die Deutung der Übertragung. *Psyche*, 39, 800-829.

Saß, H., Wittchen, H.-U., Zaudig, M. & Houben, I. (2003). *Diagnostisches und Statistisches Manual Psychischer Störungen – Textrevision – DSM-IV-TR*. Göttingen: Hogrefe.

Schäfers, B. (2010). Soziales Handeln und seine Grundlagen: Normen, Werte, Sinn. In H. Korte, B. Schäfers & B. Lehmann (Hrsg.), *Einführung in Hauptbegriffe der Soziologie*. 8., durchges. Aufl. (S. 23–44). Wiesbaden: VS Verl. für Sozialwiss.

Schanz, G. (1992). Organisation. In: E. Frese (Hrsg.). *Handwörterbuch der Organisation* (S. 1459-1471). Stuttgart: Poeschel.

Schimank, U. (2007). *Handeln und Strukturen: Einführung in die akteurtheoretische Soziologie* (3. Aufl.). Weinheim: Juventa-Verl.

Schlenker, B. R. (1980). *Impression management: The self-concept, social identity, and interpersonal relations* (1. pr.). Monterey, Calif.: Brooks Cole.

Schlenker, B. R. & Leary, M. R. (1982). Social Anxiety and Self-Presentaion: A Conceptualization and Model. *Psychological Bulletin, 92* (3), 641-669.

Schmidbauer, W. (2005). Biologische und psychologische Grundlagen. In: A. Bauer & W. Schmidbauer (Hrsg.). *Im Bauch des Wals. Über das Innenleben von Institutionen*. Orig.-Ausg., 1. Aufl. (Organisation, Beratung, Mediation, S. 10–64). Berlin: Leutner.

Schmidbauer, W. (2007). *Persönlichkeit und Menschenführung: Vom Umgang mit sich selbst und anderen* (Ungekürzte Ausg.). Dtv: Bd. 34382. München: Dt. Taschenbuch-Verl.

Schmitt, C. (1932/1991). *Der Begriff des Politischen: Text von 1932 mit e. Vorw. u. 3 Corollarien* (Unveränd. Nachdr. d. 1963 erschienenen Aufl.). Berlin: Duncker und Humblot.

Schneider, K. & Schmalt, H.-D. (1994). *Motivation.* 2., überarbeitete und erweiterte Auflage. Stuttgart: Kohlhammer.

Schoenhals, H. (2000). Objekt (gutes – böses, Partialobjekt). In: W. Mertens & B. Waldvogel (Hrsg.). *Handbuch Psychoanalytischer Grundbegriffe.* (S. 498-502). Stuttgart: Kohlhammer.

Schorn, Ariane (2000, Juni). Das „themenzentrierte Interview". Ein Verfahren zur Entschlüsselung manifester und latenter Aspekte subjektiver Wirklichkeit [20 Absätze]. *Forum Qualitative Sozialforschung / Forum: Qualitative Social Research* [On-line Journal], *1(2).* Zugriff am 12.05.2006. Verfügbar unter http://www.qualitative-research.net/fqs-texte/2-00/2-00schorn-d.htm

Schorn, A. (2004). Das forschungspraktische Vorgehen bei dem themenzentrierten Interview und der themenzentrierten Gruppendiskussion. In: B. Griese, H. R. Griesenhop & M. Schiebel (Hrsg.). *Perspektiven qualitativer Sozialforschung.* Beiträge des 1. und 2. Bremer Workshops. Werkstattberichte des INBL 14. (S. 70-84). Bremen.

Schorn, A. & Mey, G. (2005). Das Interview in der entwicklungspsychologischen Forschung – Anwendungsmöglichkeiten, Durchführung und Besonderheiten. In: G. Mey (Hrsg.). *Handbuch Qualitative Entwicklungspsychologie.* (S. 289-320). Köln: Kölner Studien Verlag.

Schorr, A. (1999). Behaviorismus. In: R. Asanger & G. Wenninger: *Handwörterbuch Psychologie* (S. 73-78). Weinheim: Psychologische Verlags Union.

Schreyögg, G. (1999). Organisation: *Grundlagen moderner Organisationsgestaltung; mit Fallstudien.* 3., überarb. und erw. Auf. Wiesbaden: Gabler.

Schreyögg, G. & Werder, A. von. (2004). Organisation. In: G. Schreyögg (Hrsg.). *Handwörterbuch Unternehmensführung und Organisation* (S. 966-977). Stuttgart: Poeschel.

Schulte, D. (2000): Angststörungen. In. G. Lazarus-Mainka & s. Siebeneick: *Angst und Ängstlichkeit* (S. 370-424). Göttingen: Hogrefe.

Schwartz, H. S. (1985). The usefulness of myth and the myth of usefulness: a dilemma for the applied organizational scientist. *Journal of Management, 11* (1), 31-42.

Schwartz, H. S. (1987a). Anti-social Actions of Committed Organizational Participants: An Existential Psychoanalytic Perspective. *Organization Studies, 8* (4), 327-340.

Schwartz, H. S. (1987b). On the Psychodynamics of Organizational Totalitarianism. *Journal of Management, 13* (1), 41-54.

Schwartz, H. S. (2002). Political Correctness and Organizational Nihilism. *Human Relations, 55* (11), 1275-1294.

Schwarzer, R. (2000). *Streß, Angst und Handlungsregulation.* 4. überarb. Aufl. Stuttgart: Kohlhammer.

Seidler, G. H. (2000). Ich. In: W. Mertens & B. Waldvogel (Hrsg.). *Handbuch Psychoanalytischer Grundbegriffe.* (S. 306-309). Stuttgart: Kohlhammer.

Seiler, D. (1989). Person – Rolle – Institution. In: Arbeitskreis zur Förderung des Lernens von Menschen und Organisationen (MundO) (Hrsg.). *Management. Was bedeutet es, wie kann man es verstehen, ausüben und gestalten? Beiträge zur wissenschaftli-*

chen Jahrestagung des Arbeitskreises zur Förderung des Lernens von Menschen und Organisationen (MundO) e.V. (Arbeitspapiere des Fachbereichs Wirtschaftswissenschaften der Bergischen Universität – Gesamthochschule Wuppertal, S. 93–110). Wuppertal: Fachbereich Wirtschaftswiss. der Bergischen Univ.

Selg, H., Klapprott, J. & Kamenz, R. (1992). *Forschungsmethoden der Psychologie.* Grundriß der Psychologie, Bd. 3, Stuttgart: Kohlhammer.

Seligman, M. E. P. (1979). *Erlernte Hilflosigkeit.* München: Urban & Schwarzenberg.

Semmer, N. (1999). Streß. In: R. Asanger & G. Wenninger: *Handwörterbuch Psychologie* (S. 744-752). Weinheim: Psychologische Verlags Union.

Semmer, N. K., Grebner, S. & Elfering, A. (2010). „Psychische Kosten" von Arbeit: Beanspruchung und Erholung, Leistung und Gesundheit. In: U. Kleinbeck, K.-H. Schmidt & N. Birbaumer (Hrsg.). *Arbeitspsychologie.* [Vollst. Neuausg.] (Enzyklopädie der Psychologie. Praxisgebiete Wirtschafts-, Organisations- und Arbeitspsychologie, S. 325–370). Göttingen: Hogrefe Verl. für Psychologie.

Sewz, G. (2004). *Zum Selbstverständnis der Psychologie als Wissenschaft. Eine wissenschaftstheoretische Analyse anhand des Objektivitätsbegriffs.* Beiträge zur Geschichte der Psychologie, Bd. 22. Frankfurt/M: Lang.

Sieben, B. (2007). *Management und Emotionen: Analyse einer ambivalenten Verknüpfung /.* Campus Forschung: Bd. 921. Frankfurt am Main u. a.: Campus-Verl.

Sievers, B. (1989). Die Rolle des Managers. In: Arbeitskreis zur Förderung des Lernens von Menschen und Organisationen (MundO) (Hrsg.). *Management. Was bedeutet es, wie kann man es verstehen, ausüben und gestalten? Beiträge zur wissenschaftlichen Jahrestagung des Arbeitskreises zur Förderung des Lernens von Menschen und Organisationen (MundO) e.V.* (Arbeitspapiere des Fachbereichs Wirtschaftswissenschaften der Bergischen Universität – Gesamthochschule Wuppertal, S. 60–79). Wuppertal: Fachbereich Wirtschaftswiss. der Bergischen Univ.

Sievers, B. (1994). *Work, death, and life itself: Essays on management and organization.* Berlin: de Gruyter.

Sievers, B. (1999). ‚Psychotische Organisation' als metaphorischer Rahmen zur Sozio-Analyse organisatorischer und interorganisatorischer Dynamiken. *Freie Assoziation, 2* (1), 21-51.

Sievers, B. (2001). Konkurrenz als Fortsetzung des Krieges mit anderen Mitteln – Eine sozio-analytische Dekonstruktion. In: G. Schreyögg & J. Sydow (Hrsg.). *Emotionen und Management.* 1. Aufl., Nachdr. (Managementforschung, S. 171–212). Wiesbaden: Gabler [u.a.].

Sievers, B. (2004). Nie war Vertrauen so frag-würdig wie heute. Eine sozioanalytische Interpretation. *Freie Assoziation* (1), 29-53.

Sievers, B. (2008). Die psychotische Organisation: Eine sozioanalytische Perspektive. In: A. Ahlers-Niemann, U. Beumer, R. Redding Mersky & B. Sievers (Hrsg.). *Organisationslandschaften. Sozioanalytische Gedanken und Interventionen zur normalen Verrücktheit in Organisationen* (S. 27–52). Bergisch Gladbach: EHP.

Snyder, A. (2000, 24.06.). Mind your emotions. *The Australian.*

Sodian, B. (1998). Theorien der kognitiven Entwicklung. In: H. Keller (Hrsg.). *Lehrbuch Entwicklungspsychologie.* (S. 147-169). Bern: Huber.

Sokolowski, K. (2002). Emotion (Kapitel 2c). In: J. Müssler & W. Prinz (Hrsg.). *Lehrbuch allgemeine Psychologie*. (S. 337-384). Heidelberg: Spektrum Akademischer Verlag.
Soldt, P. (2003): Primär- und Sekundärprozess. *Psychoanalyse – Texte zur Sozialforschung,* 13, 195-222.
Soldt, P. (2005): Vorbewusstes und vorbewusste seelische Prozesse. Versuch einer konzeptuellen Klärung. *Psychoanalyse – Texte zur Sozialforschung,* 17, 211-237.
Solga, M. (2006, 22. August) (Telefonat).
Solga, M. & Blickle, G. (2006). In deutschsprachigen wissenschaftlichen Zeitschriften der Jahre 2004 und 2005 publizierte Forschungsbeiträge zur Arbeits- und Organisationspsychologie. Eine empirische Analyse. *Zeitschrift für Arbeits- und Organisationspsychologie, 50* (1), 28-42.
Solms, M. (2000). Unbewußt, das Unbewußte. In: W. Mertens & B. Waldvogel (Hrsg.). *Handbuch Psychoanalytischer Grundbegriffe*. (S. 771-774). Stuttgart: Kohlhammer.
Somerfield, M. R. & McCrae, R. R. (2000). Stress and Coping Research: Methodological Challenges, Theoretical Advances, and Clinical Applications. *American Psychologist, 55* (6), 620-625.
Sonnentag, S. & Frese, M. (2003). Stress in Organizations. In: W. C. Borman & I. B. Weiner (Eds.). *Industrial and organizational psychology* (Handbook of psychology, Volume 12: Industrial and Organizational Psychology, S. 453–491). Hoboken, NJ: Wiley.
Spector, P. E. (1998). A control theory of the job stress process. In: C. Cooper (Eds.), *Theories of organizational stress* (153–165). Buckingham: Open University Press.
Spielberger, C. D. (1975). Anxiety: State-Trait-Process. In: C. D. Spielberger (Eds.), *Stress and anxiety* (S. 115–143). New York: Wiley-&-Sons.
Steffens, W. & Kächele, H. (1988). Abwehr und Bewältigung – Mechanismen und Strategien: Wie ist eine Integration möglich? In: H. Kächele (Hrsg.). *Bewältigung und Abwehr. Beiträge zur Psychologie und Psychotherapie schwerer körperlicher Krankheiten* (S. 1-50). Berlin: Springer.
Stein, H. F. (1999). Todesvorstellungen und die Erfahrung organisatorischen Downsizings. Oder: Steht Dein Name auf Schindlers Liste? *Freie Assoziation, 1* (2), 155-185.
Steiner, J. (1988). The interplay between pathological organizations and the paranoid-schizoid and depressive positions. In: E. Bott Spillius & M. Klein (Eds.), *Melanie Klein today: developments in theory and practice*. (New library of psychoanalysis, S. 324–343). London: Routledge.
Steinke, I. (2005). Gütekriterien qualitativer Forschung. In: U. Flick, E. von Kardorff & I. Steinke (Hrsg.). *Qualitative Forschung. Ein Handbuch*. 4. Aufl. (S. 319–331). Reinbek bei Hamburg: Rowohlt-Taschenbuch-Verl.
Steyrer, J. (1998). Charisma and the Archetypes of Leadership. *Organization Studies, 19* (5), 807-828.
Stoffer, E. (2006). *Die psychische Belastung leitender Führungskräfte: Der Zusammenhang zwischen den Stressoren der Arbeits- und Lebenssituation leitender Führungskräfte und ihrer Gesundheit unter Berücksichtigung ihrer Ressourcen und Bewälti-*

gungskompetenzen. Schriftenreihe Studien zur Stressforschung: Bd. 22. Hamburg: Kovac.
Stogdill, R. M. (1948). Personal factors associated with leadership. *Journal of Psychology, 25* (35-71).
Strauss, A. L. (1994). *Grundlagen qualitativer Sozialforschung: Datenanalyse und Theoriebildung in der empirischen soziologischen Forschung*. UTB für Wissenschaft. Uni-Taschenbücher: Bd. 1776, Soziologie. München: Fink.
Strauss, A. & Corbin, J. M. (1996). *Grounded theory. Grundlagen qualitativer Sozialforschung*. Unveränd. Nachdr. der letzten Aufl. Weinheim: Beltz Psychologie Verl.-Union.
Strübing, J. (2008). *Grounded Theory: Zur sozialtheoretischen und epistemologischen Fundierung des Verfahrens der empirisch begründeten Theoriebildung* (2., überarb. und erw. Aufl., Vol. 15). Qualitative Sozialforschung, 15. Wiesbaden: VS Verl. für Sozialwiss.
Svennigsson, S. & Larsson, M. (2006). Fantasies of leadership: Identity work. *Leadership, 2* (2), 203-224.
Taylor, F. W. (1919). *The principles of scientific management*. London: Harper and Brothers.
Theweleit, K. (1986). *Männerphantasien* (1. - 10. Tsd.). Basel: Stroemfeld/Roter Stern.
Thomas, A. (1991). *Grundriss der Sozialpsychologie*. Göttingen: Verlag für Psychology C.J. Hogrefe.
Tietel, Erhard (2000, Juni). Das Interview als Beziehungsraum [20 Absätze]. *Forum Qualitative Sozialforschung / Forum: Qualitative Social Research* [On-line Journal], 1(2). Zugriff am 12.05.2006. Verfügbar unter http://www.qualitative-research.net/fqs-texte/2-00/2-00tietel-d.htm
Tiling, J. von. (2008). Sozialkonstruktionistische Psychologie und ihre praktische Anwendung. Möglichkeiten einer Neuausrichtung. *Forum Qualitative Sozialforschung / Forum: Qualitative Research [On-line Journal], 9* (1). Zugriff am 02.03.2009. Verfügbar unter http://www.qualitative-research.net/index.php/fqs/article/view/350/766
Tischer, B. (1988). Sprache und Emotion. Theoriebildende Ansätze und ihre Bedeutung für Sprechwissenschaft und Psycholinguistik. In: G. Kegel, T. Arnhold, K. Dahlmeier, G. Schmid & B. Tischer (Hrsg.). *Sprechwissenschaft und Psycholinguistik 2. Beiträge aus Forschung und Praxis.* (----------S. 9-62) Opladen: Westdeutscher Verl.
Trautner, H. M. (1997). *Lehrbuch der Entwicklungspsychologie*. Bd. 2. Theorien und Befunde. 2. Aufl. Göttingen: Hogrefe.
Trimborn, W. (2000). Überich. In: W. Mertens & B. Waldvogel (Hrsg.). *Handbuch Psychoanalytischer Grundbegriffe*. (S. 754-758). Stuttgart: Kohlhammer.
Trudewind, C. (2000). Curiosity and anxiety as motivational determinant of cognitive development. In: Heckhausen & J. Heckhausen (Eds.), *Motivational psychology of human development. Developing motivation and motivating development.* 1. ed. (S. 15–38). Amsterdam: Elsevier.
Truschkat, I., Kaiser, M. & Reinartz, V. (2005). Forschung nach Rezept? Anregungen zum praktischen Umgang mit der Grounded Theory in Qualifikationsarbeiten. *Forum Qualitative Sozialforschung / Forum: Qualitative Research* [On-line Journal], 6

(2). Zugriff am 06.07.2009. Verfügbar unter http://www.qualitative-research. net/index.php/fqs/issue/view/12

Truschkat, I., Kaiser-Belz, M. & Reinartz, V. (2007). Grounded Theory Methodologie in Qualifikationsarbeiten. Zwischen Programmatik und Forschungspraxis – am Beispiel des Theoretical Sampling. In: G. Mey & K. Mruck (Eds.), *Grounded Theory Reader. Historical social research: HSR; the official journal of QUANTUM and INTERQUANT = Historische Sozialforschung / Zentrum für Historische Sozialforschung e.V.* (HSR-Supplement, S. 232–257). Köln: Zentrum für Historische Sozialforschung.

Turnbull, O. (2005). Was Freud right? Psychoanalysis in the light of modern brain research. Vortrag gehalten am 30.11.2005 auf dem Kongress „Neuro2005: Gehirn – Geist – Psyche" des Wissenschaftszentrums NRW und des Kompetenznetzwerkes NeuroNRW, Düsseldorf. Zugriff am 04.04.2007. Verfügbar unter http://www. wznrw.de/Neuro2005/Dokumentationen/TURNBULL%20FORMATIERT.pdf

Turnbull, O.H., Jones, K. & Reed-Screen, J. (2002). Implicit awareness of deficit in anosognosia: An emotion based account of denial of deficit. *Neuropsychoanalysis*: 4: pp. 69-86.

Turner, R. H. (1976). Rollenübernahme: Prozess versus Konformität. In: M. Auwärter, E. Kirsch & K. Schröter (Hrsg.). *Seminar: Kommunikation, Interaktion, Identität.* 1. Aufl. (Suhrkamp-Taschenbuch Wissenschaft, S. 115–139). Frankfurt am Main: Suhrkamp.

Turner, J. C., Hogg M. A., Oakes P. J., Reicher S. D. &. Wetherell M. S. (1987). *Rediscovering the social group: A self-categorization theory.* New York, NY: Basil Blackwell.

Ulich, D. (1989). *Das Gefühl. Eine Einführung in die Emotionspsychologie.* 2. durchges. u. erg. Aufl. München: Psychologische Verlags Union.

Ulich, E. (2005). *Arbeitspsychologie* (6., überarb. und erw. Aufl.). Zürich: vdf Hochschulverl. an der ETH [u.a.].

University of Waterloo. (o.J.). *Hay Evaluation Method.* Zugriff am 12.05.2010. Verfügbar unter http://www.hr.uwaterloo.ca/staff/hay_evaluation.html

Vaillant, G.E. (1992). *Ego mechanisms of defense. A guide for clinicians and researchers.* Washington, DC: American Psychiatric Press.

Vollmer, A., Clases, C. & Wehner, T. (2006). Vertrauen und kooperatives Handeln – Ein arbeits- und organisationspsychologischer Zugang. In: K. Götz (Hrsg.). *Vertrauen in Organisationen.* 1. Aufl. (Managementkonzepte, S. 169–183). München: Hampp.

Watzlawick, P., Beavin, J. H. & Jackson, D. D. (1991). *Menschliche Kommunikation. Formen, Störungen, Paradoxien.* 9. unveränd. Aufl. Bern: Huber.

Weber, M. (1922/2002). *Wirtschaft und Gesellschaft: Grundriss der verstehenden Soziologie* (5., rev. Aufl., Studienausg., [Nachdr.]). Tübingen: Mohr-Siebeck.

Weber, H. & Laux, L. (1993). Emotionsbewältigung: Formen und Intentionen. In: L. Laux & H. Weber (Hrsg.). *Emotionsbewältigung und Selbstdarstellung* (S. 11–36). Stuttgart: Kohlhammer.

Wegge, J. & Kleinbeck, U. (2004). Forschung in der Arbeits- und Organisationspsychologie: Rückblick und Ausblick. *Zeitschrift für Arbeits- und Organisationspsychologie, 48* (1), 36-43.

Weiner, B. (1986). *An attributional theory of motivation and emotion.* Springer Series in social psychology. New York: Springer.
Werner, C. & Langenmayr, A. (2005). Das Unbewusste und die Abwehrmechanismen. Göttingen & Ruprecht.
Westen, D. (1999). The scientific status of unconscious processes: Is Freud really dead? *Journal of American Psychoanalytic Association,* 47 (4), 1061-1106.
Wiek, J. (2006). Der Krieger: José Ignacio López de Arriotorúa war ein Vorbild einer ganzen Managergeneration. Ist das ein Erfolg? *Brand Eins* (10), Schwerpunkt Erfolg, 94-100.
Wiendieck, G. (1980). Arbeitszufriedenheit: Ein Kunstprodukt der Sozialforschung? In: W. Bungard (Hrsg.). *Die „gute" Versuchsperson denkt nicht: Artefakte in der Sozialpsychologie* (S. 191-216). München, Wien: Urban und Schwarzenberg.
Wiendieck, G. (2001). *Die Arbeits- und Organisationspsychologie –eine gefühllose Disziplin?* In: R. Miller (Hrsg.). Psychologie zwischen Theorie und Praxis: Festschrift zum 60. Geburtstag von Helmut E. Lück (S. 69-75). München: Profil-Verlag
Wiendieck, G. (2004): Über die Schwierigkeit zu führen. In: Nickel, P.; Hänecke, K.; Schütte, M. & Grzech-Šukola (Hrsg.). *Aspekte der Arbeitspsychologie in Wissenschaft und Praxis* (S. 237-250). Lengerich: Pabst.
Williams, A. R. & Coughlin, C. L. J. (1993). 'In God We Trust, All Others Pay Cash': A Prologue to Trust, Vulnerability, and Deceit in Business Organizations. *Business & Professional Ethics Journal, 12,* 67-90.
Wilpert, G. von (1979). *Sachwörterbuch der Literatur.* Stuttgart: Kröner.
Wilson, T. P. (1982). Qualitative oder quantitative Methoden in der Sozialforschung. *Kölner Zeitschrift für Soziologie und Sozialpsychologie* (34), 487-508.
Winnicott, D. W. (1965). *The maturational processes and the facilitating environment: Studies in the theory of emotional development.* Madison Conn.: International Universities Press.
Winnicott, D. W. (1969). Übergangsobjekte und Übergangsphänomene: Eine Studie über den ersten, nicht zum Selbst gehörenden Besitz. *Psyche* (23), 666-682.
Wiswede, G. (1991). *Soziologie: Ein Lehrbuch für den wirtschafts- und sozialwissenschaftlichen Bereich* (2., völlig überarb. und erw. Aufl.). Landsberg Lech: Verlag Moderne Industrie.
Wiswede, G. (2009). Theorie der Rollenbilanz. In: L. Fischer & G. Wiswede (Hrsg.). *Grundlagen der Sozialpsychologie.* 3., völlig neu bearb. Aufl. (S. 533). München: Oldenbourg.
Wittchen, H.-U. & Jacobi, F. (2006). Psych. Störungen in Deutschland und der EU – Größenordnung und Belastung. *Verhaltenstherapie und Psychosoziale Praxis,* 38 (1), 189-192.
Witzel, A. (1985). Das problemzentrierte Interview. In: G. Jüttemann (Hrsg). *Qualitative Forschung in der Psychologie. Grundlagen, Verfahrensweisen, Anwendungsfelder.* (S. 227-255). Weinheim: Beltz.
Witzel, A. (2000, Januar). Das problemzentrierte Interview [26 Absätze]. *Forum Qualitative Sozialforschung / Forum: Qualitative Social Research [On-line Journal],* 1(1). Zugriff am 13.05.2006. Verfügbar unter http://www.qualitative-research.net/fqs-texte/1-00/1-00witzel-d.htm.

Wöhe, G. & Döring, U. (2008). *Einführung in die allgemeine Betriebswirtschaftslehre* (23., vollst. neu bearb. Aufl.). München: Vahlen.
Wöller, W. & Kruse, J. (2010). *Tiefenpsychologisch fundierte Psychotherapie: Basisbuch und Praxisleitfaden; mit 17 Tabellen* (3., überab. und erw. Aufl.). Stuttgart: Schattauer.
Yalom, Irvin D. (2008): Und Nietzsche weinte. Roman. 1. Aufl. München: btb.
Yardley, L. (2008). Demonstrating Validity in Qualitative Psychology. In: J. A. Smith (Ed.), *Qualitative psychology. A practical guide to research methods.* 2. ed. (S. 235–251). Los Angeles, Calif.: SAGE-Publ.
Yerkes, R. M. & Dodson, J. D. (1908). The relation of strength of stimulus to rapidity of habit-formation. *Journal of Comparative Neurology and Psychology* (18), 459-482. Verfügbar unter: http://psychclassics.yorku.ca/Yerkes/Law/ [21.1.2010].
Yukl, G. A. (2006). *Leadership in organizations* (6. ed.). Upper Saddle River, NJ: Pearson/Prentice Hall.
Zagermann, P. (1988). *Eros und Thanatos.* Psychoanalytische Untersuchungen zu einer Objektbeziehungstheorie der Triebe. Darmstadt: Wissenschaftliche Buchgesellschaft.
Zaleznik, A. (1977). Managers and Leaders: Are They Different? *Harvard Business review,* 55, 67-78.
Zaleznik, A. (1990). *Führen ist besser als managen.* Freiburg i. B.: Haufe.
Zaleznik, A. (1998). Was es heißt, echte Führungsarbeit zu leisten. *Harvard Business manager,4,* 12-21.
Zapf, D. (2002). Emotion work and psychological well-being: A review of the literature and some conceptual considerations. *Human Resource Management Review, 12* (2), 237-268.
Zepf, S. (1997). *Gefühle, Sprache und Erleben: Psychologische Befunde – psychoanalytische Einsichten.* Giessen: Psychosozial-Verl.
Zerssen, D. v. (2003). Angst und Persönlichkeit. In: G. Roth & U. Opolka (Hrsg.). *Angst, Furcht und ihre Bewältigung.* (S. 213-237). Hanse-Studien, Band 2. Oldenburg: Bibliotheks- und Informationssystem der Universität.
Zimbardo, P. (1992). *Psychologie.* 5., neu übersetzte und bearb. Auflage. Berlin: Springer.
Zuckerman, M. (1991). *Psychobiology of personality.* Problems in the behavioural sciences: Bd. 10. Cambridge: Cambridge Univ. Press.
Zuckerman, M., Kuhlman, D. M., Joireman, J., Teta, P. & Kraft, M. (1993). A comparion of three structural models of personality: the big three, the big five and the alternative five. *Journal of Personality and Social Psychology, 65* (4), 757-769.
Zuckerman, M. (1994). *Behavioral expressions and biosocial bases of sensation seeking.* Cambridge: Cambridge Univ. Press.

Printed in Poland
by Amazon Fulfillment
Poland Sp. z o.o., Wrocław